四川省"十二五"时期重点图书出版规划项目
四川省2014年度重点图书出版规划项目
2015年四川省重点出版项目资助
发展振兴四川出版重点图书规划（2017—2021年）重大出版工程规划项目（重大人文社科出版规划项目）
四川省2018-2019年度重点图书出版规划项目

西南财经大学马克思主义经济学研究院
西南财经大学经济学院

编

陈豹隐全集

第三卷

①

西南财经大学出版社

图书在版编目（CIP）数据

陈豹隐全集. 第三卷.1/西南财经大学马克思主义经济学研究院，西南财经大学经济学院编. —成都:西南财经大学出版社,2018. 11
ISBN 978-7-5504-2534-7

Ⅰ.①陈… Ⅱ.①西…②西… Ⅲ.①陈豹隐(1886—1960)—全集
Ⅳ.①Z427

中国版本图书馆 CIP 数据核字（2016）第 171987 号

陈豹隐全集 第三卷 1
CHENBAOYIN QUANJI DISANJUAN 1
西南财经大学马克思主义经济学研究院
西南财经大学经济学院　　编

责任编辑:高玲
责任校对:陈拓
封面设计:杨红鹰
责任印制:朱曼丽

出版发行	西南财经大学出版社(四川省成都市光华村街55号)
网　　址	http://www.bookcj.com
电子邮件	bookcj@foxmail.com
邮政编码	610074
电　　话	028-87353785
照　　排	四川胜翔数码印务设计有限公司
印　　刷	四川五洲彩印有限责任公司
成品尺寸	165mm×235mm
印　　张	25.75
插　　页	2 页
字　　数	277 千字
版　　次	2018 年 11 月第 1 版
印　　次	2018 年 11 月第 1 次印刷
书　　号	ISBN 978-7-5504-2534-7
定　　价	98.00 元

東京帝國大學法科大學政治學科ヲ
修メ正ニ其業ヲ卒ヘタリ仍テ之ヲ
證ス

陳啓修

大正六年三月卅日

東京帝國大學法科大學長ノ證明ヲ
認メ茲ニ東京帝國大學ノ印ヲ鈐ス

東京帝國大學總長正三位勳一等法學博士男爵山川健次郎

陈豹隐东京帝国大学法科大学政治学科毕业证书（1917 年 3 月 30 日）

1920 年代初陈豹隐夫妇在北京与唐家亲戚合影（前排左五：唐蟒；后排左起：陈豹隐、唐惟俶、唐卜年）

出版说明

　　时光荏苒，距 2013 年 4 月《陈豹隐全集》第一、二卷的出版，已五年之久。当时全集后几卷的资料收集工作已基本完成，但编辑工作却因各种原因中缀。期间读者多有催问。这成了我们将全集继续出版下去的重要动力。

　　全集第三卷所收为陈豹隐先生单篇论文①，其中本册始于我们所能找到的陈先生公开发表的首篇文章《国宪论衡》②，止于 1923 年年底他赴苏联和西欧进修前夕。苏欧之行为其人生中的一个重要转折点。1917—1923 年，可视作陈先生学术生涯的第一期。

　　我们在全集编校中，一律不作删节，除明显错字③和异体字径改、个别标点和格式适当统一外，均尽量尊重原文。作者一些论点具有时代色彩，请读者自行鉴别。本册所选入的部分篇目，因年代较早，故无现代标点，标点由编者酌加，并在编者注中说明。④

―――――――――

　　①　不含单篇译文、公开发表的书信等。
　　②　陈豹隐在《检查我的思想改造过程》中称："受了日本高中的军国主义教育的熏染，1908［年］即揭穿新渡户博士大日本主义的阴谋（以投寄形式发表在上海《神州日报》）。"此文暂未查访到。
　　③　包括期刊所附勘误表已指出的错字等，如复旦大学图书馆藏《学艺》第 1 卷第 1 号，其目录后即粘贴有一页勘误表。
　　④　更多体例相关，参见《陈豹隐全集》第一卷第一册所附"凡例"。

　　本册的编校和统稿，由复旦大学历史系博士陈拓负责。感谢西南财经大学经济学院刘方健教授，西南财经大学出版社的相关工作人员，陈豹隐先生子女陈寅星、陈大良先生和陈若豹女士，等等，对全集编纂工作的支持！感谢责编、美编们的辛勤工作！对全集中的疏漏，欢迎读者通过各种渠道反馈给我们。

目录

国宪论衡[①]

近数十年来，西学东渐，自然诸科学而外，国人治彼洲法律政治诸学者浸众，新旧之间，相形见绌。自清末以迄于今，抱近代国家思想者尤夥，发为光华，是生民国，国体政法，顿改旧观。于是世之谈国宪者，遂日以多，中或剽窃断片，或臆为诡论。聚讼纷纭；罔衷一是，其能探学理，究事情，为条贯该实之言以益斯学者盖鲜。夫学以明理，理明而后有用之可言，真理未明，何由致用？苟不适用，将焉用学？然则正学之不修，国宪之大义弗明，以混杂之思想，致紊乱之政象，有由然矣。顷者国会方议制宪典，国宪学之要益著，抗志好学之士，多致力于是，大义昌明，其将有日。愚夙好研究国宪，偶有所感，辄笔记之，不敢自谓有得，亦未尝持以问世。当兹群策群力弘我国宪之日，弗敢苟安，颇欲贡其千虑之一得，聊尽吾心，辄书为数篇，以与志斯学者商兑焉。一曰正名，议学名之当否；二曰释义，明国宪之义；三曰辨学，论斯学之真伪；四曰征史，探国宪之源流；五曰证今，辨今世各国国宪之异同；六

---

① 署名陈启修，选自 1917 年 2 月付印，1917 年 4 月出版的《学艺》第 1 卷第 1 号，第 7~13 页。《学艺》由丙辰学社编辑出版，陈豹隐为丙辰学社发起人，并曾任首任执行部理事。原文有断句无标点，标点由编者酌加。——编者

曰审势，察既往以推将来，述国宪之趋势；七曰箴时，上下古今，斟酌国情，评宪典之草案，抒一己之私怀。

第一　正名篇

为学之道，首严义例，欲明义例，首重命名，名实不称，思想乃淆，所谓"名不正则言不顺"也。故于衡论国宪之始，先言正名，此云"国宪"，即世所谓宪法。"宪法"二字联用，假诸日本，而日人则以译英法语之 Constitution，即 Law of Constitution 及 Droit Constitutionnel，德语之 Verfassung。Constitution 根据罗马语之 Rem Publicum Constituere（制定国法之意），Verfassung 又 Constitution 之译语也。按近世历史哲学 Philosophy of History 家言，凡一国法制之生，必其国之时代思想所致，而时代思想又必为其国之历史所醖酿而成。故 Constitution 之生，必非偶然。考欧洲中世文艺复兴以后，民智大进，国家思想复活，而时君不之省，习行暴政，民不堪命，出而争之，爰产 Constitution。Constitution 云者，谓规定主权所在、政体、为政大纲及人民权利保障等之法也。是故以时论之，先有立宪主义，而后有立宪之事实，取 Constitution 之成语，以命新法，义至顺也。而在吾亚，则异乎是，初无立宪之思想，亦无不得不立宪之事实，徒熏心乎彼洲法制之美备，急于效法，一朝强拟人物，夸为己有，则命名之难为甚。日人先吾华立宪，求相当之译语弗得，则取其历史上圣德"宪法"二字用之。然考核名实，圣德太子宪法十七条，类乎教义训语，合宗教道德法律而一之，与 Constitution 绝无关涉，义不可通。即论字义，宪者悬法示人之谓。《周礼》："宪禁于王宫"，注谓"表悬之"，转而为法之意。《书》："惟圣时宪"，《传》："宪，法也。言圣王法天以立教于下也。"又《书》："监于先王成宪"，则作名词用，再转而为宪司、官宪之宪，其义渐俗。从第一义，则宪法者所悬之法也；从第二义，则宪法者法之法也；从第三义，则宪法者官之法也。揆诸 Constitution，义无一通，故"宪法"二字之不可以译 Constitution 也，较然明甚。然在日本，借用家珍，以名新制，自彼言之，于情犹稍有可原，若吾国亦袭用之，则直盲从矣。《国语》："赏善罚奸，国之宪法"也，此殆吾国用"宪法"二字之始，然非指 Constitution 也。今日"宪法"二字，在吾国，公人私人，习用已久，茫然自安，今骤议其非，倡言改革，必且无益于事实。惟从治学者言之，用与不用，自可置之不顾，聊尽吾责，且满吾求知之欲而已。Constitution 定名之法，不出二途，一音译，二意译。Constitution 一语，母音有四，全音皆译，则冗长不适实用，单译最首一音，从英语可作纲法，从法语可作孔法，虽较简便，而生硬不雅，近乎译 President 为伯理玺天德之类，不可用也。Constitution 乃一国之重器，人民所尊崇，苟弗得音当而意雅之字，宁从意译，以保尊严，示郑重。意译或采成语，或凭臆造。成语有约法、大法、国法，中华民国之 Constitution Provisionnelle，译《临时约法》，名则雅矣，义实不符。沛公入秦，约法三章；英王与人民约，保障自由，不滥加赋。在昔时义或有当，今日国家之理论大明，人民全体为国家主体，制宪机关属于国家，不属各个人民，为国家而制宪，非与人约，亦非互相为约，故"约"之一字，不可用也；"大法"二字，于义益远，且法性有强弱，体无大小也；"国法"二字，最平易得当，既可明 Constitution 之对象为国，又有历史上之意义，可增 Constitution 之威严。惟惜有二弊，德国派法律学，有国法学 Staatsrechtlehre，"国法"二字，兼含 Constitution 及行政法而言，世已通行，不便攘取，又单言国法，亦有误为国家一切法律之虞，难昭区别，亦不可用。新造译语，有组织法、要本法、基本法、国宪。"组织"二字，比照 Constitution 古义恰当，然今世所谓 Constitution，容义甚广，如主权所在及人民自由权等，不关国家之组织者甚多，"组织"二字，不能包含。若别取一意，谓组织法为组织国家之法，则无 Constitution 之国，何以为国？义尤不通，故不可用。根本法、基本法义同。考欧洲在通用 Constitution 一语以前，尝称与 Constitution 略当之法为 Lex Fundamentalis，即根本法之意，故由沿革上言之，"根本"二字，颇有根柢。顾根本云云，果何所指，谓指国之根本，则主权所在及领土人民等条项，诚有其实，此外政体及其他规定，从何解释；谓指法之根本，则诸法之根源，皆出于主权人之意思，法不尽根据 Constitution，国未有 Constitution 以前，不能无法，且今世 Constitution 之内容甚广，固不专规定法之根本也，故"根本"或"基本"，亦不可用。"国宪"二字，脱胎国法，宪即法也，《汉书》："释之典刑，国宪乃平"，义虽不指 Constitution，然以国宪译 Constitution，有二利焉：凡定法律之名，当标明其对象，始能一目而知其为何物，不劳解释，如民法以民事为对象，行法以行政之事为对象等，皆然。Constitution 以国家之事为对象，以国字冠之，理之当然也，此其利一；Constitution 以国家之事为对象，国家重器也，将欲重之，必使有区别，故他则曰"法"，此则曰"宪"，足示尊重，此其利二。有此二利，而无上述诸译语之弊，名正言顺，莫善于此矣。故以"国宪"译 Constitution，而名成文国宪曰"宪典"。

第二　释义篇

学名既正，次重释义，义之不定，论不可进也。就字义言之，国宪者以国家之事为对象之法也，然以国家之事为对象之法，统名国法（Staatsrecht）。中有国宪焉，有行政法焉，二者之分，世论以事之轻重为准，重要者为国宪，余为行政法。顾事之重要与否，随人随时随地而异，初无定准，颇难该括言之。重要之义难明，而国宪释义之要，于是乎益显。国宪何义，欧美宿学，论之者綦多，国各有征，言人人殊，列而论之，未遑更仆，定而一之，又非浅学所能几及，试举所善，则吾宗叶士满（Esmein）。叶氏著《法兰西及比较国宪》（一九一四年版）定义曰：

Le droit constitutionnel est, dans les pays civilisés, la partie fondamentale du droit public; toutes les autres branches des ce droit en supposent l'existence; le droit privé la suppose aussi, lorsgn'il se présente sous forme de loi écrite.

Le droit constitutionnel a un triple object, Il détermine: 1° la forme de l'Etat; 2° la forme et les organes du gouverment; 3°les limites des droits de l'Etat.

意谓在文明国，国宪云者，公法中之根本部分之谓，其他公法及成文律之私法，皆待是而始生。国宪之目的有三，一定国体，二定政体及政治机关，三定国法行使之界限。叶氏之说，综多数学说所是者认而融化之，列举内容，述近代国宪之义，可谓简切。然吾意则犹有进于此者，盖叶氏定义，偏于所谓实质上之意义，而未及于所谓形式上之意义，故未敢全然首肯也。近世通说，谓国宪有二义，一实质上之意义，指叶氏所谓根本部分，其内容为叶氏所列举者；二形式上之意义，此意义复有二说，一谓单指刚性成文国宪，如西班牙意大利二国，虽有成文国宪，因其为柔性，故不能谓二国为有形式上之国宪，一谓总指一切成文国宪。吾从后说，盖明明形式上呼为国宪，不得因其为柔性而不认也，实质上之国宪，不必尽具形式，形式上之国宪，亦不必尽有实质。故苟如叶氏定义，偏重实质，则一八五〇年撒逊外马（Sacxsenweimar）之国宪，不规定君主及君位承继之事，将名不副实；而德国国宪，规定铁路运价，将实溢于名矣。故吾所谓国宪合实质上、形式上二意义言之，合乎实质，虽不成文，谓之国宪；苟具形式，虽少背实质，亦谓之国宪。盖国宪云云，本不在成文不成文，而条规之为公法根本部分与否，亦本无客观绝对之论准，国人皆以为重要，则重之可矣，初不必拘执也，然非谓能合乎上述实质、形式之二意义者，即可谓之曰国宪也。凡属国家，必有与实质国宪相当之法规，亦不保无徒制形式国宪，毫无实质之国，然世不能谓此等国家为有国宪者，何也？盖近世立宪思潮，来源綦远，所谓国宪，具有特征，通说以三权分立及民选代议机关为国宪特征，苟无此二者，纵名为国宪，实不得谓之为国宪，其国即不得谓为立宪国。吾谓此种特征，固有沿革，不能滥易，然三权分立之说，立论虽佳，考诸实事，如英国等，已无其实。人民智德日增，文化日进，即代议政治，亦恐不可维持。今日实行直接共和制之难，在人民缺少政治知识及交通不便，然据社会进化史及现势察之，此制之盛行，必将不远，人民投票（Referendum）之实行，其明征也。故吾意国宪特征，宁谓在承认庶民主义之与否。[①] 因庶民主义为今世各国国宪所公认，虽其实行之程度不一，要为近代国家之特色，而三权分立及民选代议机关特其发现之一端耳。故吾所谓国宪，简明言之，实含有上述实质上、形式上二意义，而具有庶民主义之性质者也。其他钦定协定、民制国制之别，刚性柔性之分，无关弘旨，且有定说，不具论。

---

① Démocratie 一语，吾国向译为民主政治、民主主义，"民主"二字，与君主对立，于 Démocratie 原义嫌有未尽。近有改为惟民者，义较帖切，然犹恨偏重 pour le peuple，而于 du peuple 及 par le peuple 之义，不能兼含。日人有译为众民、民本者，亦不雅适。兹暂译作庶民，以俟大方教正。

欧洲大联邦国论①

一、绪　论

吾国史论家尝谓"天下分久必合，合久必分"，世运推移，有若循环。昔吾读国史，闻是言，征诸史迹，信以为实然。既而思之，分者复合，所合者不必所分。汉之版图大于秦，唐大于汉，元但论本土，已大于唐宋，而清所直隶，盖超越前古，愈分则所合愈大。其分也，殆所以为合欤。于是窃疑史家所说之有所未尽，而思有以祛吾惑。逮吾作远游，舍其旧而新是图，治群学，知群治渐进，由狭而广，由疏散而精一；习文明史，知世界国家，由小而趋大，由割据而趋统一。举新知以审旧吾所学，于是始爽然于吾中国之日趋于大一统，而深慨乎史家所论之谬也。始人之生，状为争斗，欲力之强、势之众，爰成团体，团体既生，私斗乃息。故氏族（Clan）生，而血族间之斗息；部落（Tribe）生，而氏族间之斗

① 署名陈启修，选自 1917 年 2 月付印，1917 年 4 月出版的《学艺》第 1 卷第 1 号，第 33～38 页。文末注明"未完"，未见续作。原文有断句无标点，标点由编者酌加。——编者

息；市府国家（City-state）兴，而部落间之战息；民族国家（Nation State）兴，而市府国家间之战息；今日之国家，民族国家及民族联邦国家（National Federal State）也，进而为民族间联邦国家（International Federal State），则民族国家间之战亦将息；更由此种小联邦国，进而为世界大联邦国（The World State），则大同之世矣。是理也，施诸东西而无不适，征诸百世而不移者也。善乎迈耳氏之言曰："欲靖民族国家间之乱，惟有组织联邦国而已，联邦国之为制，各存国内之旧习，不妨民族正当之自由，而一切相贼相害之不法自由，乃不获逞焉。初吾美建联邦，法严而意美，踵而效之者，有加拿大联邦，奥地利亚联邦，瑞士联邦国及德意志联邦国，然此皆民族联邦国也。更进，其为民族国家间之联邦国乎？其首建者，其为欧洲联邦国乎？夫高论骇俗，吾为此言，或将笑为不经，岂知意德二国未统一以前，其轧轹纷乱，犹有甚于今日之欧洲者，谓欧洲联邦国为不经，犹当日笑意德二国之统一为梦想也。"（Myers, *General history*, p. 748）是故合而不可复分者理也，由割据而趋于统一者势也，逆势反理，不可得而久处。吾国人士，有惑于分合之说，间于敌国之言者，或欲析统一为联邦，剖神州为南北，是皆未深究乎国家进化之大势，而昧乎吾国之为统一民族国家者也。吾且为述《欧洲联邦国论》，以明大势所趋。方今欧洲大战，血肉横飞，掷黄金于虚牝，极生人之惨祸，忧时者惩前毖后，群思所以弭兵之法，而欧洲联邦国说即其一焉。昔拿破仑败后，流于孤岛，尝叹曰："吾失势，吾制灭后，能均欧洲之势者，其为各在国民之联邦乎？" Je ne pense pas qu'áprès ma chute et la disparition de mon système, il y ait en Europe d'autre équilibre possible que la

confédération des grands peuples.（Napoléon l[er]，*Mémorial de St.*
Hélène）言虽不尽中，而有味。今之德意志，昔之法兰西也，时势
所向，莫能遏止。吾请为更一语曰：德意志大梦醒后，能均欧洲之
势者，其唯各民族国家间之联邦国乎？其唯各民族国家间之联邦
国乎？

二、释　题

　　题曰"欧洲大联邦国"，在英语曰 the European federal state or
united states of Europe，在德语曰 Europaischer Bundstaat oder
verneigte Staaten von Europa，然文中所论，固不限于联邦国，论
同盟者有之，论联合（Union）者有之，论联邦（Federation, Sta-
atenbund）者亦有之。特以诸家论旨，在致平和，而平和之基，在
乎统一。虽其持论各有缓急轻重之分，要其归趣，不外乎组织一大
统一国家，以保持国际平衡，而谋现在各国民之幸福而已。故取其
论度最高者联邦国以为题焉，联邦国即德语之 Bundstaat，英语之
Federal State，意甚明了。近人有译 Bundstaat 为联邦，而名 Sta-
atenbund 为邦联者，恶同好异，徒昧真义，误矣。一为国家，一未
成国家，性质迥异，何可不明辨之？吾则译前者为联邦国，后者为
联邦，仍旧贯也。

三、沿　革

欧洲统一之说，由来久矣。格罗夏司（Grothius）之创国际法学也，尝谓欲致平和，当谋统一，欲谋统一，当宗二事：一凡事当出以友谊度态，二当取调停（Mediation）、裁决（Arbitration）、平和会议之法。苟如是，庶几欧洲文明国可融为一体，而平和可期矣。此殆倡言欧洲联合之嚆矢欤？厥后十七世纪之上半，法国王亨利四世与其相苏里（Sully）谋组织一耶苏教共和国（A Christian Republic），欲联合欧洲十五国为一体，设共有军队，以备外患，设共同会议（A General Council），以立法释争。盖当时患土耳其帝国（Ottoman Empire）西侵，思合耶教国以抗之，其意甚美，而不果行。然苏里遗著《备忘录》（Memoirs），哙炙人口，卢梭、康德尝赞叹之。大哲康德悯战祸之惨，求弭兵之法，著《永久平和》（Zum Ewigen Frieden）一书以讽时君，造舆论。书中极言人类由群居而有发达，群益因建国而始安固，战争者沮人类之进步，害人群之利益者也，不可不摧绝之，以就平和。致此非难，要在条件之良否而已，其所举条件分二种：甲、消极条件（一）和约之中，不得含有种祸之条项。（二）独立自存之国家，无论大小，不得以承继、交换、买卖、赠送等行为而变为他国之所有物。（三）雇佣常备兵制度不得久存。（四）不得有引起国际纷争之国债。（五）不得以武力干涉他国之国体政体。（六）交战之时不得行永远伤害国民感情之残酷行为。乙、积极条件（一）国家交际，须互相尊重。

（二）各国国宪须为共和。（三）国际法须以独立国家之联邦为基础，丹笛（Dante）之普遍王国（Universal Monarchy）之思想，大不可也。以上二条件皆具，则可以进于永久平和之域矣。康德所论之当否，姑置不辩，要其导示后来之功，固有不可没者。受康德著书之影响而抱统一欧洲之念者，于俄有亚历山大一世，思组织欧洲联邦，于法有拿破仑一世梦想统一全欧，志俱不遂，厥后马志尼及锡利（Seely）亦主张欧洲联邦统一论甚力。降及十九世纪之末，各国军备之扩张，日甚一日，武装平和之险，有如防川，决裂愈迟，害将愈大，识者忧之。于是有提议创弭兵会者，有立全球平和会者，有议设一般国际裁决所者，种种计画，一时并起。欧罗巴为列强迫处之区，利害相关最切，则唱欧洲联邦统一论者最众。如甲崩特（Carpenter）谓如欲使欧洲不因竞修战备破产，唯有仿照北美，建联邦国之一法；魏希特（Wechtel）谓欧洲若不联合为一，仍旧自相残杀，必蹈古昔希腊之覆辙，恐将失却抗拒外敌之能力矣；梭司白利氏（Saulsbery）亦尝演说谓欲求免欧洲眉睫间之惨祸，舍联邦外，更无他法；拿威考（Navicow）社会主义者之巨子也，于一九〇一年，著 *La fédération de l'Europe* 一书，滔滔数万言，谓凡文明之国，竞言平和，而未尝一日得睹平和，一切努力，咸如泡影，或遂以之诟平和论之不当。然而非也，见病肺者之死亡率之多，岂遽得诟医为无用之物，平和论者之于战祸，亦犹医之于肺疾也，战祸愈频，愈以证宣传平和福音之尚为急务耳。（Plus les guerres sont fréquentes, plus cela montre combien la propagande pacifique est encore nécessaire.）欧洲今日文化大进，杀人越货之山贼野盗虽已绝迹，而公盗尚充斥于世，公盗维何？则野心之强国是已。欧洲列强，竞张军备，考厥原因，出于好胜，好胜者即攘经济上、政治上之利益于被胜者之谓也。夫人孰不好生畏死，安逸恶劳，乃当今之世犹不能安居乐业者何也？则现今国际组织之为害也。群史明示，吾人生活，由危及安，联邦者安全之别名，而祛病之灵药也。近世经济界大问题，在患人口过多，食粮不足，种种不幸，因之踵起，实则食粮之生产非有不足，特生产分配，未得其平，有以致之。何则？国家逼处，自利为先，有无交通，既已难期公平矣。而个人活动，分为三种，一以生产，一以夺，一以守，用以增富者，仅生活力三分之一，其三分之二徒费而已，世之不经济孰有甚于此者？若组织联邦，则人竭其力，地尽其宝，讵有乏食之忧耶？特积重难返，障害滋多，吾人欲现欧洲大联邦之实，恐尚须莫大之努力耳。要之人智渐进，打算益工，吾知欧洲现今国际政治组织之不能持久也。以上拿氏所说，可谓痛切矣；一九〇二年无名氏欧人某著 *Etats-unis d'Europe et la question d'Alsace-lorraine* 一书，鼓吹欧洲主义，屏斥英俄美日中五国于列外，以为兹五国者，实为欧洲劲敌，欧洲若不联为一体，急起直追，恐商业将日衰，人口将日减，其极必至于衰亡而后止，然欧洲之所以当统一而未统一者，实以亚尔沙司、罗兰问题横梗于中之故。解决此事之法有三，一维持现状（Statu quo），二德法再战，此二者俱不足以释仇修好，只有第三法，以二州为中立地带，庶几德法交欢，欧洲复为一体钦；此外如威尔斯特（Wellster）氏于一九一四年，巴尔干战后，此次大战役将始之前，尝作一文论欧洲联邦国之不可一日缓，谓以历史证之，欧洲各国分立，平时已足以疲弊全洲，有事之时，一发牵动全身，祸尤惨烈。盖当时因巴尔干之战，欧洲危机已见，故其

言尤有令人倾听者焉。以上略述本问题之沿革，请于次项，更详述欧战以来之新议论。（未完）①

---

① 未见有续论。按作者之计划，当还有"时论""争点""管见"三部分。——编者

中日贸易与日本产业发达之关系[①]

中日二国，为唇齿之邦，利害相关最切。举凡内政、外交、经济、法制，一切施设，行于此者，必感于彼，不仅以渐波及，而且捷于响应。兹事也，今世谈政者类能道之，然知其然，而不知其所以然，叩以详情，茫然也。盖无征不信，空言何补，苟欲折冲尊俎，必先熟悉事情，非然者，繁词巧辩，亦复奚益？著者夙持斯论，前在校[②]参加统计学演习，留意及此，以《中日贸易与日本产业发达之关系》为题，据各种统计，调查数月，略有所得，不揣固陋，公诸同好。于以明彼邦产业发达之负于我国者为多，因以知吾国提议改正关税之不反乎情理，以为他山之石，以佐谈政之资，庶几发交让之精神，坚共存之感念，是则著者之希望也夫。

---

① 署名陈启修，选自1917年2月付印，1917年4月出版的《学艺》第1卷第1号，第67~86页。文末注明"未完"，未见续作。原文有断句无标点，标点由编者酌加。——编者

② 指东京帝国大学。——编者

目　录

第一章　绪　论

一、问题之意义

凡攻经济学及统计学之人，苟一览日本外国贸易统计表，当无不惊其进步之速，扩张之广，而其中尤以中日贸易为最著。盖日本对外贸易总额，于明治元年，仅二千六百余万圆者，至大正二年，增至十三亿六千二百万圆，四十余年之间，所增无虑五二倍。即从明治十年起算，三十六年间，所增亦二十七倍，增加之度，可谓速矣。然考其内容，输出入之增加，各约二七倍，故其发达，极其自然，固无足怪。独至于中日贸易，则三六年间总额增加二五倍，输出三六倍，输入一六倍，输出入之间，有大相径庭者，此不得不注目者一；又自明治二九年以来，日本对外贸易，常苦入超，独于对中贸易，则自明治三二年以后，常属出超，至大正二年，输入仅占对中贸易总额百分之三三，而输出则占百分之六七，其差可谓大矣，此不得不注目者二；又日本对他国贸易，率以原料品或原料用半制品及美术品为输出之大宗，以全制品为输入之大宗，独至于对中贸易及对印度贸易，则以工产品或全制品为输出之大宗，以原料品或半制品为输入之大宗，对外与对中国及印度之地位，全然颠倒，此不得不注目者三。

据以上三大事实，依对外贸易之原则，试逞臆断：则由第一之事实，可知中国十余年来，为日货最好之销场，其势方有加无已；由第二之事实，可知日本对外贸易，对于他国，概立于不利之地，而对吾中国，则处顺境，极其有利；由第三之事实，可知日本对于他国，方处于农业国兼美术国之地位，而对于中国，则已进于工业国之地位矣。

更试观日本之产业史，明治开国之初，受外货之影响，产业界革命骤起，一时产业非常衰靡，赖政府之诱掖，得人民之奋起，新式之产业经营渐兴，其间甲仆乙起，几经波折。及明治二十年后，货币制度确立，所谓泡沫公司，渐不多见，各种产业，蔚然兴起。后十余年，产业界之基础益固，经济之发达愈大，遂由农业国一跃而列于农工商业国，此各种统计上数字所明示，吾人可一检而知者也。

夫一国产业之发达兴盛，必以经济界事情之全体为要件，此其原因，千差万别，不能专指一事。譬如对外贸易，固不能谓其为产业隆盛之唯一原因，然产业界之发达，常使对外贸易勃盛，对外贸易之隆盛，更助产业界之发达，二者盛衰相伴，互为因果者也。然则欲察一国对外贸易之消长，必返观其产业，欲究一国产业发达之原因，亦必注目于其国对外贸易之状况也，明矣。

今观之于日本，对中贸易之隆盛既如彼，产业发达之异常复如此，二者之间，岂得漫无关系乎？恐关系虽深而吾人未之知耳。故察二者之沿革现状，冀知其原因之一二，以为推往知来之资，此实统计学之天职，亦即本问题之意义所在也。本问题之精神，既在于此，故凡对中贸易之事项与本问题无涉者，如对外贸易之定义利害等，及凡关于产业之事项，认为与本问题无涉者，如蚕丝业等，皆略而不论，以举提纲挈领之实。

二、研究之范围

本问题之精神所在，既如上述，故研究之范围，自不得不受限制，今分限制为二：

甲、纵之制限　中日之通商也久矣。隋唐时之交通，姑作别论。明末清初，中日二国之间，虽无通商条约，二国民间，贸易甚盛，固历史所明示也，观日本幕末，特许荷清二国船舶之互市，商交之厚，可以知矣（见浅井虎吉著《中日通商史》）。然余欲将此等事情，俱略置不论。盖时至今，不唯当时贸易之内容，不可得而知悉，且其性质，仅为互市，决非今日所谓对外贸易，根据条约者可比，故与本问题之精神无关。又明治开国以后至明治十年前之中日贸易额，亦不明瞭，故本题所论，从明治十年起。又大正二年以后，受欧洲大战之影响，对外贸易，全属变调，不可以常理论，且各种统计表尚不完全，故亦从省略。对中贸易之范围，既限定如上，则产业之范围，为对照研究计，亦不得不受同样之限制，盖理论之当然也。

乙、横之制限　本问题所研究，仅以日本对中国及对关东州之贸易为限，其他台湾对中国及关东州之贸易，朝鲜对中国及关东州之贸易，及日本、台湾、朝鲜对香港之贸易，皆从省略。盖从纯正之意义言之，此等皆当计入中日贸易内，然统计表不备，价额微少，输出入额略等，对于贸易全额，无大影响，对于日本内地之产业，更无关系，且香港为中继港，日货之经香港而输入中国南部者，品额不明，故欲置之于范围外而别论之。

三、材料之出处及其真价

本问题之材料，以日本外国贸易年表、外国贸易概览、统计年鉴、农工商务统计表等为主，间采中国海关之统计表（Report of China Maritine Customs）。前数者近年因采集统计方法逐渐绵密，日益确实，后者亦为中国统计表中最堪凭信者，故本研究之材料，可谓近乎真实也。

四、调查之方法

（一）先调查中日贸易之沿革及内容。（二）次举既得之结果，以观日本之产业，有关者详究之，无涉者弃置之，一以免劳力之徒费，一以保本题之精神。（三）调查贸易及产业既讫，然后审视，二者之间，有无关系，以求结论。（四）既获结论，然后推论将来，以为余论。

若夫指摘既往之得失，批评现状之可否，建白将来之政策，皆与本题精神无涉，全属商业政策上之问题，当别作专篇论之，非兹篇所能及也。

第二章　中日贸易

一、中日沿革之概观

中日二国之新式通商，始于清同治八年，即明治六年①，其年二国间《十五口通商条约》②成立，本题之研究，应自是始。然明治六年至十年之间，统计表不明，为便宜计，始自明治十年。由明治十年，迄大正二年，为岁三十有六，设使括而论之，难期简明，

---

① 此处时间有误，同治八年为公元1869年，明治六年为公元1873年。——编者

② 即同治十年（1871）在天津签订的《中日通商章程》。——编者

故以分为数时期为宜。唯分之之标准，颇不易择，吾通观统计表，似以输出入之状况分之，为最简便。盖明治十年至二十一年之间，对中贸易输出入互有消长，差亦不大；二十二年至三十年之间，输入常超过输出，差额颇大；三十二年至大正二年，输出常超过输入，其差日甚。此三期间各具特色，故依此标准，分为第一、二、三期论之。

甲、第一期互超时代（一〇—二一）　此期对中贸易总额上虽稍有波状，然从大体论之，徐徐发达，极为顺当。盖此时日本货币制度，尚未确立，纸币充斥，经济界不能有大进步，然经西南战后，内乱种子，绝灭尽净，社会渐安秩序，经济界自不能不有自然之发达也，试揭对中贸易之指数如下：

年	总额	输出	输入	年	总额	输出	输入
一〇	一〇〇	一〇〇	一〇〇	一六	一〇九	一一八	一〇二
一一	一〇六	一三一	八四	一七	一二七	一三一	一二四
一二	一一一	一一九	一〇三	一八	一三六	一六四	一一二
一三	一一四	一二六	一〇三	一九	一五六	一九一	一二六
一四	一一〇	一二六	九七	二〇	一七八	二一九	一四一
一五	一一五	一一四	一一五	二一	二〇四	二二八	一八三

观上列数字，可知总额除十四及十六年外，概属增加，十年之间，输出增至二倍以上，唯输入稍觉不振，殆因一四及一六年之间，经济界异常沉滞，对中购买力颇受打击之故，更观此时期输出之百分比例如下：

年	输出	输入	年	输出	输入
一〇	四七	五三	一六	五二	四八
一一	五八	四二	一七	四九	五一
一二	五二	四八	一八	五七	四三
一三	五二	四八	一九	五八	四二
一四	五四	四六	二〇	五八	四二
一五	四六	五六	二一	五三	四七

观上列数字，可知此期贸易，极其顺畅，特二国经济界，俱尚幼稚，故贸易额之实数，尚微微不足道。

乙、第二期入超时代（二二—三一）　入超时代之对中贸易，除最初二年外，概属逐渐发展，及其末期，则增加渐激矣，指数如下：

年	总额	输出	输入	年	总额	输出	输入
二二	一〇〇	一〇〇	一〇〇	二七	一八七	一六三	二九一
二三	九六	九七	九六	二八	二二〇	一六九	二四九
二四	一〇〇	一〇七	九五	二九	二五〇	一五六	二三一
二五	一二九	一一七	一三六	三〇	三四五	三九五	三一八
二六	一六九	一四三	一八五	三一	四〇九	五四〇	三三一

然上列单就本期计之耳，若合第一期计之，则知本期之初，贸易额颇下降也：

年	总额	输出	输入	年	总额	输出	输入
一〇	一〇〇	一〇〇	一〇〇	二二	一三七	一〇八	一六二
一五	一一五	一一四	一一五	二三	一三二	一〇四	一五六
二一	二〇四	二二八	一八三	一四	一三七	一一六	一五五

观上表可知输入减少虽不甚盛，输出则倍减焉。盖二十二三年之交，日本国宪初布，人民热中于政争，不复注意产业也，输入之所以能维持原状者，则因其大宗为砂糖、棉花等日用品，不易受时局之影响故也。然以上特就各年度言之耳，以本期最初五年之平均额，总额一千七百三十万圆，输出六百十万圆，输入一千一百十万圆，与第一期之末五年平均额，总额一千七百十万圆，输出一千一百二十万圆，输入七百十万圆较，则输入及总额反见增加矣。

此期输出入之百分比例如下：

年	输出	输入	年	输出	输入
二二	三七	六三	二七	三四	六六
二三	三八	六二	二八	二九	七一
二四	四〇	六〇	二九	四〇	六〇
二五	三四	六六	三〇	四三	五七
二六	三一	六九	三一	四九	五一

故知本期输出入之地位与前期全然倒置，盖因输入品为砂糖、棉花等日用品，经济界日益进步，此等需要不能不日益多也，至本期末，日本国内工业渐以发达，脱却自给之境，而求销场于他国，故对中贸易输出入之差渐小，遂至于第三期之出超时代矣。

丙、第三期出超时代（三二—大正二）　此时代除最初二三年外，输出入俱极进步，对中输出，几达五倍，其指数如下：

年	总额	输出	输入	年	总额	输出	输入
三二	一〇〇	一〇〇	一〇〇	四〇	二五二	二六四	二三五
三三	一八九	九七	一〇四	四一	二〇六	一九二	二二二
三四	一〇二	一〇六	九五	四二	二二四	二〇二	二二六
三五	一二六	一一六	一四三	四三	二七二	二七一	二七九
三六	一六〇	一六一	一五八	四四	二八一	二七六	二八七
三七	一六五	一六八	一五九	大正一	三二三	三五三	二八〇
三八	二一九	二四四	一八三	大正二	四〇〇	四五四	三二一
三九	二五五	三九二	二〇〇				

　　观上表可知此期贸易，除三三年及四一年之外，概属年增一年，而三一年有团匪之乱[①]，四一年有银价之大暴落，对日贸易之衰退，固不足怪也。盖团匪之乱，中国北部，化为兵火之场，而日本棉布素以中国北部为最大销场，自不能不因之受打击也。又日本于第三期采用金本位制，依国际贸易之原则，凡银价低落之时，金本位国对银本位国之输出，自不能不减退也，历年银价如下表：

银块市场	
明治	伦敦银块市价之平均（片士）[②]
15	$52\frac{1}{12}$
16	$50\frac{3}{4}$
17	$50\frac{5}{6}$

---

① 指中国义和团运动。——编者
② 列中部分数字不符合现在使用习惯，均尊重原文。——编者

银块市场	
明治	伦敦银块市价之平均（片士）
18	49
19	$44\frac{3}{4}$
20	$44\frac{1}{6}$
21	$42\frac{7}{12}$
22	$42\frac{1}{12}$
23	$46\frac{1}{3}$
24	$44\frac{7}{12}$
25	$39\frac{1}{6}$
26	$34\frac{5}{12}$
27	$28\frac{5}{12}$
28	$29\frac{2}{12}$
29	$30\frac{7}{12}$
30	$26\frac{11}{13}$
31	$26\frac{7}{3}$
32	$27\frac{1}{3}$
33	$28\frac{1}{2}$

银块市场	
明治	伦敦银块市价之平均（片士）
34	$27\frac{11}{12}$
35	$23\frac{8}{4}$
36	$24\frac{1}{4}$
37	$25\frac{11}{12}$
38	$27\frac{1}{3}$
39	$30\frac{1}{3}$
40	$30\frac{3}{16}$
41	$24\frac{13}{16}$
42	$23\frac{11}{16}$
43	$24\frac{11}{16}$
44	$24\frac{19}{32}$
大正 1	$28\frac{1}{32}$
大正 2	—

　　四一年银价比四十年贱六片士，对中贸易减约三成，亦无足怪。又此期中输出增率最大者为三九年、大正一年二年，而三九及大正二年，银价俱见暴腾，亦可知银价与对中贸易相关之大矣。然大正元年之输出增加，盖由中国革命时之军用品及与新政相伴之奢

侈品等需要甚大之故，此可按表而索者也。

此期输出入之百分比例如下：

年	输出	输入	年	输出	输入
三二	五九	四一	四〇	六一	三九
三三	五二	四八	四一	五六	四四
三四	六一	三九	四二	五八	四二
三五	五九	四一	四三	五九	四一
三六	五九	四一	四四	五八	四二
三七	五八	四二	大正一	六四	三六
三八	六六	三四	大正二	六七	三二
三九	六八	三二			

观上表可知输出入大抵为六与四之比，唯三三年、四九年、三九年、大正一年二年等稍异而已，其原因上已述之。

通观以上三时代三十余年之间，虽不无小滞，然大都逐渐增加，而尤以最近十余年为最盛，表其实数及其指数于下。要之对中贸易总额及输入，大抵发达极顺，而输出则受数次打击，即输入之基础，甚为巩固，而输出则动摇不定也。其原因，盖缘输入品多为生产资料，而输出则属消费品，消费品于价昂时可节约之，原料品虽价稍昂，亦可忍之，而求偿于他也。

对中贸易累年表

年	输出（円）	指数	输入（円）	指数	合计（円）	指数	超过（円）
明治一〇	五、〇一五、九二九	一〇〇	五、六七四、五四〇	一〇〇	一〇、六九〇、四六九	一〇〇	＊六五八、六一一
一一	六、五五一、八六二	一三一	四、七八四、一九三	八四	一一、三三六、〇六〇	一〇六	一、七六七、六六九
一二	五、九八二、三二六	一一九	五、八六五、三四七	一〇三	一一、八四七、七七五	一一一	一一六、九七九
一三	六、三二〇、五七〇	一二六	五、八四六、二二七	一〇三	一二、一六六、七九七	一一四	四七四、三四三
一四	六、三〇二、〇一二	一二六	五、五〇三、四四四	九七	一一、八〇五、四五六	一一〇	七九八、五六八
一五	五、七一一、六四一	一一四	＊六、五五三、二〇一	一一五	一二、二六四、八四二	一一五	＊八四一、五六〇
一六	五、九二八、九七七	一一八	五、七六八、二二六	一〇二	一一、六九七、二〇三	一〇九	一六〇、七五一
一七	六、五五一、二七一	一三一	＊七、〇一九、九九六	一二四	一三、五七一、二六七	一二七	＊四六八、七二五

年	输出（円）	指数	输入（円）	指数	合计（円）	指数	超过（円）
一八	八、二四二、八三六	一六四	六、三四二、一七七	一一二	一四、五八五、〇三三	一三六	一、九〇〇、六三九
一九	九、五九四、九〇二	一九一	七、一二三、八五一	一二六	一六、七一七、五八	一五六	二、四七一、〇五六
二〇	一〇、九七〇、〇四三	二一九	七、九八五、八二一	一四一	一八、九五五、八六四	一七八	二、九八四、二二二
二一	一一、四二六、七一四	二二八	一〇、三六〇、一三四	一八三	二一、七八六、八四八	二〇四	一、〇六六、五八〇
二二	五、四四二、五〇七	一〇八	*九、一九六、九九八	一六二	一四、六四二、二〇五	一三七	*三、七五七、一九一
二三	五、二二七、四九五	一〇四	*八、八四九、六八五	一五六	一四、〇七七、一八〇	一三二	*三、六二二、一九〇
二四	五、八二四、八五一	一一六	*八、七九八、四二八	一五五	一四、六二三、二七九	一三七	*二、九七三、五七七
二五	六、三五八、八五九	一二七	*一二、五〇九、四一〇	二二〇	一八、八六八、二六九	一一一	*六、一五〇、五五一
二六	七、七一四、四二〇	一五四	*一七、〇九五、九七四	三〇一	二四、八一〇、三九四	二三二	*九、三八一、五五四

年	输出（円）	指数	输入（円）	指数	合计（円）	指数	超过（円）
二七	八、八一三、九八七	一七六	*一七、一五一、五九六	三一〇	二五、九六五、五八三	二四七	*八、三三七、六〇九
二八	九、一三五、一〇八	一八二	*二二、九八五、一四四	四〇五	三二、一二〇、二五二	三〇〇	*一三、八五〇、〇三六
二九	一三、八二三、八四三	二七六	*二一、三四四、五二一	三七六	三五、一六八、三六四	三二九	*七、五二〇、六七八
三〇	二一、三二五、〇六六	四二五	*二九、二六五、八四五	五一六	五〇、五九〇、九一一	四七三	*七、九四〇、七七九
三一	二九、一九三、一七五	五八二	*三〇、五二三、八六〇	五四〇	五九、七一七、〇三五	五五九	*一、三三〇、六八五
三二	四〇、二二七、〇三四	八〇二	二八、六八七、七三〇	五〇五	六八、九一四、七六四	六四五	一一、五三九、三〇四
三三	三一、八七一、五七六	六三五	二九、九六〇、七四〇	五二七	六一、八三二、三一六	五七八	一、九一〇、八三六
三四	四二、九二五、五七九	八五六	二七、二二六、七八六	四八〇	七〇、一五二、三六五	六五七	一五、六九八、七九三
三五	四六、八三八、五四五	九三四	四〇、五九〇、八五八	七一五	八七、四二九、四〇三	八一八	六、二四七、六八七

年	输出（円）	指数	输入（円）	指数	合计（円）	指数	超过（円）
三六	六四、九九四、一八〇	一、二九六	四五、四八〇、五七	八〇一	一一〇、四五二、二三七	一、〇三三	一九、五三六、一二三
三七	六七、九八五、八七三	一、三五五	四五、八一〇、三六	八〇七	一一三、七九六、二〇七	一、〇六五	二二、一七五、五三七
三八	九八、六八一、九九八	一、九六七	五二、六一八、四〇八	九二七	一五一、三〇〇、四〇六	一、四一五	四六、〇六三、五九〇
三九	一一七、七七九、五三三	二、三四八	五七、三九六、七三七	一、〇一七	一七五、一七六、二二〇	一、六四〇	六〇、三八二、七九六
四〇	一六〇、〇一九、九一六	二、一一二	六七、六九二、〇四四	一、二九三	一七三、七一一、九六〇	一、五八八	三八、三二七、八七二
四一	七七、七四五、七九二	一、五五〇	六三、七三九、六一	一、一一五	一四一、五二九、七五三	一、三二四	一三、九六一、八三一
四二	八七、二八四、八二一	一、七八〇	六五、〇五九、二六	一、一四六	一五四、三三五、七四七	一、四四四	二四、二三三、八九五
四三	一〇九、一八五、八一〇	二、一七七	七八、三〇九、七〇一	一、三八〇	一八七、四九五、五一一	一、七五四	三〇、八七六、一〇九
四四	一一一、二一五、九八〇	二、二一七	八二、五四三、五〇七	一、四五七	一九三、七五九、四八七	一、八一三	二八、六七二、四七三

年	输出（円）	指数	输入（円）	指数	合计（円）	指数	超过（円）
大正一	一四二、三六八、五八五	二、八三八	八〇、五一四、四六九	一、四一九	二二二、八八三、〇五四	二、〇八五	六一、八五四、一一六
大正二	一八四、四六九、七七三	三、六七八	九二、一〇〇、九三二	一、六二三	二七五、五九七、七〇五	二、五七九	九一、三九五、八四一
大正三	一六二、三七〇、九二四	—	五八、三〇五、七八三	—	二二〇、七七六、七〇七	—	一〇四、〇六五、一九一
大正四	一四一、一二三、五八六	—	八五、八四七、七三五	—	二二六、九七二、三二一	—	五五、二七四、四八一

二、中日贸易在日本对外贸易上之地位（附日本对外贸易累年表）

日本对外贸易累年表

年	输出（円）	输入（円）	合计（円）	入超（円）	出超（円）
明治一〇（一八七七）	二三、三四八、五二一	二七、四二〇、九〇三	五〇、七六九、四二五	四、〇七二、三八一	—
一一	二五、九八八、一四〇	三二、八七四、八三四	五八、八六二、九七四	六、八八六、六九四	—

年	输出（円）	输入（円）	合计（円）	入超（円）	出超（円）
一二	二八、一四五、七七〇	三二、九五三、〇〇二	六一、一二八、七七二	四、七七七、二三三	－
一三	二八、三九五、三八六	三六、六二六、六〇一	六五、〇二一、九八八	八、二三一、二一四	－
一四	三一、〇五八、八八七	三一、一九一、二四六	六二、二五〇、一三四	一三二、三五八	－
一五	三七、七二一、七五〇	二九、四四六、五九三	六七、一六八、三四五	－	八、二七五、一五七
一六	三六、二六八、〇一九	二八、四四四、八四一	六四、七一二、八六三	＋	七、八二三、一七八
一七	三三、八七一、四六五	二九、六七二、六四七	六三、五四四、一一三		四、一九八、八一九
一八	三七、一四六、六九一	二九、三五六、九六七	六六、五〇三、六五九	＋	七、七八九、七二三
一九	四八、八七六、三一二	三二、一六八、一三二	八一、〇四四、七四五	－	一六、七〇七、八八一
二〇（一八八七）	五〇、五五一、五二三	四二、四四八、〇九四	九〇、九九九、六一七	－	八、一〇三、四二九
二一	六五、七〇五、五一〇	六五、四五五、二三四	一三一、一六〇、七四四	－	二五〇、二七六
二二	七〇、〇六〇、七〇五	六六、一〇三、七六六	一三六、一六四、四七三	－	三、九五六、九三九

年	输出（円）	输入（円）	合计（円）	入超（円）	出超（円）
二三	五六、六〇三、五〇六	八一、七二八、五八〇	一三八、三三二、〇八七	二五、一二五、〇七五	－
二四	七九、五二七、二七二	六二、九二七、二六八	一四二、四五四、五四〇	－	一六、六〇〇、〇〇四
二五	七一、一〇二、七五三	七一、三二六、〇七九	一六二、四二八、八三四	－	一九、七七六、六七四
二六	八九、七一二、八六四	八八、二五七、一七一	一七七、九七〇、〇九七	－	一、四五五、六九三
二七	一一三、二四六、〇八六	一一七、四八一、九五五	二三〇、七二八、〇四一	四、二三五、八六九	－
二八	一三六、一一二、一七七	一二九、二六〇、五七八	二六五、三七二、七五六	－	六、八五一、六〇〇
二九	一一七、八四二、七六〇	一七一、六七四、四七四	二八九、五一七、二三五	五三、八三一、七一三	－
三〇	一六三、一三五、〇七七	二一三、三〇〇、七七一	三八二、四三五、八四九	五六、一六五、六九五	－
三一	一六五、七五三、七五二	二七七、五〇二、一五六	四四三、二五五、九一〇	一一一、七四八、四〇四	－
三二	二一四、九二九、八五四	二二〇、四〇一、九二五	四三五、三三一、八二〇	五、四七二、〇三二	－
三三（一九〇〇）	二〇四、四二九、九九三	二八七、二六一、八四五	四九一、〇九一、八四〇	八二、八三一、八五三	－

年	输出（円）	输入（円）	合计（円）	入超（円）	出超（円）
三四	二五二、三四七、五四三	二五五、八一六、六四五	五〇八、一六六、一八八	三、四六七、一〇二	－
三五	二五八、三〇三、〇六五	二七一、七三一、二五九	五三〇、〇三四、三二四	一三、四二八、一九四	－
三六	二八九、五〇二、四四二	三一七、一九五、五一八	六〇六、六三七、九六〇	二七、六三三、〇七六	－
三七	三一九、二六〇、八九六	三七一、三六〇、七三八	六九〇、六二一、六三四	五二、〇九九、八四二	－
三八	三二一、五三三、六一〇	四八八、五三八、〇一七	八一〇、〇七一、六二七	一六七、〇〇四、四〇七	－
三九	四二三、七五四、八九二	四一八、七八四、八九二	八四二、五三九、〇〇〇	－	四、九七〇、七八四
四〇	四三二、四一二、八七二	四九四、四六七、三四六	四二六、八八二、二一九	六三、〇五四、四七三	－
四一	三七八、二四五、六七三	四七六、二五七、四六二	八一四、五〇三、一三五	五八、〇一一、七八九	－
四二	四一三、一一二、五一一	三九四、一九八、八四三	八〇七、三一一、三五四	－	一八、九九三、六六八
四三	四五八、四二八、九九六	四六四、二三三、八〇三	九二二、六六二、八〇四	五、八〇四、八一二	－
四四	四四七、四三三、八八八	五一三、八〇五、七〇五	九六一、二三九、五九三	六六、三七一、八一七	－

年	输出（円）	输入（円）	合计（円）	入超（円）	出超（円）
大正一（一九一一）	五二六、七八一、八四二	六一八、九九二、二七七	一、一四五、七七四、一一九	九二、二一〇、四三五	—
大正二	六三二、四六〇、二一三	七二九、四三一、六四四	一、三六一、八九一、八五七	九六、九七一、四三一	—
大正三	五九一、一〇一、四六一	五九五、七三五、七二五	一、一八六、八三七、一八六	四、六三四、二六四	—
大正四	七〇八、三〇六、九九七	五三二、四四九、九三八	一、二四〇、七五六、九三五	—	二七五、八五七、〇五八

日本对外贸易上对中贸易之地位表

位次＼年次	输出		输入		总额	
	第一位	对中贸易位次	第一位	对中贸易位次	第一位	对中贸易位次
明治一〇	—	—	—	—	—	—
一四	—	—	—	—	—	—
一五	美国	三	英国	二	英国	四
一六	美国	三	英国	二	英国	四
一七	美国	三	英国	二	英国	三
一八	美国	二	英国	二	英国	三
一九	美国	三	英国	二	美国	三
二〇	美国	二	英国	二	美国	三

位次 年次	输出		输入		总额	
	第一位	对中贸易位次	第一位	对中贸易位次	第一位	对中贸易位次
二一	美国	三	英国	二	美国	三
二二	美国	五	英国	二	英国	四
二三	美国	五	英国	三	英国	四
二四	美国	四	英国	二	美国	五
二五	美国	四	英国	二	美国	五
二六	美国	四	英国	二	美国	三
二七	美国	四	英国	二	美国	三
二八	美国	四	英国	二	美国	三
二九	美国	四	英国	三	英国	三
三〇	美国	四	英国	三	美国	三
三一	美国	三	英国	三	美国	三
三二	美国	二	英国	四	美国	二
三三	美国	三	英国	三	美国	三
三四	美国	二	英国	五	美国	二
三五	美国	二	英国	四	美国	二
三六	美国	二	印度	四	美国	二
三七	美国	二	英国	四	美国	二
三八	中国	一	英国	四	美国	二
三九	美国	二	英国	四	美国	二
四〇	美国	二	英国	四	美国	二
四一	美国	二	英国	三	美国	三
四二	美国	二	英国	四	美国	二
四三	美国	二	印度	三	美国	二
四四	美国	二	英国	四	美国	二

位次 年次	输出		输入		总额	
	第一位	对中贸易 位次	第一位	对中贸易 位次	第一位	对中贸易 位次
大正一	美国	二	印度	四	美国	二
大正二	美国	二	印度	五	美国	二
大正三	美国	二	印度	四	美国	二
大正四	美国	二	印度	三	美国	二

甲、地位　为简明计，以上表示之，关于总贸易额，无可究者，输入在第一期常居第二位，至第二期，形势渐非，至第三期，堕落至四五位，此与经济发达，则贸易日益扩张之原则相背。盖日本保护关税政策之结果欤？输出则在第一期常居第三位，至第二期，沉沦于第四位，至第三期则几常居第二位不移，三八年竟驾美国而上之，而居第一，则对中贸易之关系日本命脉也，断可知矣。

乙、比例　对中贸易在日本对外贸易总额上所占成数如下：

	合计平均百分比例	输出	输入
第一期	一九、六	一九、九	一九、三
第二期	一一、八	九、八	一三、八
第三期	一七、八	二二、六	一七、八

观上表可知输出之增加之大，亦可知对中输出之为重矣。

丙、发达状态　别以图示之，大抵对外贸易，输入时有跃进之象，对中贸易，则输出为然，然全体合计，对外对中发达之径路，固相同也。

丁、输出入超过之比较　对外贸易与对中贸易输出入比较，其超过时代，全然相反：对中贸易之入超时代，在对外贸易上反为出超时代，对外贸易之入超时代，反为对中贸易之出超时代，可谓奇矣（观同图）。观此，可知中日二国经济关系之密接，又有以证二国和睦之对于日本经济界之重且要矣。

(未完)[①]

日本对中国及对外贸易比照图

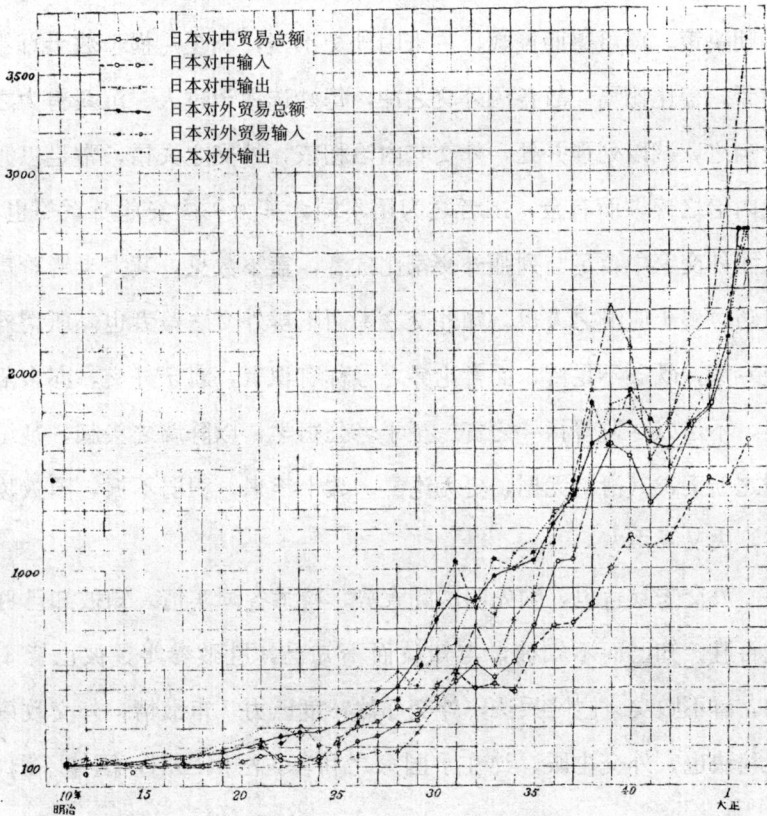

———————————

① 未见有续作。——编者

对德外交之公正批评①

外交未易言也，国际机微，变幻莫测，揣摩事实，动得其反，一朝决策，莫可得而挽救，古来因外交不当，驯至贻祸于数十百年后者，盖比比焉。故各国外交之冲，每妙选才识过人、沉毅勇为之士当之，诚以列强并处，外交与内治相依，外交之失错，常足以倾覆内治之善果而有余，二者之为用不同，其为一国安危所系等也。吾国外交家中，足与列强外交家比抗者，盖不数见，其大半皆玲珑慧巧、善于应酬之人也，知外交之术而不辨外交之策者也。所谓外交专家，既多不足恃，而言论界之号称有识者，对于外交，亦多茫然，不足以尽监督指导之责。至于名公宿学，以陈腐之头脑，判纷纠之新案，其滑稽无据，更无论矣。数十年来，积弱不振，国威陵替，夫又奚由？

外交未易言也，须先明国际大势，精悉各国实情。知彼知己百战百胜，知己而不知彼，与知彼而不知己，胜败参半，彼己皆不知，鲜不败矣。岂唯兵法，外交亦然，度己力，审敌情，外交政策之秘诀也，外交主眼，纯在乎国家之利害。法俄二国，国体不同，

① 署名陈启修，选自1917年2月付印，1917年4月出版的《学艺》第1卷第1号，第219~224页。作于1917年3月20日。原文有断句无标点，标点由编者酌加。——编者

政术迥异，国民感情，非相洽也，然而为自卫计，乃不惜同盟以抗日耳曼民族矣。英日二国，文明程度，远不相及，二国民非能互相敬重也，然而为印度安全计，则不惜同盟至再三矣。至若以外交为政争之资，举私人关系而为辩护外交政策之辞，则妄之尤者，其不背乎国民本分者鲜矣，此其不通，不烦辩驳。

自德国决行潜航艇政策，吾政府随人脚跟，提出抗议，于是对德问题遂为全国政论之焦点。甲论乙驳，视听为之混淆，抗议不已，至于断交。继断交而起者，其宣战乎？其加入联合军乎？世多谓抗议、断交、宣战、加入，有必然之关系。纵政府抗议之时，未有成算，然时至今日，势成骑虎，既行其一，必不得不行其二，今已无论列是非之余地。然斯说也，以常理论，吾亦谓然。顾外交为一国安危所系，断不能以国民福利为为政者保全体面之具，苟其尚可曲全，虽贻笑世界为背信趋利之行，当非所计。试读外交史，今日亲友，明即寇仇者，其例非鲜。二十世纪之国家，但当以国民全体之幸福为眼目，乌有所谓仁义道德者？故对德外交，愚以为尚有挽回之机，不可不一究之。

世之论对德外交者，吾亦数数见矣，赞成政府者，可分数说：持人格说者，谓德国蔑视中立国家之人格，故为维持人格计，不可不反对之。然人格者客观价值上之言，有人格者，自有人格，乌能以他人之行为而有增减，奚待维持？以人格为外交政策之理由，薄弱甚矣；持人道说者，谓德国背人道，反正义，故凡属国家，为文化计，不得不起而纠正之。是说也，犹宋襄之仁也。夫人道正义云者，特外交上表面之辞令耳，若竟持以定外交根本政策，则不唯不知外交为何物，且亦昧乎国家生存之原理矣。为是说者，亦忆及中国受一种特别国际法之适用，欧洲多数国际法学者方以吾国为半开国人，谓人道正义为不能对中国言乎；持便利说者，谓联合国既欲我国参战，我弱国也，乌能避免，不如顺势而行，可沾余利，如不然者，中国且为希腊之续。然中国而非独立国则已，中国而为独立国者，岂能无自主权，且人之行为，可强制之，人之不行为，孰得而强制之。即令为希腊之续，固无亡国之虞，或且因此而得各中立国之同情，亦未可知已；持机会说者，谓吾国外交，历来皆处于被动地位，常不能自由发表意思，有守无攻，国以不振，今日乃发扬国辉，刷新外交之最良机会，不可错过。是说也，盖以参战必有利为前提者也，然此前提之真否，尚未解决，则机会云云，亦虚语耳。反对对德外交者亦有数说：有以参战为自作孽者，谓德胜吾且为俎上之肉，联合军胜，吾且作走狗之烹，天下本无事，乃为惹火烧身之举。然是说亦以参战必无利为前提，而吾人所研究者即此前提，是以问题答问题也；有谓青岛之战，吾且隐忍以求全，今日者，青岛已归他人，胜敌更无领土之利，何必蠢动？然利之所在，何必领土，凡事当就目前立论，以既往绳现在，非理之当者也；有谓德国兵强器精，三面受敌，交战三年余，犹占优势，俄英法意，以数倍之众，无如之何，其强也如此，以之为敌，是种祸也，他日德之复仇，将何以御之？是说畏德过甚，德之不能全胜全败，犹联合军之不能全败全胜也，意者其两败俱伤，罢而后已乎。且中国即参战，其能益于联合国者几何，其能加德以致命伤者又几何，谓德大仇之不复，而寻小怨乎，吾未见其然也。

夫世无有利无害之事，亦未尝有无利有害之事，利多则趋利，害多则避害，两害相形取其轻，两利相形取其重，不患利害之并存，贵能审其取舍，权其轻重耳。今试平心静气、澄思净虑以研究科学之法，一审对德外交之利害。

第一 维持现状不加入联合军之利害

利：（一）不为他日全局胜败所影响　维持中立，作壁上观，胜不分功，败不任咎，而唯内政之是修，虽难收渔人之利，或亦免为城火所殃也。

（二）不以虚名受实祸　中国纵宣战加入联合军，事实上既不能运兵交锋，又不能倾资助战，开战云云，虚名而已，而胜则难期分功，败则弱者受祸，故不如维持现状也。

害：（一）议和时恐无列席发言之权　讲和谈判，中立国例不得列席发言，而议和条件，如青岛处分等，则与吾国有关，任人处置，非计之得，日俄战后之议和，其前鉴也。

（二）失却收回利权之机　开战之初，不取青岛，已为失计，及今决策，犹可利用时机，收回丧失权利，如领事裁判权及关税改正等。

（三）中国水手被雇于外国商船，因潜航艇战而死者必加众，中国若不参战，将无直接救济之法。

第二 对德宣战加入联合军之利害

利：（一）无形之利 中国之屈辱于列强也久矣，中国人之自疑将亡者亦众矣，今乘此机，毅然兴起，使列强知中国尚有生气，使中国人知中国尚有生机，其利一；中国从来不受一般国际法之支配，今乘此机，与列强并驾齐驱，从此吾中国亦得入于欧洲国际团体，可为撤回治外法权之先声，其利二；中国无智识阶级，由排外而惧外，由惧外而尊外，几视深眼高鼻者为天人，不可几及，今若参战，使知彼此人种，非甚相悬，吾国人亦可与彼族抗衡，其利三。

（二）有形之利 改正关税率，展期交付赔款，输送苦力，以除劳力过剩之弊等。

害：（一）纵观历史，旷览世势，中国真患非英非德，乃俄乃日。际兹大战，日固未尽其能，俄亦未竭死力。识时务者，方为平和以后之中国前途危惧，将来能挫二国者，于陆唯德，于海唯英，今乃助英攻德以自病，是不啻助敌长仇也。

（二）中国之病，已入膏肓，然而不遽至气绝身死者，徒以有列强均势相持之故，今乃效法美国自断续命之汤，愚孰甚焉？有谓中国外交宜视美国为进退者，妄也。美国为独立强大之国，行动可以自由，吾国则足缠手缚，几不能动作，唯有内修庶政，亟谋自强，庶几可望重生。今纵不能为十年生聚之越，宁不能为介事两大之郑乎？且美国自利之国也，虽极意承欢恐亦见利则趋，见害则远避耳。

（三）对德宣战后，中国纵不能出兵，而一切与宣战相伴之费，必且不赀，费无从出，必且借债。夫借债以宣战，战胜并无大利，战败则供人刀俎，其愚真不可及矣。且所谓关税改正等利益，纵能办到，亦类乎腹民而食、饮鸩止渴，况今日事实上吾政府已明明受彼狡之绐耶。

（四）英法诸国之所以劝中国加入者，非谓中国真能为联合国之大助也，特以开战已久，讲和且近，思举德国在中国所有之经济上、政治上之势力而倾覆之，以为战后经营之准备耳。彼日本者，盖深知此意者也，故关税问题，则极力反对，对德处置，则极力怂恿，计亦狡矣。吾国不察，甘作傀儡，为虎驱狼，他日市成垄断，货无竞争，吾恐政治上之惨祸未至，而经济上已为一二国之奴隶矣。

（五）此次大战之不能有大胜负也，以战争规模之大，赴战之勇推之，可无疑义。然则交战国所受之损失，将何从偿之？恐舍食弱者之肉更无他法矣。欲食弱肉，与其略近，不如攻远之为善也；与其冒不韪而犯中立国，不如于议和时压迫弱国之为便也；与其蚕食同种，不如虐待异种之为安也；此理至明。然则诸国劝中国加入，除上述经济上之理由外，其有深意乎？其无深意乎？此种推想虽过于穿凿，然未可谓为理之必无也。

综观以上思虑所及，维持现状，害虽稍多而轻，利虽少而重；加入联合国，则利少而不确实害多。而洞若观火，合盘打算，权其利害，吾知我政府之失策矣。然亡羊补牢犹未为晚，衮衮诸公其能容愚夫之一献乎，是所幸也而非所敢望也。（六·三·二〇稿）

孔道与国宪[①]

　　吾国国宪会议，提议定孔道为国教，世论纷纭，新旧思想之间，沟渠益深，各是其所是，而非其所非，嗟我国民，其将何从？夫为政者贵因时立制，民封建之世而言游牧，与居二十世纪而言封建，稍明治理者，犹知其不可。居今日学术大昌之日，而崇孔道，犹居二十世纪而复封建也，明乎彼而昧于此，毋亦感情作用使然耶？新陈代谢斯生物进化之公理，革故维新乃人群历史所明诏，向以为吾国政论家皆知之矣，若犹未也，阶之为祸。

　　由法理上言之，苟其事不悖乎立宪特征，无有不可规定于国宪者。立宪特征维何？承认庶民主义 Democracy 是也（详见拙著《国宪论衡·释义篇》）。孔道而不悖乎立宪特征者，则定为国教也可，定为修身之大本也亦可。孔道是否为宗教可无辩，宗教问题是否尚为今世国宪上问题，亦可无辩，政治上与异教徒相冲突之问题，更可无辩，苟制宪机关之大多数皆以为宜规定，则规定之可矣，盖法理上不得不尔也。夫孔道何道也？主张阶级制度之道也。以主张阶级制度之道，施诸政治，则其尚专制而斥民权。以个人为物件，尊

　　① 署名陈启修，选自 1917 年 8 月付印，1917 年 9 月出版的《学艺》第 1 卷第 2 号，第 209～210 页。原文有断句无标点，标点由编者酌加。——编者

君主为天子，经史具在，历代儒家，解释极明，不待繁征博引，彼主张尊尚孔道者应知之详矣。或谓孔子实尚民主，见《礼运》及他书，黄梨洲尝引作《原君》《原民》论，可为左证。不知此特断章取义，攫取片语只字，牵强附会之耳，以此证孔道重民，犹引孔子见南子一节谓孔子为好色之类，其不经一也。孔道既与立宪特征相背驰，则其不能羼入国宪也，一言可决。苟竟羼入，则中华民国国宪有名而无实，以法理范之，不得称为国宪，适成笑柄而已。

法理上孔道不能入国宪既明，或谓孔道支配吾国民心，数千年于兹，所入者深，不能骤改，吾国今日道德扫地，民无敬虔之念，识者常惧人心无系，国种垂危，曷因利乘便，乃暂崇孔道，明其尊君之误，推其言修身诚意之美，以为国民教育方针，以系人心，则何如？曰：是见小利而不顾大害也。孔道不特不重民权而已，其主张家族制度、文治主义、尚古主义皆与时代思潮相反，中国今日处于二十世纪，安能逆世界大势而行？苟不顾利害，倒行逆施，徒速灭亡而已。且欲系民心，则新思想可法者正多，何必孔道？

抱影庐陈言（附小引）[①]

　　向著《新语》一卷[②]，立意陈词，务辟新境地，惟恐堕入恒蹊。诵之辄沾沾自喜，意贾子复作，不是过也，以示吾故友桂林罗子仲敏。仲敏曰："辩哉子也！骋子才思，假以岁月，不难蔚为一家之言，然子驰情高远，主独创而轻史实，是末代而非往古，所谓经世家之言，殆不若是，非所以追踪昔贤也。"时余方寝馈于英吉利、法兰西文学，醉心加莱、庐梭之说，以为灵鸟不焚其旧羽，何能新生健翮？使人皆返于太初之自然，不为传习所绳，则熙世宁弗立见？虽感仲敏之意不诚且厚，不谓然也。厥后世变沧桑，逃迹学海者，又五六年，稍稍涉猎近世精神科学，略识门径，乃信实证（Positivibine）归纳之法，实亦近世精神科学所自生，而诸学所莫能违。于群学吾见孔德（Comte），于法学吾见沙威泥（Savigny），于经济学吾见弥勒（J. S. Mill）、舒穆勒（Schmoller），于政治学吾见白克（Burke）、梅因（Maine）等，靡不是宗。而后之学者，亦群取法焉，盖翻陈出新者有之矣，标新立异，不依科学之法，而能

---

　　① 署名陈启修，选自1917年8月付印，1917年9月出版的《学艺》第1卷第2号，第237～242页。原文有断句无标点，标点由编者酌加。——编者

　　② 未见。——编者

自立者，吾未尝闻。"罗马者非一日之罗马"，鄙谚不吾欺矣。居今思昔，不无孟浪之感，而追悔曩之不深惟吾友之言。顾退而自反，数年之间，思想颠倒，未知今吾是而故吾非耶？抑老大无成，日以退耶？愿得仲敏之卓识，更为吾证之，然而仲敏不幸短命死矣，作陈言。

学说治术，随世运为转移，良于古者，或恶于今，唯与时代相对而立，其功始显，无恒真，无常值也。譬如家族制度，在古昔文化未进之时，实为良制，然在今日各个人渐知自觉之时，则适所以阻社会国家之进步，宜摧陷绝灭之，而不宜维持，此近世言政术者所同认也。他如封建制、行□制①即欧人所谓（Gild System）等，如是之类甚多。不独法制为然，即学说主义，亦不能出此轨范。爱国主义，近世各国皆乐道之，而一考其源流，则知其循此恒轨，美随时移，中经变迁不少也。

欧洲爱国主义，始于罗马，罗马于古昔，为国家思想最发达之国，尊崇爱国主义，悬为道德。厥后罗马分裂，封建始起，小国并立，各为君长，爱国主义一变而为忠君主义。数百年间，忠君主义，与封建制度相终始，而爱国主义，几不可复见。乃至如英兰人，当时被法人征服，仰戴异国王者数世，不以为耻。盖国家观念，尚未发达，图乐太平，不知其他，下民蠢蠢，无足怪也。然忠君主义盛行时代，权力出于一途，秩序最佳。神统法皇与皇帝，法皇与皇帝统王公侯伯，以迄于贱奴，各有所尽忠，各有所统辖，如身之使臂，臂之使指，莫不顺从。故事虽不衷乎理，而人民则有安

---

① 原文如此，从文意判断，疑指"行会制"。——编者

居乐业之福，盖民智与时势则然也。及文艺复兴，旧时思想复活，以为国家为人民公有，义务对国家而生，于是爱国主义，勃焉兴起。以迄于今，国家之理论愈明，爱国主义愈有根据，竟成真理而牢不可动焉。

然自爱国主义复活，而爱国主义与爱国主义之冲突始起，人生悲惨之事，乃数数见矣。当封建之时，各国之上，有宗教国（基督教国）之观念统之，故得长久无事。自宗教改革以来，宗教国之观念已灭，国与国之间，无统之文物以相调和，国际关系，危若累卵。幸通商经济较往时发达，有物质上之关系以相维系，每遇国际问题，辄以国际会议法决之。浅见者流，遂谓世界将成一大共和国，实则一时何能几及？盖国际关系，不止物质上之维系，尚赖精神上之交感，苟感情不和，爱国主义与爱国主义接触，冲突岂能幸免，此欧洲大战所由来，而即今日各国爱国主义之内容所以异也。

今日欧洲爱国主义，可分为二大派：一为德意志国民所持之爱国主义，以为苟利自国之生存，不妨侵害他人，人道法律，非所顾惜。国民行为，一当以国家为标准，出乎国家而讲人道，固不可，下乎国家而顾一地方一己之利害，亦不可。爱国即所以爱己，爱德意志即所以爱世界，盖谓德意志为世界中最优最良之国，文明进步，胥待其力也。此种主义，最能激发团体精神，一志同仇，然实非真爱国法，何以言之？各国并处，交让交敬，始能共存，若以侵他为天职，自利为合乎神意，必反招攻击，终至顿挫，或底①灭亡。盖抑强怜弱，乃生人之本性，竭能自卫，又生物界之大法，悖此而

---

① 底：同"抵"。后文其他篇目中亦有出现。——编者

行，鲜克有济，今之德国，其明鉴也。

其一为英国派，以为人文进化，譬如升梯之基，为孤离，为纯野蛮；梯之岭，为统一，为纯文明；而梯之阶段，则爱所成。梯之第一段，为自爱，人不自爱，则无异动物；第二段为爱家，居第二段，犹不爱家而爱己，则人为恶人，行为恶行，仿此递推，爱乡，爱省，爱国，以至于绝顶，是为爱人道。今文明诸国世运，将达绝顶，而犹以爱国心自陋，蔑视人道，如德国所为者，实属恶行，文明国人，不当出此，当立于梯之最高处，以维持国家，主张人道为己任（Lord W. Gas-Coyne 说）。此种主义，诚不愧为爱自由之国民言。美国伦理学者近来所主张之国体主义、普遍主义，亦类乎是，此固生人应底之极则，无可非议者也。

日本维新以前，亦知有君而不知有国，维新时，与泰西诸国接触，始有国家观念，爱国主义于是乎生。然徒知外国之可畏，己国之当爱，故虽激于感情，捐躯赴难者有之，固未尝知国之所以当爱也。及日俄战后，民气骄汰，人好逸乐，个人主义浸盛，而爱国主义中衰。至近年，爱国主义复兴，师以训弟，父以诏子，新闻杂志，以劝社会，其势甚盛。考其内容，颇类德国，与从前之茫然爱国者迥异。前之爱国，出于国家多难之日，性为消极，今则出于国力张大之际，性为积极；前绝对排斥个人主义，痛恶自由，今则以个性之发挥为中心，以国性之上进为形体；从前贸贸然兴，纯出于感情，今则取佛书及德国宿学之国家学理，以个人待国家而始存之说，附会于所谓古神道，纯出于智虑。然则内容既异，功效必殊，吾且战战兢兢，拭目以观其后。

吾国三代时以民为本，故爱国之念，发源甚早，今虽不暇详考，古来界严华夷，鼎重首都，斯可谓爱国心发现之一端矣。秦汉以后，政尚专制，于是教化之成，知有君而不知有国，故屈膝异国，恬不为耻。清末西方学术东渐，国人闻国家之说，如梦方醒，尔来爱国之声，遍于国中，然皆出于感情，而非有深念确信存乎中，故不崇朝而馁，以视日本维新时代，抑又下焉，其无成宜也。光复以来，国人抱国家思想者渐多，爱国思想亦渐盛，民国初造，中经奸人窃弄，犹未夭折者，实赖吾国有识者心中，皆依稀朦胧，有爱国之一念故。此一念也，实中华民国之灵魂、之命脉，此念若灭，国将不国。外国人尝疑吾国一无中心势力，二无中心信仰，三无中心主义，何以外患虽深而能堪，内政多秕，而国不瓦解，官吏虽腐败，人民虽倾轧，而尚未至丧心昧良，开门揖盗？以为不可思议，吾则谓实此朦胧爱国之一念，为之维系。故论势则国可亡而不亡，论理则族当衰而仍未衰也。故苟能举此一念，析而清之，推而广之，使国人皆明国家与个人相属之真理，个人努力对于国力之关系，根据理智，不尚感情，勇往直前，以爱国主义相诏，则先进诸国民岂得专美于前耶？

吾国今日，唱爱国主义，首当何法？法德日乎？法英乎？吾谓中国今日，国民德力未充，不能空言仁义，当以国家主义、实用主义为本，强兵为经，富国为纬，以抗强御为标的，期在远大，持以坚猛，庶其有济。或疑若此恐起列强之疑忌，然无伤也，吾国民性，素主平和，微论不能一朝使之好武，且殷鉴不远，在德意志，吾国民纵他日实力能冠全球，亦唯有维持人道之一途耳。

新军国主义

自德以军国主义立国，为世嫉视，影响所及，遂酿成欧洲大乱。于是世界各国，诟德为祸首，攻击军国主义，不遗余力，一若德受大创，战事平息，举世界各国皆将持平和主义然者。实则现行国家制度不改，社会经济组织不更，军国主义断无灭迹之理。试观英美人攻击德国最力，而其施设，则着着以整顿军备，实行广义之军国主义为事，亦可以知其中奥窍矣。盖喋血历史，非全出于生人好战之心及尚武教育之力，其所以致之者，实以社会制度、经济组织为主，此主因一日不去，即战争将一日不绝，而军国主义犹当为人尊尚，特其内容则随时代之进化而异耳。

时世进步，战法变迁，军国主义之意义，亦不得不变。古昔战尚腕力，人自为战，故人之众寡强弱为军国主义第一要素，古所谓生聚教训，大都以人为重，斯巴达选强健，弃孱弱，其最著之例也。近代科学发达，武器进步，械精者与不精者战，则不论众寡，不精者恒败，械精相等，则势众者恒胜。近世德国及各国，汲汲于缩短服役年数，以求多兵，奖励科学，以求精械，理则然也。故近世军国主义以人众器精为最大要素，现世战争，从战者国至千余万人，战线长至二三千里，战费至数十亿金，一弹且值数千金，规模之大，亘古未有。徒人不能战，徒人与器不足恃，二者之外尚需富力。故英美人谓现今新军国主义之要素，有三 M 即 Man、Munition、Money，谓人、军用品及金钱也。故今世军国主义，可为析三：一人口繁殖主义，改良种族，监督婚嫁，欲人之众且强；二自给经济主义，奖励产业，增加物资，欲军用品及日用品皆产于己国，足供己用；三产业帝国主义，扩张消场，保护贸易，欲使富力增加，足支持久远。苟此三主义皆能实行，则其国虽自命为平和主义，吾敢谓其为军国主义。盖人口众，产业盛，财力厚，军国主义之要素已备，数月教训，乡民可化为精兵，机械稍易，工场可变为兵械厂，金力所至，平地可使成坚寨，不待坚甲利兵，修寨制舰，征兵尚武，而后始为军国主义也。二十世纪之新军国主义，可以畏，可以法，根据科学，合乎论理，由此者存，不由者亡，不此之察，而惟以骄兵脧民、媚外苟安为事，吾恐败灭之无日矣。

国家改制与世界改制[①]

一

吾国改为共和，业经五稔，彼葡俄德奥诸国民，方且视吾为先进共和国，宜若可以自豪矣。而按之事实，则不特改制大业尚未就绪，即改制之理论，亦尚彷徨中道，而不知何所底止；所谓名流，朝唱惟民主义（Demo-cracy[②]），夕策武力统一，昨方赞民族自决主义之衷于理，今忽诋联邦制即地方人民自决主义之出于私谋。昨是而今非耶？此非而彼是耶？矛盾反覆，愚滋惑焉。若其不知，是谓盗名。知而故为，是谓欺世。对于国家改制如此，对于世界改制之无识，又何足责？宜乎群以赴欧洲参观和议为名利之捷径，而不复顾中国改制与世界改制之关系也。曩吾国制以半开化称于欧西，致不得列于国际法团体（The Family of Nations）之内。幸以辛亥名

---

① 署名陈启修，选自《北京大学月刊》1919 年 1 月第 1 卷第 1 号，第 13~23 页。——编者

② 本册中存在 Democracy 和 Demo-cracy 两种写法，不做强行统一。——编者

义上改制之功，丁兹世界改制之会，人方引我为同列，我乃昧无知觉，既不自其国制，又不能理会人之世界改制。危乎殆哉！吾恐此机一失，吾国将永不得列于国际法团体之中矣。愚以为欲人之实尊我为同列国，必先自具同列国之资格；欲获同列国之资格，必先顺世界潮流，自改其制，兼助世界之改制。故述国家改制与世界改制之大势。非敢言振聋发聩，聊尽学究之责而已。

二

改制者，Reorganisation 之谓也。国之本质，为有机的体制（Organisation），抑为有机体（Organism）之问题，尝为国家学者议论之争点。由后之说，有天造（Create）而已，无人制（Organise）也，故得国权或神权说。由前之说，有人制而无天造，故得民权说。近世学说左祖前说，故国家可云改制，世界亦 Organisation 也，故亦可云改制。

国家者，人民所制也，世界者，国民（Nations）所制也，皆得任意制之，故皆得任意改制之。

人之所以异于动物者，在有感情及意识。有感情，故有好恶；好能相合和，恶亦能分争。既知分争之害，则不能无息争之法。改制即其法之一也。是故个人私斗，则结团体以息之。血族相争，则制部落以息之。部落与部落相争，则创市府国家（City-state）以息之。市府国家相争，则制民族国家（Nation State）或民族联邦国家（National Federal State）以息之。故国家改制，为国内息争之妙法，世界改制，为世界上弭兵之要件，可断言也。

人有意识，故其行为有目的，故不但能息争以免损失，且能改其旧制以增幸福。是故封建制弊生，则改为君主统一制。君主统一制弊生，则改为立宪代议自治制。故国家改制与世界改制，不但为弭兵之方，抑且为增进文化之要道也。

改制既以息止争端及增进文化为目的，故国家改制及世界改制，不于大乱之后，必于积弊之余；盖创深痛钜，始萌悔祸求福之念，理则然也。

三

古来改制者多矣，或传至数十代，或不数纪而灭，其或成或败者何也？曰：改制之真价，（一）视其改制之标准是否合乎国家或世界进化之趋势，（二）视其改制者之诚意如何，而定。

凡事，逆势以行，难于升空，顺势而趋，易于坠地。此理易明，人多忽之。拿破仑第一当民权思潮及民族主义方昌之日而分王诸弟，专制相寻，故虽以盖世之雄才大略，而终及于难。意大利及德意志之统一，乃成于二三志士之手。各国史上，如此之类，指不胜屈。故改制最贵顺时势。

改制者之诚意如何，亦与其制之价值大有关系。亚力山大第一以欧洲和平为名，组织神圣同盟，而其真意，乃在固君权，抑民权，故平和终不可致。昔时各国君主，每以改为立宪之名，镇压革命运动。然卒难见效，皆改制者无诚意之所致，非大同盟与立宪制

之无价值也。中国名义上改制数年矣。不但野心者流，与夫奸佞之
辈，常谋盗窃国民权利，使国制恒致不安。而改制之人，亦实无诚
意，常欲假共和之名，以行盘踞之实。则中国之改制，在理宜无结
果，而非共和制果不可行于中国也。

四

国家改制及世界改制之真价，视其标准之良否而定，故改制之
标准，最当慎选之。否则倒行而逆施，其目的莫由达也。改制之标
准，于何定之？定于理论乎？然理论上最佳之标准，若不合时势，
等之无益也。定于直观乎？然人之良知良能，易为物蔽，直观未足
恃也。实验而后定乎？然人事因果复杂，既鲜实验之方，复无使外
因离绝以证实验效果之地，则虽实验，犹等于不实验也。然则如何
而可？曰：改制之标准，唯可用历史的统计法以定之。盖天然界物
体，时过即灭，了无形迹；而人事界事物，其迹常留，古之与今，
浑为一体；故历史对于天然界虽不见重，而在人事界，则常足为现
在之龟鉴，作行为之标准也。然历史虽足为标准，而仅赖历史，则
古往今来，史迹不可胜纪，取择之间，犹患无凭。故不能不求助于
统计法。统计法者，历数今古之事实，而求其概观及趋势者也。凡
属人类，虽有毛色之殊，必无本性之别，故今世多数人行之而善
者，虽难必其有绝对之价值，然吾行之，亦必不恶。何则？以性近
故。今世之人，即古人之遗体也。知识虽殊，本性无别。故古人行
之而恶者，吾行之，亦必无善果。何则？古人与今人本一体相承，

难分彼此，今人之不能离古人而独立，独少年之我与壮年之我之不能分立也。其不能恶于古人而善于今人也，明矣。由是观之，历史的统计法，实为决定人事标准之唯一方法，改制标准之决定，固舍是，莫由矣。

五

用历史的统计法以定国家改制及世界改制之标准，则其标准将为何物？此不必繁征博引，效学究的度态，罗列统计数字以自矜，仅列其结果，足矣。

近代国家改制之标准，以组织言，由专制而趋于立宪，由立宪而趋于自治；以主体言，由君主而君民共主，由君民共主而趋于人民自主；以目的言，由一人之政治而变为各个人之政治，由各个人之政治而变为各个人及全体之政治。总而言之，现代国家改制之第一标准，实为庶民主义（Demo-cracy）。庶民主义之意义及理论，详见愚别著《庶民主义之研究》中，兹不详说。要之，现今各国之改制，皆以庶民主义为归；现代各国之制，皆本乎庶民主义；此则历史及统计所明示，而莫或能非者也。

现代国家改制之第二标准，为联邦（Federation）及联邦国（Federal State）制。联邦及联邦国，为近代政治史上之特色。美也、瑞士也、德意志也、英领非洲联邦也、奥地利亚联邦也、加拿大也，凡此不为联邦，即为联邦国。大战以后，小俄、大俄、波兰、巴尔干、大英联邦国等，方兴未艾。此种事实之统计，皆足以证联邦及联邦国制，非属偶然之异变，而为一种政治上之趋势者也。凡事已成一种趋势，必有其发达之理由。世未有以国民之福利为儿戏，而徒呈效颦之丑者也。然则联邦及联邦国制之利益，果何在乎？曰：改制所以弭乱增福。变单一国家，为联邦或联邦国，亦改制也；其理由亦必在弭乱增福也无疑。

个人之制国，其目的在息争而增福。个人不以上有国家而损其自由，国家亦不以下有个人之存在而破其统一。个人与国家互相尊重，则争易止而福易增；国家生存发达之理由，亦即不外乎此。以个人为分子之单一国家既如此，则以国家为分子之联邦或联邦国何独不如此？惧联邦国制之破坏统一，犹惧个人之有自由而破坏国家也。于单一国家之分子，则知奖励其自由发达，以间接图国家之进化，谋国民之幸福；于联邦或联邦国之分子，则惧其自由；是天下之大惑也。要之，联邦国之利益，在使各地方或各邦，各因其风土所宜，而遂其自然之发达，而关系全体之事业，仍可由联邦总政府举之。不因一部分而危全体，亦不重全体而轻部分。若必欲以全体之力干涉各分子之私事，是犹以政府之力干涉个人家常生活也。其能久乎？此在奴性甚深之时，或能安之若素，而非所以望于人文进化，国民自觉时代之现代人也。

六

现代世界改制之标准，最著者有二：（一）民族自决主义，即国际主义；（二）国际协力主义（International Solidarity），即国际联合或联盟主义。

古昔世界之组制，皆由强国或战胜国任意决之，弱者小者，忍受而已，不得容喙也。万事由强有力者决之，故其结果，尝带武力压迫之性质。武力一弛，其体制亦随之瓦解，而世界仍复于争乱之状态焉。中世以前之所以每世纪必有大小革命者，此为之也。文化稍进，强国知武力之不能长久服人，始言仁义。于是世界之组制，始由强国及弱国协定之。然弱者畏威，强者恃勇；恃勇易骄，畏威易狡；故纵横捭阖之术生，而合纵连横之谋起。于是阴谋狙诈，使世界不能一日安，其极每酿大乱。此次世界大战，其适例也。迨世界各国饱尝痛苦，始悟相争之徒归于两败俱伤，又加以庶民主义，日益昌明；一国之内既实行庶民主义，是认个人自由，而增福利，则世界之内，何不可是认各民族之自由，而增全世界之福利。以彼推此，而国民自决主义（即国际主义）遂为世界改制上公认之原则。目前之世界改制，即以此为标准者也。

世界改制之第二标准，为国际协力主义。古昔世界改制之主义，一势力压服（Overpower）主义而已。文化稍进，各国国民实力之差，日益减少，不能发生势力独强之国。于是列强之间，始发生势力均衡（Balance of Power）主义。然各国之势力，依种种原因，常有增减，故势力均衡，亦不能长久保持，一旦失衡，则其祸害尤为猛烈。盖防川而使之决，其患固当甚于天然之横决也。势力均衡主义既不足以维持世界之安宁，于是势力互助（Mutual Aid of Power）主义，即国际协力主义，始代兴。以相夺相御之力，变为相助之力，不但世界精神上之文化及物质上之生产当远胜于前，即久远和平亦可预期。盖近代战争之主因，大抵皆在物资之争夺，而物资之争夺，由于物资不足之恐惧。今变战斗力为互助力，文化日进，则物资既可增加，而依统计学上文化愈进人口愈减之公例，人口又当日减。是战争之主要原因可去矣。目前世界改制，以国际协力主义为标准，非无故也。

国民自决主义及国际协力主义，皆为现今世界大势之所归宿，而可由历史的统计法证明之者也。故世界改制之以此二主义为标准，可谓顺应时势，亦可知其必有美满之结果矣。

七

吾人依历史及统计法之力，既知庶民主义及联邦制为现代国家改制之趋势；及国民自决主义及国际协力主义为现在世界改制之趋势；则揆诸第四节所述统计法之价值，宜若可以奉此四主义为准则矣。然或乃有以人民或国民程度不够，及国家道德或文明进步尚属幼稚为理由，而谓未必能行之而获善果者，请立说以明之。

第一，对于致疑于因人民或国民程度不够，而使庶民主义或国民自决主义不克实行者，愿陈二事：（一）人类有模仿性，其速异常；彼实行此庶民主义之国家，当其最初施行之时，其人民大多数岂必有行使庶民主义之程度，特一施实物教育，则人皆模仿之而已。且政治本为一种训练，若必待程度已够而后行，是犹必人民体格改良，牺牲的精神增进而后始言练兵也。无此理也。（二）人类有向上性。故常欲企及高于己者，假令程度真有不够，人民奋其向上之心，必且努力以赴之，而不肯自甘暴弃也。

第二，对于疑联邦制及国际协力主义之因国家道德未发达而难行者，亦陈二事：（一）现代同类意识之扩大也。社会同类意识，随世运而增长。原始之人，知有母而已，渐进而知有父，渐进而知有族，再进而知有乡，再进而知有国，更进而知他国，更进必且知有世界。同类意识日益扩张，则共同生存之范围日大。同类意识存在之处，即敌视心消灭之处。征之史迹，彰彰可考。谓各国之必持利己之心而不肯协力共存，是犹谓各部落之必存利己之见而不肯共处于国家生活之下也。谬孰甚焉，况联邦制尤为他人已行之而善者乎？（二）人类理性之日益敏锐也。人类之理性，依科学之进步而日益发达。昔日既以弭争增福之目的而建国矣，今宁有不能以弭争增福之目的而建联邦国或世界联盟（即国际联盟）者？谓今人之利害关念，不及昔人之明，恐三尺童子亦不之信也。况世界联盟之问题，酝酿已非一日，有日底于成功之势乎？（此问题详见《学艺》杂志第一号及第四号拙著《欧洲大联邦国论》中①）

八

中国分争数年矣，人民之苦亦已极矣，以理言之，此正改制之绝好时机也。而改制之标准，又复明若观火。

当此之时，吾国民若犹不据理而行，而惟现状维持是事，愚恐

---

① 《学艺》从第 1 卷第 4 号开始，因为经费和日本印刷工人罢业等，改由上海商务印书馆代印发行，未再续登陈豹隐此文。——编者

一误再误，吾国之分争，不知又将继续若干年矣。然果中国犹是闭关自守，无其他优强民族之压迫，则吾国民自作自受，虽更分争数十年，何关民族之兴亡。无如事机甚迫，若及今不察世界潮流，自改其国制，兼助他人之世界改制，愚恐不惟中国终难入于国际团体之列，中国民族亦将自消自灭矣。此非危言也，盖人方各谋民族之发达，我则自戕其生机，即令人不以武力加我，而我亦将不能自立于世界之上。"自作孽不可逭"者，此之谓也。准此而行，假令多派深通世界改制之精神者日叩头献媚于世界平和会议代表者之前，我民族之前途犹将无幸；况所派者又仅知叩头献媚耶？愚既悲夫改制国家者之倒行逆施，行民族之自杀；又悲夫举国人士对于世界改制之淡漠，及吾国外交官吏之腐败无能，故不惮详细言之。

庶民主义之研究（一）[①]

目录

---

① 署名陈启修，选自《北京大学月刊》1919 年 1 月第 1 卷第 1 号，第 25～32 页。未见续作。——编者

② 第四至六节未见有续论。——编者

一、庶民主义之名称

庶民主义者，西欧语系之 Demo-cracy 之译语也。Demo-cracy 一语，源出希腊，辗转袭用，以底于今。适值人文进化，世风丕变，人人以自觉自制为重，于是 Demo-cracy ，遂为一世之标语 Motto。举凡政治、宗教、美术、教育、经济等一切施设及学理，莫不以 Demo-cracy 为归。流风所播，施及东方。于是日本及中国，亦顺世界各国之趋势，而言 Demo-cracy 。顾东方有力之思潮，适与 Demo-cracy 之思想立于正反对之地位。故对于 Demo-cracy 心醉者有人，视如毒蛇猛兽者亦有人；虚心察之者固有之，盲从者亦有之；而议论之分歧多端，尤以日本之政论界及学界为甚。此其原因或因欲拥护日本固有之国体而故意曲解，或因受政治上之压迫而隐约其辞，或因其人并不深求而拾片鳞寸爪以自饰。纷纷聚讼，令人无所适从。中国政论界及学界近时万事皆受日本之影响，故关于 Demo-cracy 之议论，亦与日本同弊。然中国与日本，国制迥殊，关于国宪及政治学上之诸原理，实不必随人足跟，依样葫芦。若不察国情之相异，而漫纳彼邦人士有为而作之学理，则一说之差，流毒数纪。例如整齐统一主义及武力强制学说，自日本输入中国以后，深入于政论家之头脑，种种议论及施设，皆以此为基础，而不复顾中国人民数千年来无抵抗之主义及爱和平之心理。其极，驯致酿成连年之内乱，而不知伊于胡底。学说误国之害，有如此者，可不慎欤？Demo-cracy 方将成时髦语，吾辈学究，趁此时期，不可不明其真义，以免误人误国。

何谓 Demo-cracy？西方学者之中，或主张 Demo-cracy 为一种主义，或主张 Demo-cracy 为一种形式。故东方学者，关于此语之译法，亦分二派：主张前说者，译为某某主义；主张后说者，则译为某某政治。

主义者，关于事物根本之哲学的见解之谓也，属于理想。形式者，所以达某种主义之方法也，属于事实。例如军国主义，认定社会本系互相战斗，谓生存竞争、优胜劣败为进化公例，主张强凌弱、众暴寡为增进文化之要道；有此理想，故军国主义可称为主义。欲达此种主义，不得不行武断政治，故武断政治，形式也，非主义也。今世之 Demo-cracy，认定社会本相为互相扶助，谓大同联合为社会进化公例，主张完成各个人之人格，以增进社会全体之文化；亦是一种理想，故亦不得不称为主义。至于妥协互让则达此主义之方法也，故可称为妥协政治，或互让政治，而不得称为妥协主义，或互让主义。由是言之，则 Demo-cracy 者主义也，非形式也。且 Demo-cracy 一语，其用处本不限于政治，若皆译为某某政治，则如 Demo-cracy in a factory 之译语，将不可通。故以译为某某主义为妥也。

Demo-cracy 为何种主义乎？Demo-cracy 意义纷歧，其详当于次项述之，兹且仅述东方学者之译名，以愚所知，此语之译语共有八种：

（一）民众主义或众民主义。众者寡之对也。众民或民众主义，不免有误为多数主义之嫌。

（二）民权主义。以中文言，民权为国权、官权之反对语，故

"民权主义"一语，使人闻之，生仅认民之权利而不认国之权利之感。实则 Demo-cracy 主张民权与国权之调和，故不妥。

（三）民本主义。古昔仁君贤相所行政治，莫不以民为本，故"民本主义"四字，使人生民为被动者之感。实则 Demo-cracy 不如是也。日本学者喜用"民本"二字，致假官僚及武人以口实，谓仁民爱民之主义即是民本主义，亦可为 Demo-cracy 悲矣。

（四）民主主义。此语通行最广且久，然实不当。盖民主对君主而言，然君主国家，未尝不可行 Demo-cracy 。例如英国，君主国也，然号为 Demo-cracy 最盛之国。谓民主主义于君主国之英国为盛，可乎？

（五）平民主义。平民者，对贵族而言之语也。然 Demo-cracy 盛行之国，不必尽属平民，可以英国之例证之。

（六）唯民主义。"唯民"二字意义太泛，且使人生有民无国之感。

（七）民治主义。民治对官治而言，有人民自治之意。语虽较上列数种为切，然犹有偏于政权使用之点之憾，不能谓为与 Dem-o-cracy 之原意适合也。

（八）庶民主义。庶者，All 之谓也，庶民者，全体之民也，即国之总分子也，不偏于民，亦不偏于国；且意甚浑涵，无偏重主权、政权之行使，或政治目的之弊。故较上列诸译语为善，兹用之。

二、庶民主义之意义

庶民主义之意义，极其复杂。盖庶民主义虽有一种极明显之理想，然因其应用之范围日益扩张，每依所用之地之不同，而意义不无广狭之差；且因庶民主义已成现代之标语，趋时者滥用之极，每断章取义以指各主义也。然汇同别异而观之，大抵不出下列四种意义：

（一）最广义。庶民主义之最广义，指尊重世上各个人之人格，使各个人能本其完全之人格，行有益人类之活动，以增进世界之文化而言，亦称为世界庶民主义（World Demo-cracy），或共同责任主义（Solidarity），或人道主义（Humanism）。思想家、宗教家及艺术家所谓庶民主义，大抵指此。由此意义言之，庶民主义研究之范围，广泛实无伦比，微特非政治学所当研究，亦且非仅研究政治学者之所能研究也。

（二）广义。广义之庶民主义，指民族自决主义，即国际庶民主义，及下述之狭义庶民主义而言。国际主义由狭义庶民主义胎生而来，合而论之，虽无不可，然一属于国内，一属于国际，究当各有区别；且普通政治学上所谓庶民主义，大抵不含国际庶民主义在内，似亦不必特为扩充，而招论旨混淆之虞也。

（三）最狭义。最狭义之庶民主义，大抵皆指狭义庶民主义之片鳞寸爪而言，盖通俗政论家不深解学术者之所为也。例如谓庶民主义为平民主义（即简易主义），或自由主义，或被统治者积极承诺主义，或主权在民主义，或善政主义，或平等主义，或人民自治主义等，是也。其偏而不当，不待烦言。

（四）狭义。狭义之庶民主义，为政治学家之所主张，指包含①以民福为本，②主权在人民，③由人民自己行使政权三者之主义而言。简单言之，即包含民本、民主及民治三主义而言也。而三者之中，民治主义，尤为要素。一国之真行庶民主义与否，恒视其实行民治主义与否以为断。盖古来不乏实行民本主义之国，而从不闻学者谓其为行庶民主义，而其苟能实行民治主义之国，学者已许其实行庶民主义，而不问其他。例如英国，君主国也，徒以其政权现由人民行使，故世人称英国为实行庶民主义之国也。反是，若前数年之墨西哥，虽主权在民，然大总统及各机关非出于人民之公意，故世人亦不谓墨西哥为实行庶民主义之国也。三主义不能全行者，可谓为一部分实行庶民主义之国，如英国是也；能全行而不能严行者，可谓为推行庶民主义之国，如美国是也；能完全严行之者，可谓为完全实行庶民主义之国，今尚无有。盖严行庶民主义，则其第一步，妇人即不能不参政，然妇人参政权，即在英美二国，亦尚仅有允许之约，而无实行之期也。

本文庶民主义之研究，限于狭义之庶民主义。

三、庶民主义之理论的基础

庶民主义之理论的基础，头绪纷繁，故分项论之。

（一）人生哲学上之基础。主张庶民主义者，以为人生之归宿，不在相争而在相助，不在相斥而在相合；故分工所以合力，害人等于自戕。盖各人精力寿命，俱有定限，通功合作，即不啻增加自己之精力，延长自己之寿命也。欲收通功合作之最大效果，非强迫劝告所能为力；最善之道，莫过于使各人自感其责任，自尽其义务，自竭其能力，而自享其结果。庶民主义者，即以使人自感其责任，自尽其义务，自竭其能力，及自享其结果为理想者也。故庶民主义在哲学上有可是认之理由。

（二）国家学上之基础。（甲）由国家之本质言之，国家为一种特别有机的组织，国家及其组成分子之个人，虽各有其存在，两不相妨，然国家必待个人而后能延其生命，个人亦必待国家而后能遂其发育；全体不能蔑弃部分，部分亦难离却全体，二者交相为用，而庶民主义，即使二者自然归于一致之道也。（乙）由国家之目的言之，国家之目的，依普通学说，不出巩固武力、维持法律、增进文化三者。然武力非维持自己之利益，谁则甘死；法律非出于自己制定或承诺，谁则心服；文化非由各人自己努力，何能增进？庶民主义者，即以维持人民自己利益，使人民自制法律及使人民自己负责，为理想者也。故由甲乙二点言之，国家皆有是认庶民主义之理由。

（三）心理学上之基础。（甲）人皆有利己心。乐于为己，而厌于为人。乐厌之念生，而巧拙之差著。庶民主义以民福为本，故足使人民奋其利己之心，以乐其业，善其事。故生产加多，游民减少。（乙）人皆有好发议（Initiative）之心，故同一良法也，由己发议，则甘受束缚，由人发议，则动起反抗之心；同一房屋也，为人所计画而成者，则触处皆不如意，若为己所规画者，则安之若素焉。庶民主义者，即万事使人民为主以遂其 Initiative 之欲，而杜绝其怨讟者也。（丙）人皆有严于责人宽于责己之心，故人之行为，则责备求全，己之行为，则曲恕宽宥；故往往谤多而功少。庶民主义者，使人民自治其事，自知其困，以养其负责之心，而杜其横议之弊者也。故甲乙丙三者，皆足为心理学上是认庶民主义之理由。

（四）伦理学上之基础。从积极方面言之，凡人皆当自尊其人格，自谋其利益，自了其私事。从消极方面言之，凡人不当以己事累人，以主权及人格付人。国家者各人之共有物也，国事者己事之一部分也。责任所在，何容旁卸，故庶民主义中之民治、民主及民本三主义，又伦理学所承认者也。

（未完）

护法及弄法之法理学的意义[①]

一

原始之人，饥而食，渴而饮，情动而相匹；一举一动，出于本能，非能抱一定之目的，行有条有理之计画也。故上古之时，不特无学，亦且无术。及经验渐增，知识渐启，始本过去常然之事例，作将来或然之推想。于是始入于合理的行为之域，而术生焉。当此之时，专重事功，偏尚经验，但知其然而不求其所以然；其所用之术，与其所欲达之目的，即令偶有差池，亦但置之不论或不解之列而已。研究纯理之心，未尝起也，故有术而无学。及文化更进，智欲日增，事功之外，兼重事理。术有时或爽，固不惮反覆尝试，以明其所以爽，理有所未通，亦不论其事之有益与否，而但求有以通之。故当此之时，学与术并进。然准乎至工之术，合于天然之理者，未必尽能合于正义，衷乎道德。宫恶性或抱毒之人，可以改良

---

① 署名陈启修，选自《北京大学月刊》1919 年 2 月第 1 卷第 2 号，第 17~26 页。——编者

人种，用 Dumdum 枪弹①，可以多减敌人之战斗力，理皆极明，然而不为者，以其悖乎人道耳。故文化愈进，则一切学术，不但须究其功能及道理，且须顾及其消极的道德方面。然消极不悖乎正义者，积极未必有裨于人生。苟无裨于人生，则放言高论，徒费精力耳。故在文化最进时代，一切学术之研究，必以其人生的价值为标准，而后始有真意义真价值。

由是言之，一切学术之性质，与时俱进，凡经四级：一曰事功，二曰事理，三曰道义，四曰人生价值。时代愈进，则学术之性质愈复且备。今日之学术盖合事功的、事理的、道义的及人生价值的四性质而兼有之者也。

此非愚凭空臆造之言也。学术史上之趋势，足资证明，请略陈之。

以天然诸学术言之，因病而生医术，因斗而生战术，因贪而生炼金术，因卜农时而生历术；凡此皆先有种种事实，因事实而生经验，因经验而生方术。方术者方便也，但计事功而已。其事理如何，不暇计也。是为天然学术发达之第一时代。欲求事功之确实，必不得不求通悉事理，且求知之欲日盛，则事功如何，亦可不论。故医术变而为生理学、组织学、解剖学、病理学及药物学等。战术变而为兵器学、工程学、兵队编制学及教练学等。炼金术变而为物理学、化学及冶金学等。历术变而为天文学及气象学等。事功与事理并重，是为天然学术发达之第二时代。事理愈明，事功愈著，天然之支配力日益减，人类自由意力之范围日益大。利之所在，害亦随之。于是始以仁义道德之观念，补救事功及事理之弊。故绿气之

---

① 指达姆弹，俗称"开花弹""榴霰弹"。——编者

炮，虽利于杀人而不用；绝恶种，弃孱弱，虽便于改良人类而不为也。是为天然学术发达之第三时代。充学术之力，平地可使成山，高山可使成海，大之可计地球之重，远之可测恒星之数；凡此其理极明，其功甚确，而亦无害于德义；然而在今日学术极盛之时，犹无人为之者，何也？盖以其在人生问题上无价值耳。故于事功、事理及道义之外，注重人生价值。是为天然学术发达之第四时代。

次以精神诸学术言之，其发达之顺序，亦必经前述之四级。兹不必行琐碎之征引，仅就政治学及经济学言之。

上古之世，一国中生杀与夺之事，一以强者之方便为标准，故有政治术而无政治学。文化渐进，始有国家学以究国家之原理，有政策学以究政治术之效能，故学理与事功并重。文化更进，强者与弱者之天然的智力之差，逐渐减小，弱者不甘于绝对服从，强者亦渐悟武力压服之非得策，故政治学术之外，兼重仁义道德。及至近世，文明诸国民渐知人兽之别，而谋增进人类之文化，故现代政治学，实以个人人格之发达为本位，以人生之幸福增进为目的。故政治学之发达，亦经事功、事理、道义及人生价值之四级。经济学在正统学派以前，实仅为理财之术。出自经验，非含有明确之事理也。厥后理论渐精，事功益著，经济学始成一科之学。然集中赀本，大量生产，虽可使费少功多，而无济于下层社会之贫；逐什一、权子母之术，虽日益精确，而瘠人肥己，究不能满人类之正义心；故社会主义各派之经济学，始有经济伦理之研究，而经济诸问题，除学理及政策外，乃不能不问道义上之当否。及最近之文化派经济学起，经济学之性质，于事功、事理及道义三者之外，兼带哲学的性质。一切经济问题，皆以其对于人生之价值，为批判之标准。此经济哲学之研究之所以渐盛，而经济学之所以渐达于第四级也。

二

综观上述，可知一切学术之发达，莫不经事功、事理、道义及人生价值之四时期。法律学者，社会诸学之一也，其必经此四级也，盖不容疑。今不愿徒作理论上之类推，聊且察法律学进化之陈迹。

（一）法律学发达之第一时期。古代之法律，一种方便之术而已，专重习惯，不尚成文，尊崇经验，蔑视道理，故后王之所作，必以先王之所行为范；虽暴君乱臣，未敢轻言变法或造法。盖当此之时，事实先于法律，法律仅有维持事实之功，而无创造事实之力也。

（二）法律学发达之第二时期。当此之时，文化渐高，人智渐进，不复盲从古人之习，渐知尊崇事理。而其结果有二：一则习惯法变而为成文法；盖民情日杂，若无明定之轨范，以为社会生活之标准，则争斗将不可解也。二则法律术渐变而为法律学；盖人类理智渐进，凡事必求其理由，方能自安，故关于法律现象，亦进而作本质的、作用的及说明的研究也。当此之时，法律与事实相倚为重，法律维持事实，事实亦巩固法律，故法律之解释，最重严格的论理。是为形式法学时代。

（三）法律学发达之第三时期。此期法律之特色，在救第二期法律之流弊。盖前时期过重严格的理论①，其弊每使法律仅有形式

---

① 上段作"论理"，似以"论理"为是。——编者

的意义，而无实质的意义，使暴戾之主权者，得借法之形式，残民以逞其欲。又前时期重视成文法，其弊在视成文法律为万能法律，使一定之法律与进化之社会相抵触，故其结果，不使成文法因 Desuetudo 而成空文，必使社会酿成法律的争斗，以轨范共同生活之物，而成自相残杀之具。由前之弊，则生法律之专制及滥用。由后之弊，则使法律成为史迹，不克随时进化，以陷于事实优于法律之奇观。故第三时期之法律，欲矫前弊，则主张人权，尊重正义；欲矫后弊，则主张成文法之自由解释，承认自然法理，注重法律之实质。是为自由法学时代。

（四）法律学发达之第四时期。第三时期之法律，虽足矫第二时期之弊，发挥其维持共同生活之本质，而尚未注意于人生之价值，谋共同幸福之增长也。故人权虽伸，而放恣之弊滋甚。法之正义虽著，而人生之目的未达。于是文化派法学乃应运而起。文化派法学者，谓法律当以人生价值为批判之基础，以人类文化之增进为归宿者也。

人生活动之基础在社会，社会之根本在个人，而现今之个人，又皆处于国家主权之下，故文化法学派之论法律也，既重社会之利益，复谋人格之发展，亦图国家正义之申张。

故专重人权，固不足以言最近之法律；偏重社会，亦未足以触近代思潮之干流；至于国家本位，国权万能之思想，尤为偏倚之见解，为文化法学派之所唾弃者也。总而言之，文化派法律学，盖以人生价值为基础，而以个人人格、社会利益及国家正义为本位者也。

三

以上关于学术之发达，不惮缕述数千言者，欲证明人同此心，心同此理，一切学术，无论何时何地，其发达皆须经一定之阶级，有共通之趋势耳。势也者，不可抗之力也。人为社会的动物，凡人之不能背社会之大势，犹其不能离社会而独存也。故顺势者生；逆势者不为社会所厌弃，必自滞其进化，挫其生机以底于灭亡。合世界诸强大国君主之力，不能阻民权之发达，极资本家之压迫，不能禁劳动党之勃兴，盖势使然也。

四

据以上所述，返观吾国之法学，果何如乎？果能与法学进化之大势，相顺应乎？清以前无论矣，清末维新，泰西法律思想，始渐输入，迄今二三十年，法校林立，法案山集，号称明律之士，遍地皆是。然入其肆，则除翻译书外，国人自著之名作无有也。叩其人，则法学专家无有也。欲从各种法律草案，窥中国法学之程度，则草案皆属翻译，不足为凭。欲从实际法律家考之，则法官及律师，大抵为新官僚及高等流氓，不足与谈。故居今日，欲审中国法学之程度，几有末由之忧。无已，其觇诸政治上之法律的大事件乎？政治上之法律的大事件，虽未足为判断中国法学程度之完全资料，而要足为不可缺之资料；盖关系此等大事件者，多为自命明法之人，足以代表官僚及政客之法学知识也。近年政治上之法律的大事件有二：一为护法事件，二为弄法事件。

护法事件，起于丁巳之国会解散及非常国会在粤之开会，而成于北京政府之改《国会组织法》及西南军政府暨护法军之组织。

以护法事件之远因言之，《临时约法》既无解散权之规定，亦无禁止解散之规定，平心论之，实为法之缺憾。而不可谓为法之默令，或法之禁止。遇此之时，允当察社会之需求，据法律之道义，衡理平情而解释之。运用之妙，存乎其人。若必谓凡无明文之规定者，皆为犯法，则徒重法律之形式，视成文法为万能，如前段所述，其弊将使法律仅有历史的意义，而无生活的意义；其极，不陷于 Desuetudo，必陷于法律的争斗残杀也。法之缺乏，事所常有。假如吾国《约法》上之大总统及副总统，同时并死于非命，若必拘于成文法，则中华民国将无元首，无是理也。且不足法定人数之非常国会，亦果何所根据耶？一则取严格解释，一则取自由解释，亦见其自相矛盾而已。至于主张解散国会之人而亦极口论非常国会之非法，则出尔反尔，盖别具心肝者欤？由是观之，是中国法学，尚在形式法学及方便法学时代也。

次由护法事件之近因言之。谓旧国会议员不能代表民意而解散之，犹可言也。谓《国会组织法》为不足代表真正民意而改正之，则直以法律为儿戏，背理而近于滑稽矣。《国会组织法》载有明文，岂容假自由解释之美名，妄为改毁。何况以法律毫无根据之机关，明目张胆，破坏成文法律乎？护法者起而反对之，是矣。然国会者，法之生产物也，非法也。故护法则可，护旧国会则不可。今之护法者，动则曰非恢复旧国会不可。不知其所护者，法欤？抑法之生产物欤？尸护法之名，而不究护法之理。斯愚所未喻者一也。乱臣贼子，人人得而诛之，国家大法，亦人人得而护之。护法之义务，岂国会所能独尽，护法之权利，亦岂国会所得独有。愚不知护法之军政府，何故事事必仰旧国会之鼻息也。驯至今日，则护法事业，几为旧国会之专有物矣，久假而不归，乌知其非有？若改护法政府为正统政府，则理犹可通；今则不然，仗护法之名，而行国会专权之举。斯愚所未喻者二也。夫法者何也？其根本为国民之意力，其形式为主权者之意思，而其实质则为社会上之正义。法而反于社会正义，则形式为法，而实则非法。护法而不平反社会之不幸，则为形式的护法。今之护法者之主张，不曰某某破坏《约法》，即曰某某擅据内阁；不曰某处地盘若何，即曰某种人权利若何。而人权之蹂躏弗问也，生民之倒悬弗恤也，禽兽之食人且弗顾也。斤斤于护法之形式，而置护法之实质于脑后。斯愚所未喻者三也。由是观之，护法者之法学思想，实尚在形式法学时代也。

五

弄法事件，不自近年始。姑以近年之弄法大事件言之，其始为冯副总统之职权代行及新临时参议院之组织，其极为《国会组织法》之改正及新国会之发生。

当弄法之士构词解散国会之时，其说犹能动人观听。及设谋迎冯副总统代行职权，组织新参议院，以便私图，则弄法之心，阴私之念，无学之据，毕露无遗矣。复辟事变之后，大总统在国法上犹是大总统也，假令其犯法犯罪，犹必待国会先举召集之后，始得弹劾审判之。今弄法之士，乃以一国元首之职，私相授受，而曾不内疚，亦不为之词。愚乃知此辈之仅识方便法学矣。至《约法》上所谓参议院之为唯一特定之物，稍涉法学门径者，当莫不知之。而乃假自由解释之名，曲为解释，蔑视法律之正义，摧残人类之理性，其罪不可逭矣，由是观之，弄法者之法学思想，实未超出方便法学时代，而其罪恶，则远过于他国之方便法学家也。

及至《国会组织法》之改正及新国会之召集，似弄法者思想渐进，稍知法律之重要矣。然细察之，实亦尚徘徊于形式法学及方便法学之间也。盖此辈此时虽知法律之可重，而误认凡具法之形式者皆为法，而能见诸实行；而不知凡法必有其实质，必其出于社会道义，人民确信者，始能成有效之法也。唯其不知，故操纵人格较低之士而谓之曰国会议员，合二三有力者之私见而称之曰法律，而自以为己之议员，己之法律矣。

六

由是观之，护法者与弄法者之法学思想，皆尚未达法学发达之第三时期，况言第四时期？则亦无怪乎世人不识法有创造的精神及文化的意义也。并世诸国，皆已达第四时代矣。吾国若不急起直追，必且归于天然淘汰之列。此愚所以不能不望同志者努力于法学教育之普及及法校之改良也。

从"北洋政策"到"西南政策"①

——从军国主义到文化主义

一

学术之兴，本以探求真理，利济人生。及其弊也，黠者比附曲解以行奸，愚者鲁莽灭裂而不知其误，差以毫厘，谬以千里。驯至学术上极可尊贵之名称，变而为文奸饰非、藏垢纳污之具，而学术之神圣尊严，亦遂扫地以尽。例如自由，美名也。由纯学术上言之，但觉其为人生之极则，斯世最上之要求而已，而世之假自由之名以行其罪恶者，乃能使自由为放恣暴戾之别名。又如运动一义，在文化史上，何等庄严贵重，而在吾国今日用语上，则几徒有夤缘奔走之意。他如爱国、民意、舆论、自由结婚、政党等名词，为世俗滥用或误用者，指不胜屈。谬讹相沿，不但学术无发达之望，即其对于社会之恶影响，亦实有出人意表者。排斥谬说，发挥真义，尽今日研究学术者之急务也。

---

① 署名陈启修，选自《北京大学月刊》1919 年 3 月第 1 卷第 3 号，第 7～24 页。——编者

本论题中"北洋政策"及"西南政策"二语，近来最为世人所误解，亦最为野心家所滥用。其误解及滥用之影响，在政治上，亦似最大。愚之推理，若无谬误，则虽谓南北连年之斗争，及数省人民所被之惨祸，皆由此二语而来，可也。及今不纠正之，恐后此其影响之烈，或有甚于今者。愚故根据政治学理，解释二语之真义，说明其主张之理由，决论其在今日之价值，以供世人一般之参考，启误解者之蒙，而绝滥用者之阴谋。凡所论列，纯本于学问上之良心，而无丝毫容心于其间。苟主张军国主义者不我怒，而主张文化主义者亦不我喜，则愚之幸莫甚焉。

二

"北洋政策"及"西南政策"二语不知起于何时，亦不知为何人所创造。此等语源的研究，可置不论。要其最为人误解或滥用，实在民国纪元以后。当愚初为法学生时，此二语犹尚保持学术上之意义，每为朋辈研究之焦点。曾几何时，二语忽成国中政论家及政治家之口头禅，语益时髦，义益晦涩。今日真义几无人道及，而伪解丛出，惑人滋甚，兹于解说真义之先，指陈普通用法之谬于下。

"北洋政策"及"西南政策"之谬说误解，以愚所知，约有三种：

（一）解"北洋政策"及"西南政策"为北洋系或西南系之政策者。例如谓北洋系或西南系施行某种政策，攫取某种权利者，即是。此种具体的实例甚多，不难列举。然举亦无益于论者，且有伤忠厚，故但作抽象的述说。系者历史的产物，因势利而结合者也。惟其为历史的产物，故偏重事实，而无一贯之精神；又惟其因势利而结合，故无一定之主义。无精神，无主义，故不必有新旧之好恶，不必带地方的色彩。北洋、西南云者，特出于历史的便利，非北洋系必北人，西南系必西南人也。故其所谓系，殆等于权门或朋党；其所谓政策，殆等于攫权之阴谋，排挤之方术。其无合理的基础，不待言也。此第一种谬说，流毒甚大，不但为"北洋政策"及"西南政策"二术语计，不得不辩，即为政治之修明计，亦不能不廓而清之也。

（二）解"北洋政策"及"西南政策"为北洋派或西南派之政策者。通常谓北洋派曰谋厚其势力，以压抑新势力之发生，或西南派集中精力于某项事业，以谋旧势力之推翻者，皆属之。此第二种见解，表面上似与第一种相类，而实大异。盖第一种完全着眼于势利，而第二种则含有一种思想也。派之为言，所以示思想上之区别，无思想上之差异，不能有派，派者以思想之存在为前提者也。本此义言之，北洋派抱旧思想，有守旧的倾向；其人多为官僚或准官僚。西南派重新智识，有维新的倾向；其人多属政党员或志士。北洋及西南，虽为地理上之名称，然北洋派与西南派则不必有地理上之意义。其所以称为北洋派及西南派者，盖因晚近抱旧思想者多在北洋，抱新思想者多根据于西南；非谓北洋派为北洋人，西南派为西南人也。故此种"北洋政策"系指扩张旧思想即官僚的思想之势力而言，而非谋以北洋人之势力，掌握政权；此种"西南政策"亦系言发展新思想即庶民的（Democratic）思想之势力，而非欲扩张西南人之势力，要之，皆思想势力上之政策，而非地方势力上之政策也。凡新旧思想之竞争，若善为调剂之，常足以促生较近真理之思想。故此第二种"北洋政策"及"西南政策"，其名虽不妥当，其意则未可厚非。独惜其评论新旧思想之价值时，无一定之标准，不能具充足之理由；故各新其所新，而旧其所旧。其结果，驯至不能行理性的论争，而徒生感情的冲突。旧思想家与新思想家势成水火，不相理解，则思想上之政策，乃一变而为权势上之政策，其流毒之大，殆不亚于第一种之谬说。今之日以排击异己者为事，而曾无学术上之良心，执北洋派或西南之名以为好恶，而曾未行根本上之反省者；皆此第二种谬见，有以致之也。

（三）解政策之意为主义，而谓"北洋政策"为大北洋或大北方主义及"西南政策"为大西南主义者。今日南北强有力之武人及野心之政客，大抵皆奉此义；故有南北地盘之争，同种残杀之战。此第三种之解说。最为荒谬无理，然奉此说者乃最多，为祸之烈亦最甚。彼大直隶主义、大奉天主义、大云南主义及大广西主义等，实皆不外乎大北洋主义及大西南主义之支派。此种谬见中人之深，从可知矣。请皆摘其根本之错误于下：

（甲）此说根本谬误，在误政策与主义为一物，故谓大北洋主义为"北洋政策"，大西南主义为"西南政策"。窃学术上"北洋政策"及"西南政策"之美名，以文饰其部落思想之丑恶。不知主义为事物之哲学的根本的见解，属于理想，政策由此见解寻绎而得，属于手段；有主义而后有政策，非因政策而发生主义；"北洋政策"及"西南政策"，或可为达某种理想之手段，而大北洋主义大西南主义，则在政治学上，直无存在之理由也。

（乙）何以谓大北洋主义或大西南主义在政治学上无存在之理

由？盖凡所谓大……主义者，皆指民族相同之诸国或国之部分，合而成一大国之理想而言。证诸大日耳曼主义、大斯拉夫主义及大捷克主义等语之用法，皆莫不然，诚以民族国家为国家进化趋势之所在，而大国主义，尤为政治上之主要潮流也。然则由诸小国而合成大国，可谓之大……主义，由一大国而分为诸小国，则不得谓为大……主义也，明矣。今之大北洋主义及大西南主义，皆以分成小国为理想者也。是名为大……主义，而实不得称为大……主义也。

（丙）凡大……主义，皆所以谋同民族之统一，以顺应一民族一国家之新趋势者也。今之大北洋及大西南主义之所主张者，适与此种趋势，立于正反对之地位，谬矣。

（丁）凡大……主义，皆为民族的结合，而非地域的结合；皆属对于异民族之主张，而以纠合同民族或类似同民族为帜志者也。故美国之大亚美利加可通，而日本之大亚细亚主义不可通。今之大北洋主义及大西南主义之所对抗者，为同民族乎，抑为异民族乎？其帜志果何如乎？

（戊）凡大……主义，皆以同民族之解放为目的，故不悖乎人道与正义。今之大北洋主义及大西南主义，则以同民族之束缚侵掠为目的，故地盘之争，无时或止。以此而种为大……主义，亦可为大……主义羞矣。更何人道与正义之足言！

要之，此第三种谬说，实最恶劣，然因吾国人同类意识尚小，而封建思想及部落恶习，犹尚遗存，故易于动人。吾人诚不可不力辟之也。

三

上述三种见解，皆荒谬不足取。学术上所谓"北洋政策"及"西南政策"则与此异，皆以某种主义为理想，以国家为前提，以国利民福为目的者也。故真正之"北洋政策"及"西南政策"不含系统派别之意义，亦决不带地方权利之色彩；其称为北洋或西南者，实因北洋或西南之地理或历史适于某种主义之树立发展，而云然；其着眼点，在义务不在权利；其目的在全体不在部分；其名称虽有令人误解之虞，实含充足之理。故真正之"北洋政策"及"西南政策"在形式上可谓有合理的基础。唯实质上，其所主张，是否合乎纯理之要求，适于实际之状况，则在必须批判研究之列，而不能因形式上之理由而遽肯定之。兹先分述"北洋政策"及"西南政策"之学术的意义，然后审查其在实际政治上之价值。

凡言政策，必先有主义，主义为所达之理想，政策为达此理想之方法，此义前已言之。然则"北洋政策"所欲达之主义，果为何种主义乎？欲答此问，当虚心平气，不动感情，否则誉之者必且罗列多数美名，毁之者必且詈为空无所有；持平之论，将无从得。从学术上公平之见解研究之，"北洋政策"所欲达之主义，实为军国主义。军国主义之为何物，吾友陶君孟和于《大学月刊》第一号论之甚详①，不必赘说。一言以蔽之，军国主义者，认定人生之真相为战斗，及强者之权利为正义，而以优胜武力之独存为最后之理想，以战胜攻取为当面之目的者也。军国主义中，亦分极端的军国主义与缓和的军国主义：前者以侵击的精神为主，后者以防守的精神为主；要其欲以军队之组织及精神，运用于政治之上，则一也。军国主义之可否，姑置不论。

持"北洋政策"论者，既以军国主义为理想，故由此理想，研究其实现之方法，而得"北洋政策"，此非故为影响之谈也。盖"北洋政策"存在之理由，全在以军国主义为前提。苟无军国主义之前提，则"北洋政策"且将成前述三种之谬说，必不可通矣。主张"北洋政策"者所持之理由有六：

（一）中国贫弱之原因，在屡受外国之压迫。而受压迫之原因，又在中国武力之薄弱。故欲救中国，第一当强厚武力，欲强厚武力，莫若采军国主义。

（二）依第一之理由，可知中国应采之军国主义，为缓和的军国主义，以防守的精神为主。既为防守的主义，故不必采用极端的军国政策，且因中国地广人众，亦不能即时采用极端的军国政策。故当参照假想敌来侵之方向，训练上之地理的便利，地方人民之天然战斗能力，及历史统计上之教训，等等情状，以决定一有效而易行之政策。

（三）由假想敌来侵之方向察之，由海而来之敌，皆在东南；

---

① 参见陶履恭：《军国主义》，《北京大学月刊》1919 年 1 月第 1 卷第 1 号，第 33～51 页。——编者

中国海军，势难复兴，故对于此种敌人，几无在海上之方，所幸此方面之敌，大抵无领土的野心及咄咄逼人之态，故可暂时置不深问。由陆而来之敌，皆在中国之北或东北，故欲图抵御，须强固第一线，即北方之国防；加以国都偏在北部，危险甚大，尤不能不谋固根本。由此言之，则强厚北洋之武力，以御外侮，盖当然之政策也。

（四）由地理及训练之关系言之，中国北部，大半为平原广野，交通较便，故利于集中大兵，行近代的训练。盖近代战争，规模日大，其决战之原因，多在组织的训练之有无，而在中国欲行大规模之有组织的训练，则从财力经济及精力经济观之，与其行于西南之山地，无宁行诸北方之广原也。故主张北洋练兵之政策。

（五）由人民之天然战斗力察之，北人体大力强，富于服从性，颇适于作军国主义所希望之军人。南人则大抵反是，苟中国欲防守的军国政策，则为谋事半功倍计，与其使南人当战斗之中坚，固不若使北人当之较易收效也。故主张训练北人，使成中国对外战斗之主要分子。

（六）由历史统计上观之，不但中国历史上，北人之战胜，较多于南人之战胜，即在万国历史上，亦常有此倾向。若鉴往可以知来，则无论此种结果之原因何在，吾人断不能不重视此种倾向，而以之作为政策决定上之理由也。故苟欲策对外之战胜，固当珍重北人之历史，而行北洋练兵之政策。

由是观之，真正之"北洋政策"盖以军国主义为理想，以国家之观念为前提，以防外侮为目的，而以训练北人、强厚中国对外战斗力为手段者也。非部落政策、权利政策、自相残杀政策及对内征服政策之谓也。

真正之"西南政策"实由文化主义演绎而来。文化之定义若何,学者中颇有异说。大多数人,皆解释文化为人类努力之总结果。例如学术、宗教、技艺、经济及政治等,皆出于人类之创造;合而言之,则为文化。主张文化主义之人,以为:人之所以为人,在有文化,易词言之,即人之特色,在能努力行价值之创造,继续不息,以实现其意志,完成其人格。故主张凡属人类,当以文化之发展,为毕生之目的,庶不虚负此生。约而言之,即文化主义者,以人格之完成为理想,以价值创造之实现及文化之发展为目的者也。文化主义,为人哲学之一种;其真价如何,不在本问题研究范围之内,姑置不论;要其为最近哲学上有力的见解之一,则思想界周知之事实也。

四

中国之主张文化主义者,何故采"西南政策"乎?其理由有六:

(一)关于中国积弱之原因,历来有三种见解:(甲)谓由于战斗器械及军队组织之不如外国,(乙)谓由于实业之不兴,(丙)谓由于一般文化程度之低。即一着眼于武力,一着眼于富力,而一着眼于国民一般综合的心力也。主张文化主义者,采取丙种见解,以为真正国力之强弱,皆视国民全体之努力即文化如何以为断,以文化程度甚低之中国,与文化甚高之诸国抗存,犹童子与大人竞争,假令武力或富力有时或足胜人，终必无幸，何况文化不高，亦无能获真正武力及真正富力之理。故与其逐末，何如固本；与其汲汲于军备或富力，何如谋增文化。故欲救中国，莫如采用文化主义。

（二）文化者国民努力之结果也；匪降自天，实出于人。故文化仅可逐渐由内面发展，而不能一时从外面附加。故欲谋文化主义之实现，则其所用政策，当为渐次进展的、远心的及启发的，而不宜为一时添附的、普遍的及强迫的。易词言之，即应以某地点为圆心的起点，以求文化之波动的发展，而不应漫无秩序，徒行暴风雨的运动，盖文化之性质实然也。此种文化政策之圆心的起点，当由地方生活之状况、文化感受性及发展力之大小、历史上之趋势、人民气性之如何等而决定之。

（三）由生活状况言之，水土丰饶，易于生活之处，其人必乏努力之念，故不适于文化之发展；水涸土瘠之处，其人汲汲于谋衣食，无复余力，故文化亦难发展；惟沃瘠俱不过甚之处，其人勤则生活裕如，惰即难免困乏，概富于努力之念，而又无生活上之极端的压迫，故最适于文化之发展。此政治学上之定论也。主张文化主义者谓：今日之中国，北部多瘠土，中部过于丰饶，惟西南沃瘠相半。故根据上述原理，主张以西南为圆心的起点，而行文化政策。

（四）文化感受性及发展力之大小，亦为决定政策之要因，盖政策效果之如何，在政策之批评上，甚为重要也。以政治学上之学说言之，凡固有文化甚高之地，其人之新文化感受性及发展力，大抵较固有文化较低之地为弱。何则？文化愈高，则偏见恶习愈深；不除旧恶，安容新善。譬之一定时期中之植物，其第二次之花实，必不及其第一次之美满；因第二次花实之养分，必不及其第一次花实时之优良也。主张文化主义者谓：近代之中国，北部已如受害虫蚀伤之植物，中部如已开花结实者，惟西南文化最低，方在萌芽，尚无花实，适于培养；故根据上述理由，主张以西南为新文化运动之圆心的起点。

（五）由历史上之趋势言之，中国之文化，由北部而中部，由中部而南部；史迹所示，彰明较著。此其原因，或甚复杂，然此种历史的根据，固不失为是认"西南政策"之一理由也。

（六）由人民气性言之，西南人大抵心胸褊狭，不能容物，又多血善怒，感受最敏。此种气性，虽多可非议，然从文化史上观之，反足为"西南政策"之根据。盖近代文化之发展，多源于个人主义及自由主义之盛行，而西南人之自尊的、不羁的、冲动的特性，反合于近代人之特质也。

由此观之，真正之"西南政策"，实以文化主义为理想，以国家之观念为前提，以追步欧西文化为目的，而以置文化之圆心的起点于西南为方法者也。其非部落政策、权利政策、自相残杀政策及对内侵吞政策也，固与真正之"北洋政策"同揆也。

五

真正之"北洋政策"及"西南政策"之意义及根据，略如上述。皆持之有故，言之成理。在形式的论理上，实属无可非议。惟其前提是否含有真理，可以凭信，及其所取材料，是否有普遍的确实性，则尚有批判之要。其实质的价值如何，全视批判之结果如何而定。苟前提不足取，而论据又不确实，则形式的论理虽佳，其实质的真价，当末减也。故分别批判之：

（一）"北洋政策"

（甲）"北洋政策"之根本，为军国主义。故"北洋政策"之价值，第一当由军国主义之价值而决。军国主义之实际的效果，可于最能实行军国主义之国家即德国之末路觇之，不待繁证。其理论上之根本的缺点，已为吾友陶孟和君在本月刊第一号指摘无余，兹不具论。要而言之，军国主义至少有四大弊：（A）军国主义重机械的纪律，故使人民不能有自由的发达；（B）军国主义重阶级的思想，主张治者之特权，其结果使社会容易固定，国民全体之能力，不能如量发挥；（C）军国主义认优胜劣败为进化公例，主张强者之权利，故其结果，残忍暴虐，灭绝人道；（D）军国主义夺国民生产之能力及时间，使从事于攻守，故物质不足，生人道苦。

由是观之，军国主义之一般的真价若何，断可知矣。

（乙）假令军国主义之一般的真价，在理论上或可是认，然今日之中国，为自强计，亦无采用军国主义之要。盖旷观世界之大势，人类利害之观念日明，国际协力主义及国际社会主义，方将日昌，武力吞并之事，已为时代所不许，故中国亦无以武力抗敌之要；且即今尚须武力抗敌，而现代竞争力之强弱，实视文化之高低以为断，欲强武力，必先增长文化，故今日之中国，亦无遽采用军国主义之要也。

（丙）假令军国主义尚有可采，而中国今日，亦有采用之要，然军国主义亦万不能行于中国。其理由有四：（A）中国国民，天性爱好平和，又无国民的自觉，故即采行军国主义，亦必无效果。观中国练兵数十年，而对外战斗力曾无分毫之增加，军人惧外媚外之风且加甚，即其证也。（B）黄祸之忧，睡狮之说，方深入于异族之心中。中国而真欲行真正之军国政策者，异族能坐视乎？勉强而行之，是速人之谋我也。（C）兵凶器也，善用之可以自卫，不善用之，则足以自杀。授孩童以火，其不召祸者几何？以中国今日国民自觉之程度，苟授以兵，则于御外侮之先，必且自相残杀，今日之同胞相杀，非其明证耶？（D）欲行真正之军国主义，则军备费必且逾今日之军费数十百倍。以渐至完全为外国赀本征服之劳动者的中国，能负担之耶？

（丁）假令军国主义可取，且中国今日当采取之，而军国主义亦竟能行于中国，然"北洋政策"，亦终无存立之理由。盖假使中国果尚有倾全国之力，与外国相见于战场，以睹存亡之一日，然依此次欧洲大战之经验观之，其战线必且长至数千里，战地必且存于数方面，战斗员数必且逾万万。果如是，则主张"北洋政策"者所持之理由，如固北方之国防，重北方之地理，练北人为兵之政策及重北人之历史等，皆将失其根据。盖倾国为战，务必尽其最大之战斗力，以收最后之胜利，而更无使一部分人负责或一方面疏失之余裕也。

由此观之，军国主义与北洋政策，在今日已无可以信奉之理由矣。知其不可信奉而信奉之，不出于怙过，必别有怀抱也。

（二）"西南政策"

（甲）文化主义，果有存在之价值乎？文化主义之根本的研究，涉于哲学之范围，非本论文所能详及。要之，其能兼理想主义与现实主义之长，而补剂其短，则莫能否认者也。盖理想主义过于幽远，非旦夕之所能期；注重精神生活，而蔑视物质生活，适于人类之神的半面，而不能满足人类之兽的半面；仅得半面之真理，故陈义虽高，终不能支配人类之全生活。现实主义则偏重物质生活，而视精神生活为迁远不切于事情；仅认人类之兽的半面，而弃其神的半面，亦仅得半面之真理；故物质的文明愈进，而人类之幸福乃愈减；所谓机械发达而人类几为机械之附属品，经济组织发达而大多数劳动者几成天然的奴隶，一般享乐之法进步而人类之体质反日退，凡此皆现实主义之流弊也。

文化主义则与此二者异：目的虽在乎理想，而根据则本乎现实；以理想为条件而承认现实，即由现实而谋达理想；质言之，即根据现存之文化，以实行新价值之创造，更由新价值之实现，以革现存文化之弊害；不偏于理想，亦不崇拜现实，故人类之神兽二面，俱得满足，而高远难期之弊，与生存竞争之祸，或可少息焉。文化主义之哲学的价值，虽难一言而决，要其发生之出于现代人类之要求，而不可轻视，盖无可疑也。

（乙）中国今日，果有采用文化主义之要乎？专尚武力之不能救亡，及武力吞并政策之不能行于今日，前段已详言之。故今日之中国，不惧人之亡我，而惧自杀自灭；不惧武力的人为淘汰，而惧文化的天然淘汰。即从历史上观之，亡于武力者大抵有恢复之日，而灭于文化者，必永劫不复，亦可知今日中国之急务矣。且中国今日殆已完全为外国赀本所征服，中国之经济的生死之权，已落于外国之手，其状恰与各先进国劳动者对资产阶级之关系酷似；外国劳动者对于资产阶级，不能遽行革命者，非全由腕力之不逮，实由一般竞争力即体力、智力及财力等尚不足耳；故劳动者汲汲于结团体，广智识，而不专谋破坏资产阶级之方，诚知所先后也。故中国今日欲图自存，非行社会主义的运动不可。易词言之，即非采用文化主义不可也。社会主义的运动与中国存亡之关系，愚将别著专论研究之。

（丙）中国今日果能采用文化主义乎？（A）中国人古来尚文轻武，且屡以文化战胜西北方之强族。故可利用此种遗传的国民性，行新文化之运动；其效果虽不可预测，然其必优于不适国情之武力政策，则可断言也。（B）异族虽强横暴戾，然万不能禁中国之文化运动，且即欲加妨害，亦恐有所不能，盖文化为人类之内面的努力之结果也。且从事实上观之，外人固日夜希望中国行政治、法律、经济、学术及宗教上种种文化的改革者也。（C）或谓：在中国今日，最足为实行文化主义之阻碍者，实为无知识之武人及顽固之国粹论者。然前者因中国已成劳动者的国家，不久将无军备之故，其消灭，已迫于旦夕；后者亦已多半形在神离，不足虑也。

（丁）今日之中国，果当地西南为文化运动之圆心的起点乎？易词言之，即"西南政策"果能由文化主义演绎而得乎？观主张"西南政策"者所持之理由，以今日之情状批判之，大抵尚属稳当。惟其所根据之前提，本非一定不变之事实，故其结论，亦不能有绝对的价值，而仅有相对的价值。故愚谓苟非有较善之理论，或反对之论证发生，则以西南为圆心的起点之说，固不能一笔抹杀也。

据以上各项观之，可知文化主义实为中国今日当务之急，及"西南政策"实有相当之论据矣。

六

总而言之：（一）"北洋政策"非北洋系、北洋派及北洋主义之政策之谓；"西南政策"，亦非西南系、西南派及西南主义之政策之谓。盖某系、某派或某主义之政策云者，皆以其系、其派或其主义者之利益，为最后之目的，故在政治学上，无存在之理由；而真正之"北洋政策"或"西南政策"则以国利民福为最后之目的，故有存在之理由也。

（二）真正之"北洋政策"本由军国主义演绎而来。然军国主义，在今日已不足取，中国尤不当取，亦不能取；且即采取军国主义，而在今日"北洋政策"亦有不克成立之理由。

（三）真正之"西南政策"由文化主义演绎而来。文化主义，为新时代之要求，中国尤当采取之，亦能采取之。苟采取文化主义，则依目前中国之情状，当以西南为圆心的起点，故"西南政策"可以成立。

（四）故中国今日，为目前计，当辟除一切荒谬之"北洋政策"及"西南政策"；为久远计，当从真正之"北洋政策"到真正之"西南政策"；质言之，即当从军国主义到文化主义也。

改组雄辩会之提议^①

本校教员学生陈启修、韩寿晋等，近提议改组雄辩会为辩论会，力图进行。兹登其公启及所拟之草章于后。

（一）公启

仲尼设教，立言语之专科；子产会盟，借辞令以安郑。盖阐扬学术，折冲坛坫，言辞之重，自古已然，而于今为甚。同人等有鉴于斯，前本练习辞令、发展智识之宗旨，有北京大学雄辩会之组织。只以才力薄弱，时期过短，故规模难具，而发展未遑。去夏前会长雷君国能，西渡留学，会中无人主持，会务因致中阻。长此以往，将见消沉。此不特同人之所深惜，抑亦全校之所深惜也。兹者同人等拟本其初意，改组北京大学雄辩会，冀免虎头蛇尾之讥，而为再接再厉之计。现已筹备就绪，成立不日可期。惟兹事体大，同人等力薄才疏，曷免陨越？尚乞

---

① 选自《北京大学日刊》1919 年 3 月 14 日第 332 号第四、五版。文中称公启和草章为陈豹隐等所拟，且本文能反映陈豹隐早期活动，故选入。——编者

后内诸君子联袂加入，共襄大举。纂绪开端，敢不效其绵力。发扬踔厉，是所望于群公。同人幸甚，本会幸甚，是为启。

发起人

陈启修　张祖训　周龙光　韩寿晋　赵遁搏　刘濬川　张旻　徐辅德　徐望之　缪清钊　吴载盛　来焕文　辜孝宽　马义述　赵东珍　张瑄　曹杰　王守谦　方豪　孟馨洲　郭振唐　张步高　翟俊干　李锡恩

（二）北京大学辩论会草章

第一章　总则

第一项　定名

第一条　本会定名为北京大学辩论会。

第二项　宗旨

第二条　本会以阐扬学理、修饰辞令为宗旨。

第二章　会员

第一项　资格

第三条　凡本校同学，均得为本会会员。

第四条　教职员之赞成本会宗旨者，得为名誉会员。

第二项　权利及义务

第五条　凡本会会员，有到会辩论演说之权利。

第六条　凡本会会员，有选举或被选举之权利。

第七条　凡本会会员，有出席两院旁听之权利。

第八条　凡本会会员，每年应纳会费铜元二十枚。

第三章　职员

第一项　名誉职员

第九条　本会设会长一人，由本校校长充当之。

第十条　本会设理事若干人，由会中同意邀请校中教职员任之。

第二项

第十一条　本会设干事会，掌理会务，干事会由下列各员组织之：

（一）总干事一人，总理会务。

（二）副干事一人，襄理会务。

（三）文牍员二人，掌理一切文件。

（四）会计员一人，掌理收支。

（五）庶务员一人，掌理会内庶务。

第十二条　凡干事会职员，概由会员投票选举之，任期一年。

第十三条　本会设评判员若干人，评判辩论之胜负，由会中理事或由干事会邀请本校教职员担任之。

第四章　会期

第一项　大会

第十四条　本会于每年秋季开全体大会一次，报告会务，并改选职员。

第二项　常会

第十五条　本会于每两星期开常会一次，专为会员练习辩论时间。常会日期、地点，由干事会酌定，先期公布之。

第十六条　常会时会员练习人数及辩论题目（中文或西文），由干事会征求本人同意，先期公布之。

第十七条　关于辩论练习之细则，另行规定。

第三项

第十八条　本会于下列各情形得开临时会：

（一）遇有名人演说时。

（二）全体会员三分之一提议时。

（三）会长提议时。

（四）干事会议决认为有开临时会之必要时。

第四项　辩论竞赛会

第十九条　本会得于适当时间，与他校举行联合辩论会。联合辩论会之细则，由干事会与他校商定另订之。

第五章　奖品

第二十条　本会为奖励会员起见，特制奖品二种：

（一）团体奖品，系银樽一具，由成绩最优之组得之。

（二）个人奖品，系奖牌一枚，由成绩最优各个人得之。

第六章　附则

第二十一条　本草章于经过成立会到会会员大多数通过后，始发生效力。

第二十二条　本章程于下列各情形，得修改之：

（一）全体会员三分之一提议，并得全体会员过半数之同意时。

（二）干事会议决，并得全体会员过半数之同意时。

（三）会长提议，并得全体会员过半数之同意时。

马克思的唯物史观与贞操问题①

一

自从马克思②提倡唯物的历史观以来，世界上研究人类社会现象的学问家，得了一种非常有力的暗示。各种社会的科学，因此都换了面目，与从前是大不相同的了。从前的人，大概都抱定一个"人为万物之灵"的思想，以为世界之上，只人类有支配万物的能力，万物都是供人类驱使的。都认定人类的特长，在有灵性，能够驾驭万类，所以主张人类的文化更是由人类的精神造成的。人类的精神，本来是一种不能耳闻目见的抽象概念，所以又都主张人类的精神，是有超越时间的性质。

既已主张人类的精神不随历史变化，所以当然不得不主张一切文化的根本方向是没有变化的了。从前的人，抱定这种狭陋的根本

① 署名陈启修，选自《新青年》1919 年 5 月第 6 卷第 5 号"马克思研究"专栏，第 500～505 页。本文原题《女子贞操的金钱价值》，首刊于《新中国》1919 年 5 月 15 日创刊号，第 17～24 页。——编者

② 文中马克思或作"马克思"，或作"马尔克司""马尔克思"，今一律改作"马克思"。——编者

见解，所以造出许多"天经地义""圣道王法"来做文化的标准。拿一时代一地方的形式，来范围各时代各地方的现象，这种方法，差不多是和拿同样大的鞋来给几万人穿一样。所以不但消极的弄得多数的人，不能进步，并且积极的还不免发生许多痛苦。马克思的唯物的历史观，恰与上面说的，正相反对。他主张人类的文化史，不是由人类的精神，是由人类以外的万物，即是由物质的境遇造成的。从各种文化的表面上看来，虽似乎各种文化都是由人类的努力而生。然而从根本上研究起来，人类的努力，究竟不能专靠精神维持，精神以外还要依赖物质。因为人类究竟是一种生物，不得不为饥寒所累的。所以各种文化，形式上似乎出于人类的努力，实际上还是靠物质决定的。世人往往说，近代科学进步，人类把自然征服了。实则人类何尝征服了自然。试看，从古到今，何人没有忧、劳、病、死，这四件里面，那一件不是因为受自然的压迫生出来的呢？所以仔细研究起来，还是自然能够支配人类的行为。人类不过在自然的支配底下，还能顺着自然，利用自然，比别的万类，较高一筹罢了。人类的精神的努力，既然是由物质的境遇决定，所以人类的文化史，也是由物质的境遇决定的。世界上物质的性质和数量，从古到今，在物理学上，虽然没有绝对的变更，然而在经济学上，却是有对相的变更。因为照"物质不减"和"物质普遍"的公例说来，物质的数量和性质，虽然是无古无今、无东无西，皆是一样的，然而物质的结合和物质的位置，若从"新陈代谢周流巡环"等生理学、化学、社会学、经济学等的公例看来，却是转换不定的。譬如米谷的出产，虽因人类勤力不勤力，各地方各年，有多有少，然而米谷本是一种物质，当然也要受物质不灭法的支配，岂能于世上原有物质之外，有增有减；米谷的多少，不过是一种化学结合的变化，或物质位置的变化罢了。又如世上人类，有生有死，从现象上看起来，虽然有时多，有时少，然而从物质的本质看来，也是没有增减，不过是化学的结合生了变化罢了。物质的结合和位置，既然是转变不定，所以人类的文化史，也是随着物质的结合如何，转变不定的。物质的结合，从甲状态变到乙状态，人类的文化，就从甲种变到乙种。若是物质的结合，更从乙状态变到丙状态，人类的文化，也就从乙种变到丙种。如此类推，物质的结合一变，人类的文化也一变。因为人类究竟要受物质的支配，所以不得不随着物质的脚跟走。如此说来，人类文化的方向和种类，不但是有变化，而且是不得不有变化的了。各时代各地方有特别的物质结合，所以各时代各地方也有特别的文化。所以照唯物的历史哲学看来，没有永远不变的道德，也没有长久合用的法制。一切道德、法律、政治、经济、宗教、艺术等种种文化现象，都是要随时之宜，常常变更，才能够有价值的。若是迷信旧有文化，不知变通，必定弄得文化日退，自绝自灭。以上就是马克思的历史的唯物观的要旨。

二

用唯物的历史观，来研究社会的科学，是极有兴味的一件事。如今试把社会的科学上极重要的几种现象，拿来用唯物的历史观研究研究。

从古今道德的历史，详细考察考察，我们可能发见道德的内容，至少经了四大变动。第一时期中，人类还少，自然的物资，又极充足，所以人类只须利用自然的物资，便可过活，不必讲求培养自然物资和结合自然物资的方法。在这时期中，人类真正是"放乎自然，游于天机"的，所以第一时期中，只有天然的理法，没有人为的道德。随后到了第二时期，人类渐渐的繁殖起来，自然的物资，渐渐的不够用了，所以不得不讲求培养或结合自然的方法。然而这时候人类的智力，是不很发达的。所以他的培养自然或结合自然的方法，也是很幼稚的。要生产足可供用的物资，不能不用许多的人力，然而那时一般人类，还没有劳动的经验，也没有劳动的兴味，所以大家都不愿意下力。在这时候，一群中比较聪明而且有武力的人，凭借他的武力，立一种绝对服从的人为的道德，强制愚弱的人为他们下力，生产物资。所以在第二时期才有道德发生，而且道德的内容，完全是有屈从的性质的。随后到第三时期，人类越发繁庶，物资越发不足了。要生产足可供用的物资，更不得不用较多的劳力，而且此时生产的方法，已经较第二时期复杂，不是随便可以生产的，有这两层原因，所以绝对的强制劳力，是无大效的了。要想使人类竭他的全力，用复杂的方法，来生产物资，第一要使他有甘愿劳动的心，第二要使他有为自己生活来生产的心。所以第三时期的道德，是拿个人人格的独立发展，做内容的。拿别的话来说，第三时期的道德，是承认人格的正义的。随后到了第四时期，一般文明，比较从前，大大进步，人类死亡的原因，渐减少，所以人类的绝对数，越见增加。在这时候，物资的生产方法，虽说也比从前进步，然而究竟赶不上人类增加的快，而且加以资本家的生产抑制和一般人的消费量增加，所以物资是越发不够用了，要想在不够用之中，求一般的欲望满足，只好"用统筹全局，合最大的生产力，行最大的分配"的经济方法，所以第四期的道德，是合力互助的，是有社会的性质的。拿以上所说的和西洋伦理学史对证起来，便知确有证据不是空说。请读者费费心罢！

其次用唯物的历史观，研究法律的沿革也，可以发见法律的内容经了四大变动。在第一时期，天然物资够用，所以只有自然法，没有人为法的支配。到了第二时期，天然物资，已不够用，要用人力生产。聪明强壮的人，想强制愚弱的人，供他驱使，为他生产，所以才制定人为的法律，来保护他的权利。所以第二时期的法律的内容，是保护强权的。法律史上所谓严格法时代的法律便是如此。到了第三时期，物资越不够用，生产方法，也越复杂，要想使人类竭力生产物资，必先使他觉悟他自己的人格，甘心劳动，维持他自己的独立生活。所以第三时期的法律，是拿保护人权做内容的。所谓自然法、衡平法和自由法时代的法律，皆属于此。最近到了第四时期物资越发不足，要用经济上协助方法，来谋补救。所以最近法律的内容，是在保护人权之外，还要社会的生存权的。最近法律，要罚未遂犯的规定，和刑事的事件兼负民事的责任的种种规定，便是著明的例。欲得以上的例证，请看各国法制史及普通法理学！

此外政治史、宗教史、艺术史上也可以发见随物质而变的同样变动。恐怕麻烦读者，所以略去不说。至于经济史上各种变动，已详述在马克思的书上，读者诸君，想已早知道的，更不用著者唠叨的了。

三

上面二段，是绪论，此后说到本题。绪论虽然冗长，本论却是很简单。

据上面所述看来，各种文化，没有不随物质的变动而变化的。这种变化，是一种事实，不是理想。是一种不可抗的趋势，不是一时偶然的现象。是一种自然的公例，不是人为的结果。是普遍的，不是特殊的。女子贞操，也是文化现象的一种，所以也可以用唯物的历史观，来观察女子贞操内容的变化。

从沿革上看来，女子贞操也随着物质的变动，经了四大变化。在第一时期，人口稀少，天然物资，丰富足用，不须用人力生产。所以男女的结合纯是生理上的关系，没有物质的（经济的）原因。从生理上的说来，普通一般，一女可以当数男，而一男不能当数女，女子的地位，强过男子。所以此时不但女子贞操的观念，不曾发生，而且一妻多夫的习惯，也是不可免的。历史上的母系制度，就是一个大大的证据。

随后到了第二时期，人口渐渐多了，天然物资，渐渐的不够用了。要用人力，培养自然，生产物资的了。愚弱的人，要被聪明强壮的人强制劳动的了。在这时候，由经济上说来，虽然是专用愚弱的男子劳力，便可生产够用的物资，不必多要女子在生产上劳动。然而女子因为生理上月经、怀孕、出产种种理由，究竟在经济生活上，站在较弱的地位。所以女子在天然物资不够用的第二时期，事实上不得不依靠男子的劳力，生产物资，来供日用。女子既然要依靠男子来生活，所以男子就由弱者的地位，转到强的地位。母系中心制度，渐渐变成父系中心制度，一妻多夫变成一夫多妻。男子的经济势力，固然强过女子了。然而从生理上说来，一男毕竟难当数女，所以男子拿一种利己心，加上些嫉妒心和独占心，就凭空造出一个女子贞操的观念，来抑制女子。女子经济势力薄弱，当时虽不愿意，也只好忍受。到后来，"习惯成自然"，加以男子的奖励，女子亦就视为当然的了。如此说来，在这第二时期，女子贞操是单有方便价值的。

到了第三时期，人口越多，人类欲望，越复杂，消费物总量，越要增加，所以生产方法虽然进步，生产数量虽然增加，然而物资越不够用的。单用男子劳动来生产物资，是不济事的了。女子虽然依生理的原因，劳动效果，比不上男子，然而并不是丝毫不能劳动的，所以在这时候，女子也不得不合着男子，用分业合力的方法行简易的劳动起来。女子在生产物资上面，既然算一分子，所以女子的人格，也渐渐被男子承认。女子的地位，渐渐与男子相等。因为经济的负担不易，和受宗教、伦理、教育种种学说的影响，一夫多妻制，也不能行了。女子在经济上渐渐发现能力，所以由经济力薄弱而来的贞操观念，也渐渐变更了。前时期的贞操，是绝对的，是要一夫终身的，是强制的，没有理由的。本时期的贞操是相对的，是可以离婚、可以夫死再嫁的，是任意的，是因对人感情而生的。总而言之，第三时期的女子贞操是有人格价值的。

到了第四时期，人类欲望愈益加多，人口和物资的比例，差得更大。要想大家过安稳日子，除了大家各自独立劳动以外，还要用经济的协力共助的生产方法和公平无私的分配方法。在这时期中在经济上，女子与男子，完全平等。男子不但不能压迫女子，而且还要与女子协力互助，才能够维持社会生活。男子在经济上的优胜势力既然渐渐消灭，所以女子生理上的强处，渐渐恢复。女子贞操的观念，除人格价值之外，更加上金钱价值了。最近欧美立法例上，离婚或破弃婚约的时候，男子有负担女子生活上之义务，强奸案发生民事的损害赔偿的责任，等等，便是一个证据。因为第四时期的女子，一面是一个独立的人格，一面又是社会的一个分子，所以贞操观念，一面含有对个人的人格价值，一面又含有对社会的金钱价值。若是污了女子贞操使他因此不能在社会生活，那是和破坏社会的劳动力、使社会全体受不利益，相同的。所以要使男子负被害的生活上的责任。

四

由此看来，女子贞操，也是随物质变动而变化的。这种变化，也是一种事实，也是不可抗的趋势，也是一种自然公例，也是普遍的了。

我们中国的文化，没有一样，不落西洋诸国之后。道德的观念，尤其没有进化，正所谓"陈陈相因，食古不化"，弄得只有形式，没有实质，眼睁睁这样大的民族，就要自己死灭的了。道德观念的当中，女子贞操观念，最和实在社会，有密接关系，最当随时进化，然而中国的贞操观念，还是二千年以前的观念。还是只有第二时期的方便价值。离婚和再嫁，还算耻辱。人格价值都还没有，金钱价值，是不消说的了。我平常还听见多数的人说，中国女子的贞操观念，最为明白，算是世界第一哩。说这种话的人，不但不明白世界的情势和中国的状况，并且简直连人类的生活同非人类的生活，也没有分清的。对着这种议论，我也无暇辩论。请明眼的人，详细看看，我前段述的理由，谁是谁非，想也不必多说。

我为什么做这篇文章？因为我平素主张，中国衰微的根本原因，在女子没有自觉，女子没有自觉的原因虽多，最要紧的，是不明贞操观念。所以今日趁《新中国》发刊的机会，把我平素主张的根本原理，略说一说。将来还要继续把我的详细主张，发表在《新中国》上，和《新中国》的新人物商榷的。①

---

① 未见有续论。——编者

国内和平底基础[①②]

政治的纵断策与经济的横断策

这篇文章是做来应上海某报底新年增刊的。虽然做得不大好，却也有可供研究政法的人底提示（Hint）的地方。我因为某报不能在北京销行，恐怕我们大学同学里面，对于这种问题抱有兴趣的人，没有看见这篇文章的机会，所以把他照抄一篇，登载《大学日刊》。著者附识

国内平和底声浪，振荡了一年，直到现在，才提出"国内和平底基础"底问题来讨论，一定有人笑我不达时务。况且看见我要说什么纵横之策，必定还有人骂我迂远，认错了时代的。

但是我提出这个问题，确有重大的理由。所以不怕讥评、大胆地发表我底意见，供国人底参考。我以为凡是要拿一种方法，解决

---

① 署名陈启修，选自《北京大学日刊》1920 年 1 月 23、24、26 日第522、523、524 号第四版。作于 1919 年 12 月 22 日。——编者

② 底是介词，的是形容词底语尾，地是副词底语尾。（文中底、的、地之用法，实多有不遵此规则者，我们不做强行统一。——编者）

一个问题，必定要那一种方法，具有合理的基础，才能济事。如若不然，那种方法必定难得实行，即使能够实行，也未必得预期的效果。譬如秦始皇要用焚书坑儒的愚民政策，解决国内底帝王战争，德皇威廉要用强权，统一世界；这都可以说是全凭臆想，没有合理的基础。所以后者毕竟不能实行，前者也终久是不能够达到预期的目的。现在关于中国国内平和问题，议论实在不少。然而仔细看来，不是高谈联邦，便是抱定法律问题，或是地盘问题，反覆陈说。至于这等议论，有没有合理的基础，却搁置不管。我以为这是一个大大的错误。联邦或自治底理想，不是没有步骤和方法，随随便便可以实现的。这是大家大概都知道的，不必说了。就是法律问题和地盘问题，也没有合理的基础。假令南北和会上，竟能双方让步，议决一个办法，我想至多也不过像民国元年和五年底平和，弥缝一时罢了。何以故呢？因为法律可贵重的理由，不是在法律底本身，是在法律底作用。法律随社会生活底进步，随时变迁，是有弹性的，不是一成不变的。若是不顾社会状况，固执法律底形式，那差不多是等于削足适履，是与最近社会法学底新思想大相违背，是时代错误的（详细见《北京大学月刊》第六号拙著《什么是法律》①）。假令关于现在底法律问题，无论那一方，有绝对的真理，我以为也可以不必把他作为平和底基础。因为中华民国八年以来，社会情形已经大变，那种当时少数特权阶级所制定的《约法》、由《约法》来的新旧《国会组织法》和所产生的新旧国会，实在是不合现在多数已经醒悟进步的国民底心理，不能得他们底信仰和信赖

---

① 发表时题作《何谓法》，已收入本册，可参看。——编者

了。何况双方所争的法律问题，并没有那一方有绝对的真理。就是照法律万能的旧说，为法律底威信起见，也并没有定要固执法律问题底理由。勉强固执，也不过争得一个法律底形式的虚幌子罢了，所获得的平和，仍是不合理的，仍是弥缝一时的。其次，地盘问题，只是实行平和底一个临时的方便，也不能为平和底基础。因为现在武人和政党底势力，毕竟是变动不定的。

试看民国八年以来，从大体上观察，简直可以说是没有一个有力的政党或一派有力的武人，能够继续保持他们底权势的。所以若拿地盘问题作平和底基础，那种平和，必定要随武人和政党底势权底变迁，不久就生破绽的。元年和五年底前例，便是一个老大的证据。

那么，什么才是平和底合理的基础呢？我以为合理的基础，可以分成两方面说：一方面是哲理的基础，一方面是事实的基础。两方面互相补助，是缺一不可的。事实方面，固然要有哲理的根据，才可以持久，才可以悦服已经醒悟进步的国民底心理。哲理方面，也必定要立脚在事实底上面，才免得徒托空言不能实行。

哲理方面的基础，不消说是在庶民主义。庶民主义底精神在使各人自感他底责任，自尽他的义务，自凭他的能力，自享他的结果。庶民主义底目的，是在使各人自由地发挥他的能力，来收社会上通工合作的最大效果。庶民主义，是近代最新的哲理，在政治、法律、经济、社会等方面，都能够适用，而且是不得不适用的（详细见《北京大学月刊》第一号拙著《庶民主义之研究》）。庶民主义，是现代人类一般认为人生最后的归宿，中国已经醒悟进步的国民，也都是认他为行事底标准的。所以要谋国内的平和，必定要拿庶民主义作基础。如若不然，所得的平和，必定不久就要破裂。

　　事实方面底基础，更可以分为两层：一是政治的基础，一是经济的基础。政治和经济，是近代国家底主要现象，所以能够拿来作平和的基础。军事和外交，虽然也很重大，但是都不过是政治底一种手段，与平和底根本问题无关。实行裁兵计画固然是国内平和底一个重要条件。但是裁兵计画如何，自然当随政治上底大方针如何而定，所以不能拿军事作平和底基础，现在讨论本问题的时候，可以不必管他。

　　在政治的或经济的方面，要安置平和底合理的基础，大概可以说只有纵的安置和横的安置两个方法。横的安置底目的，在平等。他底主旨在使团体内底各分子，获享结果底公平和普遍。他的手段在行强迫的干涉。应用横断的基础在政治方面，便是中央集权的和国家主义的政策底实行。应用在经济方面，便是国家管理的和社会主义的政策底实行。纵的安置底目的在自由。他的主旨在使团体内底各分子，能享出发底公平和普遍。他的手段在自然的放任。应用纵断的基础在政治方面，便是地方自治的和自由主义的政策底实行。应用在经济方面，便是自由竞争的和个人主义的政策和实行。总而言之，横断的平和基础，是带有国家的或强迫的性质的。纵断的平和基础，是带有个人的或放任的性质的。横断策、纵断策底优劣，不能概括论定，要察看时代或境地的相异，行相对的判断，才能论定的。但是现在世界上采用横断策或纵断策底趋势如何，在学术上却是能够考究出来，来供我们底参考，作我们的指导。所以我们要决定用纵断策或横断策，我们第一先要考察世界一般底趋势，次要考察中国现在政治界和经济界底实情。

从现代史看来，世界各国，在政治方面，大概都是采用纵断策，抛弃横断策。这种趋势底原因很多，现在不能详说。最大的原因，我想是因为横断策能够束缚个人或地方底自由，使他们不能按照他们所处的境遇尽量发挥他的才力，所以只有名义上的平等，事实上对于政治底目的，往往发生冲突，发生阻碍。试看各国中央政府底权限范围，现在渐渐收紧，地方自治团体底政务范围，渐渐增大，就可以知道这种趋势，不是偶然的了。在经济方面，现在各国一般趋势，是要采用横断策，抛弃纵断策，这种趋势的原因，在经济学上，差不多已有定论，可以不必叙述。试看近代各国社会运动底盛大和社会政策底周转，就应当晓得自由放任的个人主义的政策，在经济界是不通行的了。

各国既有用政治的纵断策和经济的横断策的趋势，我们中国现在已经是文明国家国际团体底一分子，论理当然不能蔑视这种趋势了，自然也不能不采用政治的纵断策和经济的横断策。但是世人往往有许多人说，中国国情与各国不同，中国底国策，要从中国底环境决定，不可徒然随他人底脚跟走。这话自然有半面的真理。所以我们其次应当再从中国现状，观察政治上、经济上纵断策和横断策底当否。

单拿本土论，中国在世界上，是版图最宽的国。国内民情地宜，南北东西各部，大不相同。

从理论上说来，这样的国，最不宜于行中央集权的一律平等政治。因为若是勉强施行，一则恐怕不能使各地方各随他底民情地宜，尽量发展他底能力；二则交通不发达，要行现代政治，实在不大便利。所以总以采用政治的纵断策为佳。再从各地方人民底知识观察，各地方人民，自从民国以来，地方概念非常地发达，"以某省人治某省"，或"某地者某地人之某地也"，等等议论和事实，非常地多。这样事从一方面观察，或者也可以说是部落思想，然而从另外一方面说来，也可说是一种大大的进步，大大的觉醒。在这种情形底下面，想要施行政治的横断策，行得去吗？

次从中国经济情形观察。中国经济界现在是否已经受了资本主义和自由竞争底弊病，有无贫富悬隔的大害，是否有研究社会主义和政策的必要，换一句话说，是否应当废弃纵断策，采用横断策，这是很难解的问题，我们不敢冒昧下一断语。但是据我个人的意见：（一）我以为中国今日假令还没有发生资本主义底弊病，我们也当采用横断策，何以故呢？因为社会政策，不单是要矫弊，而且要兴利，不单是要注意分配，而且是要注意生产。所以就是中国还没有大资本的弊病，我们也应当采用横断策的。那种说一国底重要产业，一定要在营利的资本主义底支配底下面，才能发生的主张，我以为是根本上有错误的。（二）我以为中国经济界资本的势力虽不大彰著，劳动者底苦况，却甚过西洋各国。就此说来，已经不得不讲横断策。何况现在中国对外国，从经济学上看来，完全是一种劳动的国家，就单从结合劳动力，一致对外起见，也不能不施行经济的横断策，以救中国底经济的危亡（详细见《北京大学月刊》第六号《中国在世界经济上底地位和国内平和底基础》①）。

以上所说，是述中国今日不可不用政治的纵断策和经济的横断策，作国内平和底基础底理由。至于纵断策和横断策底具体的内容

---

① 此文并未在《北京大学月刊》第六号刊出。——编者

如何，现在限于篇幅，不能详述，笼统请看刚才的拙著《中国在世界经济上底地位和国内平和底基础》那篇论文罢。

总括一句说，我主张的，是国内平和底基础，在政治方面，要采用放任自由的地方自治的纵断策；在经济方面，要采用国家管理的国民经济的横断策。进一步说，我也不空谈联邦或自治，也不讴歌统一或分立，我是主张政治和经济底根本政策，应当择宜而施的。

一九、一二、二二

文化运动底新生命①

一、现今中国文化运动底根据

两三年来中国文化运动底声浪，一天比一天高，振动得全国青年界似乎都有觉悟和猛进的样子了。这自然是极可喜可贺的事。但是据我个人底意见，我以为还有很多地方应当特别注意研究，或是兴新，或是废旧，或是改良；如若不然，我恐怕中国文化运动底生命，未必能够长久。新中国底希望，全在现今的文化运动，文化运动底短命或不具，差不多就是新中国底短命或不具，所以我特地做这篇文章，来供大家底参考或讨论底资料。

文化运动和文化底意义如何，这虽不算得是一种重要问题，却是极难简单说明的问题；各人所主张的，虽然大同，却不免小异。现在为贯彻本篇底论旨起见，姑把我底主张，简单地写出来。我以为"文化"一字底意义，从动作方面说，便是文明底精神的方面底

---

① 署名陈启修，选自《学艺》1920 年 5 月 30 日第 2 卷第 2 号，第 1~15 页。——编者

进步开化；从状态说，便是这种精神努力底结果。文化运动就是指一种运动，要使个人和社会行这样的进化，得这样的结果。换一句话老实地说来，文化是指人类底个人的及社会的精神生活底进步迁善。所以文化是主观的，相对的，人格的；不是客观的，绝对的，物质的。所以文化运动，应当是包含人类底个人的及社会的精神生活底各种方面的，不是单向一种特定方向的。

我们为什么要行文化运动，文化运动到底有什么根据？对于这个问题的答案，不大容易，试把我知道的，列举出来：

（一）人生哲学上的根据　人生在世，忽然而生，忽然而长，忽然而老，忽然而死，到底为的是什么？这个疑问很难解决：有人说人生贵适意，有人说人生贵畅情，有人说人生最大的目的在求知，有人说人生不可解，甚至有人说人生无非是为的名、利、权、爱四样东西。但是主张文化运动的人，却另有见解，以为人生最后的目的，在完成他底人格，增进全人类底文化；无论什么人，必定要他对全人类底文化，有些贡献，才不愧为人一世。这样的见解，到底是不是最合理的见解，我也不敢武断，因为我也是有这种见解的人。总之，这种人生哲学，现在实有很多人信他。从信从这种见解的人说来，我们人类，当然有行文化运动的义务，论理甚明，不必多说。

（二）生物学上的根据　"生存竞争，优胜劣败"这两句话实在是含着人生底半面的真理。现在虽然有许多人说这两句话有很大的语病，主张拿互助代替竞争，但是依我个人底所见，我以为此后文化到了极高的程度，或者竞争底事实，也许能够断根，不过在现在的程度的社会里面，生存竞争究竟还是事实，不能看作没有。所以我平常主张说：我们底生活目的虽然应当放在只有互助、没有竞争的理想底上面，我们底生活手段，却不可不根据现在一面竞争、一面互助的事实；因为我们生在这种程度的社会底里面，我们若不竞争，就恐怕社会上没有我们生活的余地，我们底理想仍然是达不到，我们若专去竞争没有理想，也恐怕因为自相残杀底结果，我们自己也不能保存，未免辜负为人一世。我们主张自由的理想社会，因为他最能发展我们底人格，完成人生底意义；我们赞成阶级争斗的学说，是因为我们不能离开现在这种实行生存竞争的社会，我们要达我们底理想，我们先要保持自己底生存。这是我底平素信仰，我觉得有许多人也抱有同样的见解。拿这样的见解来观察文化运动也可以发见文化运动底根据。我们从人生哲学底理想说来，我们应当有增进文化的责任，但是我们要想尽此责任，必定要先拿我们存在这个世界上为前提。然而现在的世界，还是一个生存竞争的世界，所以我们一面要增进全人类底文化，以尽为人类一分子的我们底责任，一面又要增进我们民族底文化，以维持我们民族底生存。因为现在依然是一个弱肉强食的世界，离我们底理想的世界，还差得远，所以我们仍然不能不把生存竞争当作我们底一种生活手段；然而现在生存竞争上判分强弱底标准，全在文化底高低，文化高的，适于生存，文化低的，就要被淘汰，这是现在的战争应用科学不专靠偶然的机会底当然的结果，所以我们为维持目前的生存起见，也不得不行文化运动。

（三）历史上的根据　拿欧洲文明国和中国比较，我们无论如何，总不能不承认欧洲文明国底现象比较地近于我们底最终的理想，和欧美文明国底人民比较地富于生存竞争的能力。换一句话说就是欧洲文明国底文化比中国高。欧洲文明国何以能够这样呢？这个问题，很难解决，从前我们中国人有许多解释，却都不对，现在也可以不必细说，只说我认为正当的一个解释，从这个解释上面，也可以发见文化运动底根据。主张这个解释的人说：

欧洲文化程度比较中国高，是一个事实，他底原因，不在聪明才力底不相等，却在社会改革底手段底当不当。何以故呢？因为从历史上看来，欧洲文明国和中国，关于社会改革，确有两种正相反对的倾向，发生两种正相反对的结果，不但历史上底因果如此，而且从理论上说来，也应当有这样的因果，所以敢下上面所说的断定。近代欧洲文明国底社会改革，是先从学艺复兴（Renaissance）出发，随后才有宗教改革，随后才有民权自由主义，随后才有启蒙哲学，随后才有政治革命，随后才有产业革命，随后才有经济革命即狭义的社会革命。这种事实，虽然随着国情底不同，发生底时候，略有迟早，然而从大势上看来，到底可以说欧洲文明国底社会改革，是经过

学艺→宗教伦理→教育→政治→经济

的阶段的。我们中国底近代的维新事业，却是先从富国强兵入手；求富强不能到手，才归咎于政治底不好，想要改革政治；政治底改革失败了，推究原因，说是教育不好，才想整顿教育；教育一时不能收效，而且受教育的人和教育的人，动不动被旧有的恶习所溶化，渐渐地教育也就只有形式没有精神了；在这个时候，才有人提倡思想革命、文学革命、艺术革命、科学运动。从大势上看来，可以说中国底维新事业底目标，照下列顺序变换的：

经济→政治→教育→伦理→学艺

所以近代欧洲底改革和近代中国底改革，恰恰是"反其道而行之"的。我们从结果上看来，历史明明地告诉我们前一个方法渐渐成功，后一个方法，在今日以前，是毫无结果了（以上一段与我底朋友杨适夷底见解相同）。但是结果底不好，原因应当不止一个，未必就能够说完全是由方法不好的一个原因来的，所以我们不应当单从历史上由结果推测方法底好不好，我们还应当从理论上研究一番。

从理论上说来，我们虽然不能主张说社会改革一定要用欧洲文明国曾经用过的顺序，然而我们总可以主张说学艺、伦理、教育、政治、经济五样底改革应当同时并进，至少我们也可以主张说采取经济、政治、教育、伦理、学艺的顺序是万不能行的。何以故呢？因为我们以为学艺是我们思想辨识底基础，伦理和思想是立身行事底根本，教育是思想和行为底训练，政治是我们生活底调剂（我不信无治主义可以实现），经济是我们生活底实质，五样东西各都是我们生活底一个方面；我们若想改造我们生活，就应当从生活底各方面下手；缺一方面，就恐怕免不了劳多功少的弊病。假若万不得已，不能从各方面下手，我们也不能先从经济、政治下手，因为在我们思想没有路径，行为没有标准的时候，我们底政治一定不会上轨道，我们底经济，也一定是纯然地由于营利的冲动，不会有组织的。

所以拿历史上底事实作根据，来行一种推理，我们可以断定：要行社会改革，顶好是学艺、伦理、教育、政治、经济各方面同时并进，可以事半功倍；即使不能够同时并进，也应当从学艺、思想、伦理及教育等入手；若没有思想底基础和行为底标准便是盲动的，一定没有好结果。学艺、思想、伦理及教育等，恰是文化底主要的方面，所以我们可以说，要行社会改革，我们应当行文化运动。

以上是我们要行文化运动底重要的根据，依我一个人底观察，文化运动确是有充分的理由。

二、现今中国文化运动底效果

文化运动底效果如何，这个问题，大半是随观察人底主观的见解如何而决的，主观的见解底公平不公平，要检验他到底和客观的事实相合不相合，才能决定。现在我姑且把我底主观的见解述在下面，随条加以事实的证明；我虽不敢主张说我底见解完全不错，至少我总可以说我底见解不是凭空想像得来的。

（一）青年学生底责任和力量底自觉　我国青年自从政治的革命运动，仅仅地获了一个民国底虚名，反增加了许多政治的新罪恶和新腐败以后，大家都从得意底极端转到失望底极端；眼睁睁望着卖国卖官的政治家一天一天地多，武人专制底程度，跟着中华民国底年纪，为正比例的增高，许多青年都以为革命底效果，不过这样，别的改革底无效，更可以推测而得的了，所以都觉得"为无可为"，把平日底抱负完全抛弃，有些薄志弱行的，还不免为生活所迫，积极地做一些堕落的行为。试看民国五年以后中国青年底那种依赖新旧势力和趋附武力家的历史，和那种希冀尝鼎一脔、聊且作一时的新贵人的态度，便晓得我底话并非凭空挖苦人的。总而言之，青年底责任和力量底自觉，在辛亥年时候，极其明显，其后逐渐消磨，到了民国五六七年，差不多可以说是消灭尽了，一直到民国七年八年，因为各方面实行文化运动底结果，中国青年才重新得了自觉，大家重新有了改造社会的抱负和可以达到目的的信念。这一点朝气，对于现在的社会，虽然不能发生多大的效果，然而对于中国将来的运命，却是大有关系的。

（二）中国对外的地位底上进　庚子以前，外国人只认在北京的糊涂的朝庭为中国，庚子以后，才晓得中国还有在外省的比较明白的疆吏，辛亥以后外国人才晓得中国也有新式的政客和开通的武人，然而外国人晓得中国于官吏、政客、武人以外还有有新文化、新教育的国民，实在是在五四运动以后。现在除了东邻的强敌以外，恐怕外国人没有不承认我们国民底存在和国民运动底正当的罢。我们都知道现代的进步的国家，是一种国民的国家，那么，外国承认我们国民底存在，岂不是承认我们中国也是开化的，也是和外国同种类的国家么。由此看来，岂不是我们中国国际的地位，因为文化运动底结果，比从前上进了么。

（三）教育底价值底增加　这里说的教育底价值，并不是指教育底真价值，因为教育底真价值，在人类社会里面是有定限的，无所谓增加不增加。我说的教育底价值，是指一般人对于教育，所打量的价值，换一句话说，就是指现在一般人对于利用教育，来达他们各自底目的的时候，所认定的相对的价值。这样相对的价值，现在确是比从前增加了许多。我们只看现在的政党，居然要谋占从前大家看成闲冷清苦的教育总长，许多小政客，要想侵入国立各专门学校的种种事实，就可以知道他们对于教育的观念，是有改变了。

像他们这样，把教育看成一种扩张私利的手段，固然也不是好现象，但是比那把教育看成一种共和国对外的招牌，或是把教育看成慈善事业的老官僚，总算进了一步，我们从教育底本身发达看来，是应得要欢迎的。此外青年对于高等教育的志愿渐渐增加，想进国内著名的大学或是想到外国去留学的人，数目非常增加，种种现象，也可以算是我所说的教育价值增加底证据。

（四）出版物底发达　我曾经听见人说，一国文化底高低，可以拿出版物底多寡和他销行底状态来判断的。这语确实不确实，姑且不要管他，总之，出版物越发达，智识底交通就越容易，社会底进步也就越容易越快，所以出版物底发达，我们应该认为好现象。现在中国底出版界，虽然比较他国，还差得远，然而比较前几年的中国真可说是非常的发达了；可惜我们没有确实的统计，不能指出出版物底种类，和他销行底数目。只据我一个的见闻，所晓得的，约略推算起来，这两年间，新出的有用的书籍杂志，至少也有五百种；他的销行册数也必定有相当的数目，听说《新青年》由两千份销行到一万五千份，真是中国杂志界从来没有的现象，把从前《新民丛报》底最大记录，也打破了。据此看来，也可以知道中国文化运动和读书欲望增加底关系，确是不小。

（五）智识阶级底联合　我们中国底智识阶级，本来人数已经很少，而且都是经济社会上底寄生虫，没有独立的能力的人，所以古来智识阶级，动不动要想依赖权力阶级，来谋生活。然而有权力的人少，智识阶级底人多，大家都想利用，想依赖，所以不得不互相排挤、互相倾轧。因为互相倾轧、互相排挤底结果，所以智识阶级底阶级意识，到底也不会发生，终久还是要受权力阶级底播弄和支配。试看中国古来文人结党倾轧和党祸底结果，便是大大的一个证据。这种现象，到民国的时候，越发利害了。不料近二年来，智识阶级，居然发生阶级意识，晓得要图生活底安固，不是依赖他人可以做到的，是要联合同阶级的人，实行阶级争斗才行的；所以渐渐地把从前排挤倾轧底恶习惯、恶行为悔悟起来，改头换面，来办联合的事业。试看中华革命派底人和进步系底人底接手，教职员公会底组织，学生联合会底发达，各种学术会底发生，便晓得中国智识阶级，确是有一种觉悟的。虽是现在的智识阶级底中间，也常常免不了种种暗潮，譬如在北京的东洋派、西洋派，或是浙江派、直隶派、湖北派底争斗，但究竟还能够顾全阶级利益底大局，不像从前那样的一味胡闹了。这种智识阶级底觉悟，固然是由于经济上发生变迁，大家底生活，受了压迫，不得不相联合；然而受文化运动底影响，也是不少，因为智识阶级底联合，实在是拿大家脑筋里的一种新文化的思潮作基础的。若是没有这样的基础，专靠目前的便利来行结合，我想"利尽则交疏"，一定不会像现在这样，能够维持许久许久。

三、现今文化运动底缺点

文化运动底效果，照上面所述的看来，虽然不能不算是很大，然而拿这些效果和实行文化运动的人所抱的理想比较，他们果然已很接近么？问到这里，我们无论怎么样要想替实行文化运动的人争面子，我想我们底答案，也是不得不出于消极的。若是文化运动底理想，仅仅地和现在所得的效果相差不远，我们对于文化运动底前途可就不能不悲观了。那么，现在的文化运动底效果，为什么会和理想差得还远呢？我以为这都因为现在的文化运动，还有几种很大的缺点，略述一述，大概有四样：

（一）文化运动没有组织的结合　大家都知道经济学上底分业，对于财货底生产，是最有益的，因为分业就是合力，大家分头做事，各尽各底长处，组织起来可以省去许多因为不熟手、不练达而来的精力妄费。然而现今的文化运动，却是动不动和分业底原则相反。或是在同一地方，组织性质相同的几个学会；或是在同一时期办性质体裁完全相同的杂志；甲办一平民学校，乙也办一平民学校；甲地今日行一群众教育的暗示运动（示威运动），乙地明日也行一群众教育的暗示运动。像这样无组织、无联络的运动，真正不晓得妄费了多少精力和财力；不单是和经济上分业合力的生产法则相背，而且就从破坏作用和抵抗作用底方面说，也实在是和军事学上武力集中法则太相违悖了。依照这样办去，自然应该是费力多而成功少的了。

（二）文化运动底方法还不周备　文化运动底方法，千头百绪，要求面面做到，自然是很难的事。但是无论用那一样方法，当中应该有一个一定不易的基础。基础是什么？就是要投合社会底心理。但是要投合社会心理，并不是说要跟着社会底脚跟走，是说我们底行动，要能够引起社会底痛快或惊异、或同情、或疑问，不要引起社会底轻蔑或厌恶、或反抗、或漠视。因为我们实行文化运动底目的，无非是要使公众信从我们底主张；我们底运动能够引起他们底痛快、惊异、同情和疑问，便是他们倾向我们底主张底头一步；若是我们底运动，并引不起他们底注意，或是只引起他们底轻蔑、厌恶或反抗，我们又怎么能够使他们信从我们呢！现今的文化运动，投合社会心理的，固然是有，然而不能投合的，也就不少。在北京的面包运动、五四运动和在各处的甘心焚毁各人自己所有日货来提倡国货的运动，我想却是属于前一种的，所以能发生相当的效果。效法秦庭痛哭的请愿运动，强制地焚烧他人所有日货，来提倡国货的运动和各处已经成了惯性的同盟罢课运动，我想都是属于后一种的，所以难得发生什么效果。

（三）文化运动底精神没有贯彻到底　文化运动底目的，在使社会信从我们底对于文化增进的种种主张。要使他人信从自己底主张，必定先要自己贯彻自己底主张，因为从历史上看来，只有意志极强的人，才能够得多数人底依赖归依。若是嘴里只管说庶民主义，心里只想实行独裁专制，或是天天说自决自治，事到临头却想利用或依赖他人底势力，那都是顶能够减小运动底效果的。试看某大文化运动家或某大新闻记者天天主张自由的批评，并且实行批评别人，却只不准别人批评他；凡是批评他的，他不是故意咀文嚼字，造作遁词，便是肆口谩骂！试看有许多人主张共产或集产的人，或是蓄财置产，或是利用资本，实行榨取，可怜的阶级底汗血！试看许多人主张打破中国的偶像，却只管崇拜外国的偶像，或是奉某外国人博士为神圣万能，或是以引用外国人著书为能事！试看许多人一面只管主张文化运动底普及，一面只管想行文化运动底包办专卖！这都是因为精神不能贯彻到底，才发生的啊！精神既不彻底，运动底效果自然不得不减少了。

（四）现在的文化运动底方向太窄　依正当的道理说来，文化运动，应当包含人类底个人的和社会的精神生活底各种方面的，不是单向一种特定的方向的。然而现在有许多人，都把文化运动解作思想艺术和教育方面底运动（我底朋友陈独秀先生底见解便是如此）。我以为这样解释未免太窄。从纯理上说我想文化是人类精神生活底进步开化，但是精神生活有两方面：一是个人的方面，一是社会的方面。从头一方面看来，我们便有学艺、思想和教育种种事实：学艺是我们思想辨识底基础，思想是立身行事底根本，教育是思想和行为底训练。从第二方面看来，我们便有社会、政治、法律和经济：社会是生活底范围，政治是生活底调剂，法律是生活底轨道，经济是生活底实质。

我们人类，现在既然是行个人的和社会的两方面的生活，我们就不能专顾一方面的文化运动。就从实际上说来，我们若是只顾谋第一方面底进化，不管第二方面，我们底文化运动底效力，也就会减灭了一大半，因为我们在第一方面用力，社会、政治、法律和经济，却在他方面打消我们底力量，结局我们必定落得一个劳而无功的。所以我对于上海某新闻记者屡次的不谈政治、法律的声明，全国学生联合会的理事不管政治的主张，天津大牺牲的逐杨运动，要使无国家意识的人不用比较地价廉物美的日货，排货运动，和自给经济的新村运动，我都以为不然。大家从前都看不起新国会，然而事实上究竟要受新国会的支配，我们现在所受的对内对外种种痛苦，不是新国会助成的么？我们现在不管分赃的和议，难道不晓得他们所分的赃，终久要出在我们身上的么？我们现在不管制宪问题，万一制定了，我们难道能够不受他底支配么？去一杨，难道不晓得后面还有无数的杨么？我们为什么不要求改废治安警察法呢？

日货为什么会到处充斥？不是因为人类一般要受经济上底供求法则底支配么？交换经济，不是因为要满足人类底多欲性，才发生出来，替代自给经济的么？据我看来，文化运动底方向太窄，是现今的文化运动底顶大的缺点。

四、文化运动底新生命

现今的文化运动，有上面说四个大缺点，所以他底效果，和他底理想底距离差得很远，而且若不赶紧想方法去补救他，改正他，我实在要替文化运动底前途担忧，恐怕他从此便不发达，中途短命。文化运动，是中华民族在新世界维持生存底一条生路，我们万万不要任他短命才好。我们若要他继续生长发达，我们自然应当使他有一种新活力、新生命。要使他有新活力、新生命，自然是一面要他革旧，一面要使他添新；换一句话说就是要使他改革上面说的四样缺点，增加新的优点。

简单地说来，就是第一，要有有组织的结合，免得牺牲许多的精力、财力。第二，要谨慎地检选运动底方法，不要使公众对于新文化运动，发生轻蔑、厌恶和反抗底种种心理。第三，要大家有坚忍不折的意志，使公众对于大家底人格发生信仰心。第四，要发展文化运动到社会的各方面去。最后的这一层，顶紧要，新文化运动底生命，能够长久不能够长久，差不多全看我们能够做到这层不能够，来决定的。我想大家应该对于社会、政治、法律和经济诸科学问，都该下一番切实研究的功夫，至少也要求能够明白社会、政治、法律和经济底真相、来历和作用。明白了以后，我们还应该实行种种实际运动，譬如制宪监视运动、治安警察法废止运动、普通选举运动、女子在法律上底地位底改变运动、劳动法制定运动、其他种种运动，都是我们据目前的状况，实行文化运动的时候，所必不可少的运动；我们决不能够说因为我们底理想不在这里，我们就可以不管他。照这样地办下去，我想文化底第四种缺点，一定可以消灭，文化运动底效果，一定可以增加，文化运动底生命，一定可以延长的。

最后我还想对于一部分的文化运动家，贡献几句话；因为我很敬重他们，才把我一个人以为应当做的，对他们说；并不是要和他们作对。

对于主张女子解放的人，我劝他们要从法律的研究和经济的研究下手，专行社会的研究，是难望成功的。因为女子变成男子底奴隶，全是从经济的原因和法律的原因来的；我们要解除男子底束缚，当然要从原因上面下手；否则议论多而成功少，毕竟是达不到我们底理想。

对于主张无治主义的人，我劝他们对于社会学、国家学和政治史要行深博的研究。因为现世的罪恶国家，不是无缘无故地能够维持到现在，其间必定还有一个理由；我们若不求出这个理由，想方法来对付他，我们底"自由人格底自由乡"必定不能实现的。

对于中国现在主张社会主义的人，我劝他们于伦理的研究以外，还要行经济的研究和政治的研究。因为社会主义底根柢，是长在经济状况底里面，拿政治的肥料，培养成的；若专从伦理上研究他，恐怕我们所得的，终竟不过是他底一个影子，不是他底真相。

我想我们若是想绍介他底真相到中国，我们一定要从伦理的、经济的、政治的三方面着手，才能够达到目的。若是不然，恐怕发生种种误解，反而对不起他罢！

国家之本质及其存立之理由[①]

一、绪论

国家者何耶？谓国家为实有其物乎？然既不可以耳闻，亦不可以目见，不知国家果何在也。谓国家为虚拟者乎？然爱国之训，已成经典，救国之声，洋溢乎中国，言国耻则悲，言国庆则喜，不知其如是者果何为也。谓国家为道德实现之进程乎？然旷观古今各国之实状，其乱者无论矣，即在所谓郅治之国，一部分人民，未有不受弱肉强食之惨祸，日处于水深火热之中者，不知所谓道德果安在也。谓国家为罪恶之源泉乎？然时至人智大进之今日，乃反有无人不托庇于国家之下之现象，甚且牺牲生命财产以拥护之，如彼德法二国之社会主义家，平日诅咒国家，一旦有事，亦不免奋然而赴战场者，不知果何故也。凡此种种，皆吾人治国家诸学者所恒怀疑而引为不可解者也。近年以来，国家主义与社会主义同时输入我国，

---

① 署名陈启修，选自《北京大学月刊》1920 年 7 月第 1 卷第 6 号，第 1～10 页。相关争鸣，参见梦良（郭弼藩）：《评陈启修先生〈国家存在之理由〉》，《评论之评论》1921 年 3 月第 1 卷第 2 号，第 19～26 页。——编者

思想界因之大有进步，固属事实，然不能贯彻到底之弊，亦所在多有。愚尝见有朝言劳动者无国界而夕从事于救国运动，及昨日主张自由人之自由乡而今日讴歌全民政治者，其人皆甚可敬重，其所持之二说，亦皆不可厚非，然而言其思想则矛盾矣。以愚观之，是皆由于对于国家之概念，尚无深切之把握之所致也。愚故本其所信，述国家本质论及国家存立理由论，一以整顿一己之散漫的思索，一以提出思想界重要之论题而已。

二、国家之本质

关于国家之本质，古今学者论之者甚众，其所主张亦极复杂，本论文不能一一考据而证说之，仅述其概略，期得思想上之径路而已。国家本质论，大体可分为三类：

A　国家实在论　持此论者，大抵谓国家之为物，实存乎斯世，而与组成国家之各分子有别；故国家不但有其固有之自主自存之目的，且国家之利益，实为国家其物之利益而非即直接为各个人之利益。顾国家实在之点，虽持此论者之所同，而国家之实体究为何物之点，则各异其说，约可分为七种：

甲　国家实在有机体说　谓国家完全为自然界之有机体，有独立之生存及自己之活动，与个人相同；其为物虽不可耳闻目见，然可由经验触知之。盖吾人居国内则受自己国家之拘束，出国门则感他国权力之压迫，在在无不感国家之活动；特"不识庐山真面目，只缘身在此山中"，吾人处于国家之内，故不睹国家之真相，亦犹吾人生于地球之上，故不识地球之真形耳。

乙　历史法学派之国家实在说　谓国家之实在，可于国家之发生、长成及消灭等之史实窥之。盖不实在之物，自无所谓发生、长成及消灭也。

丙　国体实在说　谓个人之外有团体，国家者团体之一种也；团体之分子，虽系个人，而团体之为物，实另为一单一体；此可于团体之有一单一目的及单一活动力觇之。盖无团体，则单一目的及单一活动力无从发生也。

丁　神权论者之实在说　谓个人与国家同为神之创造，同为客观的实在体。

戊　君主说　谓君主即国家；君主系实在物，故国家亦系实在物。

己　土地说　谓土地即是国家，此说曾见于欧洲中世纪领土国家初盛之时。土地实在，故国家亦实在。

庚　国民说　谓国民即是国家。

B　国家抽象构成论　持此论者，谓国家之为物，虽无具体的及客观的存在，然各个人因共通目的而相结合，于其各个利害关系之外，实别有一种共通的利害关系。且此种共通利害关系，又不能随时皆与各个人之利害关系一致；若不从抽象上构成一单一体或人格者，则不但此种共通利害关系无从说明，而共通利害各个利害之冲突，亦将无从调和；故国家实不能不谓为一集合的单一体。持此论者，细别之亦有数种：

甲　契约说　谓各个人为保障自由计而结社会契约，因此契约而生人民之总意，即独立之总我（大我）。从形体言之，是为国家，发为作用，是为主权（国内主权）。

乙　国家人格说　谓不采国家人格虚拟说或抽象人格说，则国家之种种活动无从说明，故国家为无形人格。

丙　团体抽象说　谓事实上虽无有团体之存在，而思想上不可无团体之想像。易词言之，即国家虽无具体之实在，而不能不谓其有抽象的实在也。

丁　心理的机体说　谓国家为一种特别有机体，恒带主观的及心理的性质，与一般自然的有机体有异。

C　国家非单一体论　持此论者，谓国家既非实在的单一体，亦非抽象的单一体；国家生活不过为人类共同生活中之一种，国家者社会现象之一而已，非能超越社会者也，国家者手段而已，非目的也。此亦分为数说：

甲　统治状态说　谓国家为治者阶级统治被治阶级之状态，治者阶级与被治阶级立于正反对之地位，利益相反，非能融合而成为一体也。

乙　事实说　谓国家为一种弱者被强者统治之事实，无所谓国家之人格及主权。其所称为国家之人格及主权者，特强者所臆造之一种迷信而已。

以上三种学说，虽不能谓为已尽，然亦略可该括国家本质论之全体矣。从大体言之，第一类学说，大抵倾于国家本位之主义，而亦有便于主权在民之学说；第二类学说，大抵流于个人主义，而有时亦不尽然；第三类学说，似有否认国权及民权之观，而实则以社会为本位，与国权及民权皆不相妨。

各类学说，当其发生之时，各有其相对的价值，且其发生，又各具特别之理由，故兹难作概括之评论。若一一评论之，则又不胜其烦。兹姑以今日之眼光，就今日之大势察之。第一类学说，今日已渐不能维持，盖因其含有二种重要缺点也：（一）不能用科学的方法，证明国家之实在，若以行为之有无，判主体之存否，实不免有悖论理。盖有行为者不必尽有主体，例如私法上之财团法人是也。（二）近代国家之权力范围，日益增广，往往与国民之利害相反，第一类学说对于国民之自己牺牲，不能加以合理的说明。第二类学说，现今甚盛（团体说最盛），然亦渐有不能支持之势，其原因有三：（一）国民主权之说，本非事实，盖无论何国，其主权毕竟系特权阶级所把持也。（二）团体意思之不存在及国体意思与国民主权之矛盾，盖无论何国，其所谓团体意思，毕竟仅系由多数表决而来之多数者之意思也。（三）不能说明助长的国家事业存在之理由，盖交通机关公营及货币法定等助长的国家事业，明明非全体人民所同欲，而不得不反乎一部人民之意思也。第三类学说之所主张，较合实况，然对于国家之集团生活的性质，未免轻视，恐亦不足以说明国家本质之全体也。

以愚所见，国家之本质，与国家之理想，各为一问题。前者之研究，当根据事实，而不宜杂以理想，从来学者多以理想解释国家之本质，而不顾事实之如何，故常不免牵强。今试专从事实上研究之，当知国家实系社会上之一种统治状态，国家之中，仅有强者弱者之个人，而非于个人之外，别有国家其物之客观的存在；其所以能在社会上若实有其物而发生种种之活动者，要不外乎个人心理上之集合力维持之而已。顾或疑国家之中，既有强者统治弱者之事实，弱者何故亦欲维持之？愚谓此乃国家存立理由之问题，不属于本质问题，当于次项论之。要之，以愚观之，则国家者人类共同生活之继续状态之一种，以强者之统治弱者为其特色，而由个人心理上之集合力，维持之者也。

三、国家存立之理由

国家存在之理由，复分为二问题论之：（一）国家在历史上如何发生之问题。（二）国家发生之后，何以能存立至今之问题。此二问题者，其性质本不相同，其研究方法亦因之不得不异，而论者往往混而为一，以故恒苦不得要领。兹分而论之：

A　国家在历史上如何发生　此问题为史实的问题，不得不用历史的方法研究之，从来之学者往往专凭臆想，故其说恒不完全。略举如下：

甲　神造说　谓国家为神所创设，此说之不当不俟烦言。

乙　实力说　谓国家之发生由于强有力者之势力之结果。此说不无半面之真理，然历史上亦无反对之事实，例如联邦组织之国家，其发生也，往往出于数个强有力者之同意，持此说者将何以解之？

丙　契约说　谓国家由统治契约或社会契约而成。此说极为动听，惜在历史上不能证明，近世新国家虽有由多数强有力者之同意而成者，然同意断不得谓为契约，尤不得谓为统治契约也。

丁　有机体说　谓国家为一种有机体，自然发生者。此说之根本，已如前节所述，不能成立，故自然发生说之不当，不辩自明。

戊　感情说或心理一致说　谓国家之发生，由于人民之感情或自觉，人民有团结一致之感情或自觉，斯有团结一致之国家。国家者，非如有机体，自然而生，亦非如机械，制造而成，而实生于人民感情之成熟。此说亦含有半面之真理，然不能以概一切之国家，盖古今历史上，明白证明有依武力关系而生之国家也。

以上诸说，皆失于偏，与历史上之事实不合，其能总诸说之长者，厥为社会进化说。主张社会进化说者，谓国家系以种种原因，由种种社会逐渐进化而成。盖依历史上之所示，国家之生，或由于武力之征服，或由于民族感情之浓厚，或由于强有力者之契合，或由血族关系之扩张，或由于既存国家之模仿，或由于其他偶然之事实，其道不一；故谓国家之发生，恒取一定之形式者，非也。然国家发生之形式，虽有不同，而国家之前身，要不离乎社会。盖据历史观之，人类社会，最初为图腾社会，次为血族社会，次为地域社会，然后始见国家之发生。非先有国家而后有社会，实先有社会而后有国家，故国家者由种种社会进化而成者也。国家者，人类社会进化之一种进程也。既为一种进程，故国家不必为人类社会生活最初之形式，亦不必为人类社会生活最后之目的；在有国家以前，既有非国家之社会，则自今以后，国家的社会之有变迁，断可知也。

B　国家发生之后何以能存立至今　此问题即弱者何以亦愿维持国家之问题，易词言之，即弱者何以视强制组织为正当组织之问题也。此问题之研究，当然应用批评的合理的方法。从来学者所说，约有六说：

甲　神意说　谓神意皆善，人莫能违，国家既出于神意，则当然应由吾人维持之。此说之无据，不辩自明。

乙　功利说　谓国家制度，于个人有利益，故个人乐于维持之。然国家之中，个人之利益，常被牺牲，尤于弱者为甚，为此说者不能解释。

丙　承诺说与契约说　谓人民既以自由之意思，结统治契约或社会契约，而承诺强制的组织，故国家对于已经承诺之人，不发生强制组织正当与否之问题。然契约说本系无根据之谈，假论实有其事，而契约后始生之人，并未承诺，何以亦受强制组织之束缚。或谓点诺加入，然各国国籍法上，固明明强制后生之人为人民，又将何以解之？

丁　有机体说　谓有机体之各分子，如手之于身，叶之于树，必附着于全体，而后能生存；国家者有机体也，故国家组成分子之个人，当然应受国家之强制。然如前所述，国家非有机体，故此说失其根据。

戊　国家意识说即感情说　谓人民皆有团结一致之自觉，即皆有国家之意识，故能服从强制的组织。此说不无半面之真理，然未能说明国家意识之由来，且弱者之受强者之支配，由于习惯者有之矣，未必皆有自觉也。

己　维持自由说　谓无规律之自由，结局必互相冲突，而归于不自由，故个人愿受强制的组织之统治。愿自由与强制，本属对待之名词，为自由而受强制，于理不合。若解所谓自由为消极的自由，即社会秩序，则此说亦有几分真理，特对国家生活中常有之于生命财产之过度的牺牲，无从说明耳。

以上诸说，皆未能说明强制的组织存立至今之真相。以愚观之，国家之维持，全赖弱者阶级之心理，强者之行为，合乎此种心理，则国家安固，违乎此种心理，则国家必纷乱，而强者之权利亦不可保。盖古所谓人心，今所谓舆论，皆不外乎此种心理，顺此者终存，逆此者终亡，历观史乘，未有或爽者也；故国家存立之理由，当于弱者之心理求之。国家由社会进化而来，故国家存立之心理，恒与社会存立之心理相关联。社会存立之理由，在人类之有社交性、竞争性、多欲性、模仿性及同类自觉性。有社交性，故独居则感寂寞，而不能不群居。有竞争性，故不能不争，欲争之胜，故不能不团结。有多欲性，故不能不通工易事，分力合作，借他人之力，以满足自己之种种欲望。有模仿性，故言语、风俗、嗜好、习惯易于合一，而便于社会的生活。有同类自觉性，即同类意识，故对于认为同类之人，特别发生相亲之念，而乐于行共同生活。凡此种种社会存立之心理，亦皆为国家存立之心理，惟此等心理皆为社会内各个人共同之心理；而国家存立之心理中，则愚以为尚有弱者阶级独有之心理，即国家存立之特别心理。列述如下：

甲　依赖性或服从性　人类一面有自由性或竞争性，一面又有依赖性或服从性。发展前一性，则可得快心适意之乐，然同时亦有不能不负责任之苦。发展后一性，虽不免不拘束之苦，然同时亦有不负责任之乐。此二种天性，孰最发展，全视各人所处之环境如何而决，而不容有一定之方向。依赖性或服从性之发展，是为弱者阶级维持强制组织之第一原因。无论何国，其大多数弱者，实皆由此种心理之发展，而乐于受强者之强制者也。所谓偷安苟活之民者是也。

乙　雷同性或习惯性　人类有雷同性，对于久经惯行之制度，或有强烈的社会唆示（Suggestion）之行为，大抵视为当然不可易之事，而雷附和之。欲打破此种雷同性，不由于理性极发达之人，必在于创巨痛深之后。以平常之人，处平常之时，其不受此种天性之支配者，鲜矣。雷同性或习惯性之发达，是为弱者维持强制组织之第二原因。在文化未进之时，一国中大多数之弱者，往往具此心理，故此国民可与处常，难与处变。

丙　理性　人类有理性，对于一切现象，求明其合理的基础。此种天性，在文化幼稚时代，不甚发达，及文化渐高，始渐显著。今日先进文明国人之理性，皆有相当程度之发达，故依此理性，观察种种事实，而不得不发生国家意识。

（1）生存竞争之事实与国家意识。生存竞争为现今世界上不可掩之事实。他日文化益进，竞争之种类及强度，或将减缓，以至于无，虽亦未可知。然居今日言之，则生存竞争与相互扶助，固各为人生真理之一半面也。处此生存竞争激烈之时代，弱者欲谋自己之保存，势非托庇于某种强权组织之下不可；盖有组织之一种强权，其压迫弱者之程度，固当较无组织之多数强权为低也。故弱者不能不根据生存竞争之事实，而发生国家之意识。

（2）地域社会之事实与国家意识。地域社会之发生，盖由于生齿日繁，天然食物不足以供人类之需求，不得不培养自然以为充补。农业生活既生，而土地遂为人类生活之要素；顾土地之量有限，而人口之增殖无已，故土地之竞争于兹为烈。当此之时，各社会一面既需人力耕种以资生活，一面又须厚积武力以图自卫；服劳与牺牲，皆非人性所乐为，故强者阶级于是乃不得不用强制的组织之法。强制的组织，本非弱者所甚愿，然当此地域社会之时，土地为生活之要素，而又皆在强者阶级之手，不依怙强者以生，必且为饿莩以死，故弱者宁附于与强者共休戚之列，而服从强者之强制，以与他社会竞争，而图自存。故弱者之国家意识，乃不得不依地域社会之事实，而日益发达。

（3）规律的比较安静生活之事实与国家意识。在强制组织之下，弱者之积极的自由，虽受束缚，而消极的自由，则反当较无强制组织时为安固。安居乐业，人之常情，故弱者虽少受强者之压迫，仍乐于维持强者之统治，而保有国家之意识。

（4）经济上密切的连带关系之事实与国家意识。国民经济愈发达，分业合力之关系愈深，各人欲望相关之事实亦愈著。经济上之连带关系既深，则团体内各个人间圆满效能之要益切。然当此文化未臻高度，人类利己心尚盛之时，欲谋个人间之圆满交通，势非有一种强制组织不可，盖不如是则交易之实行，不可能也。职是之故，弱者阶级宁牺牲一己之自由，以求经济的欲望之满足，而国家之意识于是乎益明。

以上三种天性，皆为弱者阶级维持强制经济之原因。惟文化益进，则依赖性与雷同性，必将日失其效力，而专赖理性之作用，以资维持。然理性之判断，以事实为前提，苟他日事实一变，则强制之组织，或至不可维持，未可知也。而事实之将有变更，觇诸政治史上官治、民治、自治及无治四种现象进展之倾向，则固有不待繁词者在。

何谓法?[①]

此文另有一篇白话文章，叫做《什么是法律?》，现在因为我所做的以外三篇文章，都是文章体，所以不用他，改为《何谓法?》。著者识

一、概论

关于法之本质，自古迄今，议论多不胜述，皆在其时其地，有其发生之原因及存立之价值。盖事实产思想，思想复造事实；时移境迁，立说必异，吾人不能谓某说为绝对失真，或某说为绝对不伪也。然事实与思想，皆随时发达进步，而日即于真善美之域者也。吾人虽不能蔑弃学说之时价，亦不能遽不研究其真价。故吾人对于诸说，一面当设身处地，说明其时代性，一面又当以现代之进步的眼光，批评其永久性。如是，庶几乎法之本质论之沿革可寻，现代议论之要点可捉摸，而吾人之管见或不至毫无根据也。

---

① 署名陈启修，选自《北京大学月刊》1920 年 7 月第 1 卷第 6 号，第 11~17 页。——编者

二、关于法之本质之历史的观察

兹为便利计，依时代之先后，分为六说，每说之中复分（甲）发生原因、（乙）内容、（丙）真价三项，以说明之。

（一）神意或天命说

甲　发生之原因有二：（1）由于祭政合一之事实，（2）由于强者之愚民政策。

乙　谓法为神意之发现，神之所命，人莫能达，故法具无上之威力。

丙　以今日之眼光观之，此说之无理，不待多言。

（二）自然法说

甲　此说发生之原因：（1）在矫神意说即君权绝对说之弊；（2）在民智渐开，自然科学渐兴，人权及自由之思想渐盛。

乙　谓宇宙之内，有一普通不变之理想法，为现实法之标准。且此理想法，实出于人性之自然，存于人类之自然状态，故又名自然法。

当人类在自然状态之时，本极自由、平等、独立。徒以此等平和幸福，无确实之担保，故相聚而结一社会契约，而生结约人之总意（Volonté générale）；此总意由形式观之，是为国家，由作用观之，是为主权。法律者即人民总意之表示也。故自然法说亦称为人民总意说。法律既为在自然状态时之人民之总意；则借法以虐民之不当，自不待言。

丙　此说对于十八及十九世纪之政治革命，确为极大之原动力，文化史上其功不小。其阐明法由人造之处，在法学史上，尤当特书。

然从纯理上论之，其谬有二：（1）不合事实，盖在自然状态之原始的人类，事实上非系自由、平等、独立；而以民约建国之事，古史上亦未尝有之；且契约实为法发生后之事实也。（2）不合论理，盖享自由、平等、独立之幸福之人，安肯一旦受契约之拘束，而当事人之契约，亦不当有拘束其子孙之理也。

（三）正义法说

甲　此说发生之原因：（1）在救自然法说即人民总意说流于多数专恣及偏重实利之弊；（2）在补当时法学偏于自然科学化之失。

乙　此说谓法不仅当合乎普遍不变之自然法，又当合乎人类之正义心；法不仅有实利的方面，又实具有道义的方面。正义与否之判断，当以法之适合社会生活之理想为标准；盖法律为社会生活之形式，社会经济为社会生活之实质，无实质之规律不免空虚，而无共同生活的规律之社会经济，亦不免乱杂也。法者正义实现即自由完成之进程也。故法必合乎正义。

丙　此说既足以救自然法说之弊，又有开现代社会法学之先路之功，未可厚非。然一面主张法学当以社会的正义为归宿，一面又主张普遍不变之理想法之存在，实有祛弊未尽之嫌。且其理想虽在乎社会生活之充实，而其方法仍未离乎思辨（Apriori），故其所谓正义究不免乎虚渺无凭，与古希腊时代之法即正义说，同弊也。

（四）国民精神法说或国民确信法说

甲　此说发生之原因：（1）在救自然法说及正义法说之形式划一而内容空疏之弊；（2）在德意志系法律思想之勃兴。

乙　此说谓法律为民族精神之发现，其基础在民族之法律确信。法律确信者，即法律之存在及有效之确信，盖民族之心理状态也。

法之本质，实为此法律确信。此种确信，系由内逐渐而生，而非由外骤然作成。故法如言语，有长成而无造成。臆造之言语，必不为人所信用，人造之法律，苟其实质无人民之确信，亦必不成其为法。立法云者非真能立法也，特对于自然发达之法之认识而已。故法无普遍之原则，要当视其时其地之民族的精神，以为定。

丙　此说足以明法之特性，而不足以明法之通性；足以明法之发达性，而不足以明法之永久性；且谓法为无意识的发达之结果，则忘却法之作用；谓法尽为国民精神之发现，则蔑视制定法之事实；皆不可也。

（五）命令法说

甲　此说之生：（1）以救自然法说及正义法说之空疏之弊；（2）以济国民精神法说之狭隘散漫之失；（3）以便说明现在制定法之性质；（4）由于受实证的科学之影响。

乙　此说谓法为主权者或国家对于政治的弱者之命令；违其命令，制裁随之，故法不仅为主权者用处罚之威吓而强行之之规则，亦且完全为有意识的创造之结果。故成文法实为法之模范，而习惯法则法之变态也。

丙　此说主张法有强制力最为卓见，其一扫自然法说、正义法说及国民精神法说等之弊风，而别开生面，功不可没。然徒重法之形式，而不明法之实质，在本质论上，究属隔膜，且充其论理，将不得不非认惯习性及国际法之存在，殊与事实相背；而宪法、行政法等拘束主权者自身之命令，论理上尤无存立之余地也。

（六）社会目的法说

甲　此说发生之原因：（1）在救前说之形式的法律万能主义，即法律专制之流弊；（2）在受实验主义的哲学之影响；（3）在第四阶级即劳动阶级之自觉。

乙　此说谓法为手段，而非目的；故所贵乎法者不在其形式，而在其内容及作用。法者社会共同生活之规则也，故尤当重其社会的作用及目的。社会者随时随地，发达进步者也。故法之内容，当然随社会为转移，而不必有绝对之真理。故法可以人类之智的努力，随时随地创造变更废止之。此说之根本主张如是，故对于法之研究法，则取社会学的方法而非难所谓法律学的方法，即注释的方法；对于法之适用，则不取论理的解释，而重自由的解释（自由法说）。

丙 此说注重法之目的及作用实为法学史上最大之发见，其先社会而后个人之根本观念，可谓得理之正。特其具体的主张，犹不免偏激之处：（1）过重内容而忘法之所以为法而异乎其他之社会生活规则者，在有一定之形式及强制力；徒重社会学的方法，而轻视法律学的方法，不可谓当。（2）过重自由解释，故有失却法之安定性之虞，殊与社会上发生法律以求安固之原理相背。

三、关于法之本质之现今的学说

自社会目的法说一出，法学大势，为之一变。关于法之本质之议论，虽尚纷歧，然法以社会利益为目的，则已成各说共通之概念，故其根本观念，可谓大抵相同。特开于枝叶处，或固守旧说，或故标新颖，不免各有异论而已。述其梗概如下；其详及其价值，当别论之。

（一）主权者强行法说 谓法者主权者所强行之社会生活的准则也，谓法为统治者所行之统治手段之说亦属此。

（二）新理想法说 谓法者社会生活之轨范，而以最高道德之实现，即理想的文化国之实现为理想者也。

（三）社会目的法说 说见前段，然此说之中，因其注重方面，小有异同，复可分为三派：

甲 心理学的 主张心理力为社会现象之真因，故谓法之真基础，在法律意识。

乙 社会连带的 谓法之基础在社会的连带关系。社会生活不能无协力及分工，实含有连带的性质，故不能不有一种规则以维系之。

丙 实际的理想主义的 谓专重事实，则法将永无进步，然纯属理想，亦未必能见实效；故法之理想当根据于社会之事实。

四、法之真相

观以上所述，可知关于法之本质之议论，极为庞杂。然总而观之，要不外乎用五种标准立论而已，即：

（一）由法之原质观之，则可得天理说或正义说及意力说。

（二）由法之出处观之，则可得神造说、天然说及人造说。

（三）由法之表现形式观之，则可得存在说、生长说及命令说。

（四）由法之目的观之，则可得道义说、个人自由说及社会目的说。

（五）由法之属性观之，则可得任行说及强行说。

以上五种标准，各有见地，固不能皆视为非，亦不能皆以为是；愚意若求一完全之说，实不可不兼用五种标准，而各取其长。今本斯意，作臆说如下：

法者社会生活之规则，为意力之所表现，经社会生活主体所明定或默认，而由社会力强行之者也。

（一）法者社会生活之规则也。凡以人类心理力之联合为基础之共同生活继续状态，谓之社会。故社会之要素有二：一为组成分子，或社会主体，一为心理力之联合。规则者，人类欲达一定目的之时所不得不行之手段或方法也，故规则又可谓为行为之准则。规则有一般的普通的性质，故在同一状况之下，要求同一行为之实行，对于实行之同一行为，要求其发生同一之效果。规则有主观的及可变的性质，故亦与客观的及不变的自然法则相异。法者以实行社会生活为目的之规则也，故法自身固非目的，正义及个人自由亦非法之目的。

（二）法者社会生活之规则而为意力之所表现者也。社会生活之规则之成立，有时或不能不待人类之智力与感情，然其本性则纯为社会生活主体之意力。意力者，人类欲实现某种目的时之精神活动之力也。法的规则为社会主体之意力之所表现，故法非永久不变之天理，亦非缥渺无凭之神意及抽象的正义。又法为意力之所表现，故法之内容即意力所志之目的能否实现，另为一问题，与法之本质无关。

（三）法者社会生活之规则，为意力所表现，而经社会主体之明定或默认者也。法之原质，虽为意力而其发现之形式，则不必相同。或经社会主体之明定，则为成文法。或经其默认，则为习惯法。社会生活之主体有个人及个人所成之团体二者，故法之发现，必经社会个体及团体二者之明定或默认，否则不足为法。盖既谓法为意力之所表现，则必有意力之主体也。故谓法为国家所制定或默许，固不足为训，谓法为国民精神之发现，亦非尽当。彼徒悬一种与社会生活多数主体之意思相反之规则，而名之曰法者，谬也。

（四）法者社会生活之规则，为意力之所表现，经社会生活主体之明定或默认，而由社会力强行之者也。意力发现于外，则带强制必行的性质，法为意力之所表现，故法亦必强行的性质；无强行性者非法也。

既曰强制必行，则事实上能有不行即违法者可知，故法之实行，与法之适用，各为一问题。法之强行，由于社会力。社会力者，社会生活主体之心理力也，故法之强行，不必有具体的强制方法之存在。故宪法及国际法，虽无具体的强制方法，仍不失其为法。

现代之经济思潮与经济学派（一）[1]

此篇系著者在北京大学之讲义大纲之一节，由于编合者多，出于独创者少，本不足以公诸世。惟国立北京法政专门学校杨君，在同校《政法学报》，作论文时[2]，屡次袭用著者之讲义，断章取义，语焉不详，著者之版权不足惜，诚恐有误一般之读者，故拟嗣后由著者按期登载月刊[3]，以明著者原讲义之真意。　著者附识

一

现代经济思潮极为复杂，欲明其派别，识其特色，非从种种标准观察之不为功；今试从国别、统系别、方法别及经济政策方向别，四方面考察之。

---

① 署名陈启修，选自《北京大学月刊》1920 年 7 月第 1 卷第 6 号，第 29～33 页。未见续作。相关争鸣，参见杨昭悊：《再论经济思想并致陈君启修》，《法政学报》1920 年 9 月第 2 卷第 7、8 期合刊，第 1～3 页。——编者

② 指杨昭悊《近世经济思想之变迁》，刊发在《法政学报》1919 年 7 月第 12 期，第 1～4 页。——编者

③ 实际只登载了这一期。——编者

二

以国别言之，有英国派、德国派、奥国派及法国派之分：

（一）英国派　英国派重演绎法；谓经济社会有一种理法（Law），与自然界之理法相同，故经济政策主放任自由，不主干涉保护。

（二）德国派　研究法重归纳法；谓经济界无普遍的及恒久的理法，故主张随时随地用保护干涉之政策以应付环境。

（三）奥国派　奥国派谓经济社会不能无理法，然经济理法与自然理法不同；经济理法之基础在人类之行为，而人类之行为，原于人类之心意，人类之心意，不能恒久不变，则经济理法亦不能恒久不变。心理上有新现象，则经济界当然发生新理法。故经济理法之研究，虽演绎法与归纳法并重，然最要者为用心理的方法。奥国学派大都偏于原理之研究而忽于政策之研究。

（四）法国派　法国派谓经济社会之理法，完全与自然界之理法相同。特经济界之现象，纠结错杂，不如自然界现象之单纯，故不易于发见，且尤难用研究自然界理法之方法及用具发见之。他日人智进步，学术发达，经济理法必有豁然大明之时。然合乎理法者，未必咸有益于社会，况在今日理法未能大明之时，经济社会之弊害尤多，故当利用公共权力，施行保护监督，以防止之。

三

以系统言之约有四派：

（一）正统派或古典派　主张与上述英国派同，从前英法二国学者多属之。

（二）历史派　主张与上述德国派同，德意学者多属之。

（三）新古典派　对于方法，不专重演绎，对于政策，不偏于放任，盖英国派而兼采德国派之长者也；新近英美学者多属之。

（四）新历史派　不绝对主张经济社会无理法，而谓有一种经验理法（Empirical Law）；此种经验理法，非仅由历史的归纳法所能发见，必须借助于统计的归纳法及心理的演绎法。德美新近之经济学者多属之。

四

以方法言之，约有六派：

（一）抽象的演绎派　即上述正统派。

（二）归纳派　即上述历史派及新历史派。

（三）心理派　此派多属于奥国学者，大都谓价值论为经济学之中心问题，而价值为人类欲望之表现，故经济学当用心理的方法，研究人类之欲望及左右其欲望之各种原因。Menger，Dietsel

及 Patten 等为此派之代表的学者。

（四）数学派　此派以为人类相互之关系，皆为均衡之关系，重于此者必轻于彼。故可用代数方程式或几何图形、数学曲线等表示之。惟然，故可利用数学上之原理，作经济原理之推理。Jevons，Gossen Walras 及 Pantaleoni 等为此派最著名之学者。

（五）生理派　此派视人类社会为生物，视社会之机关及制度为与生物之机关同其官能，视经济学为博物学及生物学之一部分，欲移生理的理法，为社会的理法。用生理学的方法以研究经济学，谓交易所为心脏，富为脂肪，学者为神经统系，劳动者为筋肉。Spencer，Schäffle 及 Clark 等主张之。

（六）自由方法派　法国经济学者多主张经济学之研究法，不能一定，且现今所有之研究法，亦未完备，要当随时之宜，应变无方，以期发见经济社会之真理。故自名曰自由方法派。

五

由经济学之目的及达到目的之政策言之，可分为自由主义派、社会主义派、国家社会主义派、基督教社会改良主义派、自由社会改良主义派、社会连带主义派、组合主义派、无政府主义派、文化增进主义派，共九派。

（一）自由主义派

此派复可分为农业的自由主义、商业的自由主义、对内的自由主义及对外的自由主义，然其根本主张，则大抵相同：谓人类社会皆为自然理法所支配，经济学之目的，在阐明经济社会中之自然理法之作用。

自然理法与人类之自由不相抵触；因社会经济为各个人经济之结合，而各个人之利益，惟各个知之最悉，故各人肆其所欲，行其求利之行动，自然理法即在其中。盖各人自由行动之间，必常生一种调和，此调和即自然之秩序也。故放任个人之自由发展，实为经济政策之要点，惟各人之力所不及者，始保护助长之。或有妨害个人之活动者，始监督防止之而已。

（二）自由主义在历史上实具有二种不得不发生之理由：（甲）为欧洲近世政治的自由之发展，盖政治的自由为表面的及空虚的，经济的自由，较为内容的及充实的，故始以政治的自由之获得，继以经济的自由之要求，乃历史上必然之趋势也。（乙）为经济的事情之变迁，盖近世技术进步，发生产业革命，生产之组织及交换之范围，俱见扩大，一时国家对于经济界，无复用法令规律之之必要，亦无复用法令决定生产及贩卖条件之能力也。由是言之，则自由主义者，在其发生之当时，固有对付其环境之相当的价值，而不容一概抹杀者也。

（三）然从纯理上观之，则此派之议论，殊有未妥：（甲）天然淘汰所遗存之制度，未必悉为良善之制度，放乎自然之组织，未必悉为得当之组织，若果如此派所说，则人力支配自然之谓何？充其所至，必将非认一切教化制度而后已，然岂有此理。（乙）谓现在之经济的秩序，为自然的秩序，未必尽然，例如英格兰大地主之多数，实由于往时之掠夺没收，现今之继承法及租税法，实起于自便私图之人为的法律是也。若以绝对的自由建设社会，其结果恐不如是。（丙）即令现在之秩序，实为自然秩序，然岂永不可变者；盖进化之理法，实为现分科学最高之理法，经济之现象之不能免此理法之支配，可于奴隶制、农奴制、自由劳动制及将兴未兴之工团制之交替等之历史的事实证之。且即就自然现象言之，吾人今日尚可变动植物之形，降人工之雨，何况经济现象？故但以自然为真理，而谓人为之不但无益而且有害，实属偏见。

（四）且从事实上察之，自由主义实已发生三种弊病：（甲）经济的自由主义，反发经济上之束缚即资本主义；盖法津上之经济的自由，与事实上之经济的自由，因受不平等自由竞争之影响，不能一致也。（乙）经济的自由竞争之影响，使世人重利而轻情爱；盖趋利则忘义，乃人之恒情，故资本主义日益发达，而人类之互助的天性，亦日就泯没也。（丙）资本主义跋扈之结果，使世人皆醉心于物质的文明，而忘却精神的发展；盖富者之势力，可以压倒一切，而为一般人努力之目标，故一切行为，皆带有物质的、经济的性质，而艺术与理想乃不能不萎退也。（未完）

国民经济之意义[①]

一、论旨

欧洲大战对于经济界之影响，最巨者有二：其一，使经济不能自给之国，感受饿死之危险而益图国民经济之独立发展。其二，使并世诸国，恍然于经济的连带关系之深密，而益思所以发达世界经济，共同解决人类社会之经济的难题。此二影响者，一为排他的及国民的，一为互助的及世界的；骤观之，似相反对，而详察之，实相成就。盖国民经济之发展，即所以使减少一部分人类经济之困难，而世界经济之提倡，即所以收分工合作之最大的经济的效果也。故现今诸国一方面极力图谋恢复发展其产业，一方面又极力研究沟通各国经济财政之方法，如所谓联合国财政会议及经济的会议等，皆后者之著例也。由是观之，联合诸国已将由国民经济之域，近而入于世界经济之域矣，而愚于此，不论世界经济，而犹述国民

---

① 署名陈启修，选自《北京大学月刊》1920年7月第1卷第6号，第35~40页。——编者

经济学之初步的议论者，盖以我国之经济当局者犹未识国民经济之真相，其所施设，动与国民经济之原理相反，愚故思从学理上明其谬耳。如借款以挥霍，甘作经济的奴隶之危事也，而我国方且求之不得；经济调查局及粮食调查会，国民的事业也，而我国则以委诸官僚及政治的流氓，是不啻与官办地方自治同一笑柄矣；中央银行及实业银行，调剂国民经济之最要机关也，而我国则视为牟利及投机之所；凡此种种，皆不识国民经济为何物之所致也。然则斯篇虽系初步的议论，或亦可少作国人批判经济之基础欤。

二、经济行为与经济

人类生而有衣食之欲，寒思衣，饥思食，得之则生，不得则死。人类又生而有意识，有思想，恒较重得失，算计利害，弃劳取逸，避苦就乐。具此二因，故人类无时不在汲汲谋衣食、孜孜计利害之中。此种较量利害，以满所欲之行为，在经济学上，称为经济的行为，详言之，经济的行为者，获得有价值的物件之有意识的行为也。空气日光，虽足以满足吾人生存之欲，然其量无限，可以不劳而获，对于吾人，不生价值，故呼吸空气、晒取日光之行为，不得为经济的行为。吾人偶散步于通衢，而偶获黄金，黄金虽有价值，然吾人之拾得，系出于无意识，非欲拾得而拾得之者，故偶获黄金之行为，亦不得为经济的行为。

经济行为既为计较利害即牺牲与获得，以满所欲之行为，故当然有一抱欲及行为之主体。此种主体，在经济学上，谓之经济主体。经济主体之欲望，不仅一种，不止一物，故经济主体之行为，亦不仅限于一类，拘于一事。经济主体之行为既甚多而且杂，则何者当先，何者当后，何者当缓，何者当急，不能不由经济主体审计熟虑而定之，使各种行为，成一有组织有统系之一体，而不至互相冲突。此种有组织有统系之一体，在经济学上谓之经济。经济行为与经济之关系，颇类于人民与国家之关系，国家虽为多数人民所集合，然非仅为多数人民之群集，必其间有组织有统系而成一体，始得称为国家，犹多数经济行为之集合，不得称为经济，必其间有组织有统系而成一体，始得称为经济也。

三、经济主体与国民经济

经济主体或为自然人之个体，或为自然人之任意的共同团体，或为强制的公共团体，或为个体与团体或团体与团体之综合体。故因经济主体之不同，可分经济为五大种类：（一）个人经济，（二）企业经济，（三）公共经济，（四）国民经济，（五）世界经济。个人经济者，自然人之个体之经济行为之有组织有统系之一体也，其目的在计较利害，以满个人之欲望。企业经济者，各自然人之个体所组织之任意的共同团体之经济，以增进其团体之利益，满足其团体之欲望为目的者也，例如家庭经济、公司经济等是也。公共经济者，强制的公共团体之经济，以维持公共团体之生活，满足公共团体之需求为目的者也，如国家经济及地方团体经济是也。国民经济者，个体、共同团体及公共团体三者综合而成之经济主体之经济，以维持个体、共同团体及公共团体三者相互之生活，满足三者共通之需求，增进三者共通之利益为目的者也。世界经济者，纵合各国民经济而成之经济主体之经济，以增进各国民经济之利益，满足人类全体之欲望，为目的者也。

国民经济之主体，从前不甚明了，今日世界交通，国民间之利害冲突，较前昭著，于是此种经济主体，乃居经济界之重要位置，盖因个人经济、企业经济及公共经济之各主体，于其自己固有之经济之外，不得不发生国民经济之意识也。此三种经济主体，一面满其自己之需求，谋自己之生存；一面复不得不顾及国民经济之需求，维持国民经济之存在，盖现在之世界，为国民竞争之时代，无论为个人、为共同团体、为公共团体，若不行国民的生活，则将处于劣败之列，而失其存在也。国民之观念，与人民之观念及国家之观念，皆不相同。人民系指组织国家之各分子而言，国家系指由人民组织而成之单一体而言，而国民则指一有共通感情，且处于共通法律下之社会全体而言；易词言之，则人民为与国家对待之观念，而国民则为与他国民对待之观念，前二者为对内支配之观念，后者则为对外竞争之观念也。世界经济之观念，发达较国民经济尤迟，今尚在萌芽时代，兹不具论。

四、经济之经理与国民经济

以上五种经济主体，皆当然应经理其自己之经济。个人经济之经理或谓之家计。公共经济之经理或谓之财政。企业经济则但曰某某企业之经济。国民经济发达日浅，仅有国民经济之观念，尚未达于独立经理特别经济之域，他日各国经济事业更进一步，必发生一种经济联合委员会，合个人经济、企业经济及公共经济之代表者，而组织之。欧洲大战时，各国所设之特种经济委员会，如食粮委员会、燃料管理委员会、劳动协议会等，即其萌芽。将来此种委员会，苟能有充分之发达，则国民经济之独立经理，必能实现也。世界经济之经理，亦尚未实现，然各种国际的经济会议，如国际劳动协会、国际邮政同盟会等，殆其萌芽也。

五、各种经济与国民经济之关系

欲明各种经济与国民经济之关系，不可不先识各种经济间之关系。个人经济现今皆处于国权之下，赖国权之保障，始得达其目的；又个人经济大抵力量过微不能举行规模远大之事业，而必待于各个人经济之结合，故个人经济不得不依赖公共经济及企业经济。企业经济为个人经济所结合，自与个人经济同其利害，且亦赖国权之保障，故企业经济与个人经济及公共经济之关系甚为密切。公共经济之财源，惟个人经济及企业经济是赖；未有民贫而国能久富者，亦未有民富而国终于贫者，所谓"百姓不足，君孰与足，百姓足，君孰与不足"，语虽陈旧，然移诸今日，亦尚含有至理，故公共经济与个人经济及企业经济实有莫大之关系。

国民经济为合个人经济、企业经济及公共经济三者以行对外竞争之经济，对外竞争胜，则三者皆受其利，对外竞争败，则三者皆蒙其祸；当此经济竞争剧于武力竞争之日，个人经济、企业经济及公共经济三者之经理，皆当以在国民经济上有利与否为前提。而国民经济之利益，据最近经济学之原理，则以使国民经济内之各单位即各种经济主体尽量发挥其最大之能力，各减少其因利害冲突而来之损失至最少程度，以谋增进国民经济全体之福利。故国民经济与个人、企业及公共三种经济之关系之深，在今日商战激烈之时，最为显著。

世界经济为各国民经济之结合体，国民经济必以世界经济为归宿，然后能解决人类之经济的恐慌；世界经济亦必以国民经济之充分发达为前提，然后能满足全体人类之欲望，故国民经济与世界经济关系之深，自不待言。

以上五种经济之关系，以图形表之，最易明了。假令个人经济为几何学上之点，则企业经济为由点而成之线，公共经济为包含点与线之面积，而国民经济则为包含点、线、面之体积，以个人及企业经济之厚薄为高度，乘面积而得者也，或有面积为国民经济，体积为国家经济者，衡诸理论，误矣。世界经济为国民经济之结合，故可用包含各种体积之球体表之。

个人经济   -　-　-　-　-　-　-

企业经济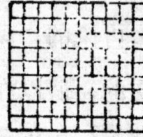

公共经济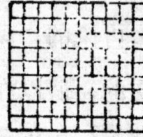

国民经济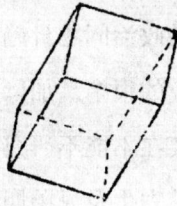

世界经济

　　观上图，可知国民经济之大小，依其他三种经济之大小而定，其他三种经济，苟有缺陷，则国民经济全体亦将有缺陷，或至瓦解；更可知世界经济之大小，又依国民经济大小而定也。

陈启修先生演说词^①

我现在没有什么可说的，只有一点关于政治学系的事情，却也是于大家都有点关系的，所以在此报告一下。

第一，从本学年起，添设演习一门，以后关于政治学理，教员和学生可以常常有共同研究的机会。第二，添设了一个现代政治的讲座。因为现代的政治问题日趋复杂，如劳农政府、巴黎和会、国际联盟等亟待研究的很多。加以现在的社会，无论如何，总还脱离不开政治，所以实在不能不研究。这个讲座已定由陶孟和先生、李守常先生、张慰慈先生及兄弟四人担任，打算帮助大家一同研究。

我国青年近来虽然对于政治上已有责任的觉悟，对于实际政治也总算多少发生一点影响，但是总说不到真正的解决，就因为没有学理的研究。要谋真正解决，非先共同研究不可，但是要全国学界共同研究是做不到的，只好希望北大同学共同研究。别的学系的同学，很有些热心研究政治的，很希望加入我们的研究。

---

① 陈政记，选自《北京大学日刊》1920 年 9 月 17 日第 695 号第三、四版。本文为陈豹隐在北京大学开学典礼上的讲演。——编者

法律与民意及政治①

一、导言 二月以前国民大会之说盛行，时贤论著连篇累牍。其中关于国民大会之前提，有主张民意即法律说者，有主张《约法》无法统说者，有主张国内主权无限制，故政治上国民之行动，可不依据法文说者，有主张国民当然有制宪权说者。其言多可置疑，而竟未睹学术的评论文字之发表，愚深憾之。

以为国民大会之正当前提，断不如此，国民大会之正当组织，亦断不如彼，而世论乃若熟视无睹，此其原因，不由于未能深识法律与民意及政治之关系，必由于虽识之而故作违心之谈，以逢迎时势。二者皆足以导舆论于旁轨，招政治之纷纠，不能不有以明之，故作《国民大会之学理的研究》一文②，欲以供时贤之讨论。而因种种故障，全文迄今犹未脱稿，不能发表。幸文中法律与民意及政治一段，本可独立成小文，而又带有评论的性质，故兹先将此假登《评论之评论》。所惜者语焉不详，未能尽意之所欲尽耳。

二、何谓法律？ 法律者由其本质言之，为社会生活主体之集

---

① 署名陈启修，选自《评论之评论》1920 年 12 月 15 日第 1 卷第 1 号，第 76～79 页。收入朱毓魁编：《现代论文丛刊（第一册）》第二类"法律"，上海文明书局，1925 年 2 月，第 59～63 页。——编者

② 未见发表。——编者

合的意思力，而由其属性言之，则社会生活之强行的规则也。社会生活主体欲达共同生活之目的，当然不能不规定一种共同的生活方式。然各主体对于此种方式，不必尽人皆愿遵从，故为公共利益起见，不能不择此种生活方式中之重要者而强行之，此种强行的生活方式，是为法律。强行者，若不遵行，则以制裁随其后也。制裁分实力的制裁及意力的制裁二者，前者如现今各国国内普通法上之制裁是也，后者如现今各国国内根本法上及国际法上之制裁是也。意力的制裁无论矣，实力之施，亦必先有意思力之存在，故法律可谓赖意思力以维持其存在，易词言之，即法律者社会生活主体之集合的意思力也。

三、何以必要法律？　法律存在之理由有二：（一）由法律之实质的作用而来者，为谋社会生活主体之法律上之平等。社会生活主体至为繁夥，其先天之禀赋及后天之凭依，亦极为不等，在事实上必不免有专恣放肆、弱肉强食之举，以害及于共同之生活，故不得不有法律以范围之，使社会生活主体，在法律之前，皆立于平等之地位，而不专以腕力之强弱为行为之标则。（二）由法律之形式的作用而来者，为谋社会生活之安固。法律为社会生活之规则，与社会之生活，息息相关。欲使社会生活圆满进行，必不可不求社会生活之安固，即不可不求其生活方式能继续进行于稍稍长久之期间。若今日定一方式，奖励某种行动，明日又定一方式而禁止之，则社会生活将不堪其扰，更无轨道之可言矣。法律者盖一种固定之生活方式，具有一致反覆之特性，对于同一性质之行为，要求发生同一之效果者也。是谓法律之安定性。依此安定性而社会生活得以安固，是为存在之第二理由。

四、法律之变迁与民意　法律为社会生活之规则，而社会生活有随时变迁之性质，故法律之内容亦不得不随时变迁。社会生活之主体，因奴隶、有产阶级、无产阶级及女子等之次第解放，而扩张其范围，法律亦随之而扩张其所保护权利之范围，人类社会现象愈益繁复，法律亦随之而日益详备，故法律者由其实质的作用言之，不得不随时变迁者也。社会事实已变，而犹墨守成法，不知变通，此形式法学派之通弊也，吾人固当力辟之。法律之变迁，当以社会生活主体之总合的意思力为标准，参照上段所述，毫无疑义。以现文明国之国内法言之，其变迁当然以民意为标准，民意者人民一般之共同意思也。民意之发现，或由于积极的表示，或由于消极的容忍，其所志之方向，恒随时间之进展而时时刻刻变迁不定者也。民意之内容，即时时刻刻变迁不定，则法律亦可以时时刻刻变迁乎？曰不可，依前段所述，法律存在之一理由，在其有安定性，否则失其所以为法律。故由法律之形式的作用言之，其内容虽不能不随时变迁，正亦不能时时刻刻而有变迁。若今日一变，明日又一变，则又蹈于极端社会法学派之弊矣。盖法律虽依民意为转移，而民意却不必尽为法律，此理甚明；普通所谓事实之步骤先于法律则治，法律之步骤先于事实，或同于事实则乱者，理亦本此。

五、法律变迁之方式　法律既不能随社会之进展而有变迁，又不能时时刻刻而有变迁，此二事者，显然互相矛盾，盖出于法律本质之当然，而无可如何者也。法律不能变迁则将失其实质的作用，法律时时变迁则将失其形式的作用，欲兼顾二者惟有寓实质的作用于形式的作用之中；原则上以形式的作用，抑制实质的作用，唯在特别例外之时，始弃形式的作用而专重实质的作用；易词言之，即在原则上法律之变迁，必依法定之程序，唯在特别例外时，始可不顾法定之程序。故法律变迁之方式有二：（一）通常的方式谓之立法，即依据既存法律之规定，而行法律之制定、废除及修改者也。（二）非常的方式谓之造法，即毫不依据既存法律而完全以民意为根据，而消灭旧法创造新法者也。若以国内法言之，即前一方式用于旧国家存在之时，而后一方式则用于新国家缔造之时者也。

六、法律与政治之关系　依上段所述，民意在前，造法在后，故以发生之先后论之，政治之事实在前，法律之形式在后；易词言之，在造法之初，事实可以创造法律，法律所以维持事实。然从运用之状况论之，则形式所以作事实之轨范，政治乃不能离乎法律；易词言之，即当造法之后，政治之运用，必依据于法律，而后始能上轨道。轨道者法律规定之谓，即所谓法轨是也。社会有变迁，旧法律不甚适用，则政治上依法定之程序，修订废止之；社会上发生新事实，无旧法律可以适用，则政治上依法定之程序，或类推旧法律之精神，或制定新法律以应付之，此所谓上轨道也。政治能上轨道之国，谓之法治国。今人常有一面痛叹政治之不上轨道，一面复为明背约法之主张者，盖误解轨道者矣。

七、政治发达之趋势与法律及民意　政治必遵法轨说即法治国说，确立于近世立宪运动发生之后，至今未替。欲明此事，先必明政治发达之趋势。吾尝谓政治之发达有由君治，而法治（君民共治）而民治而自治而无治之趋势。君治之世，政治完全出于有力者之意思，为所欲为，而无有限制，其弊每流于专制暴虐，招被治者之反抗，而酿成革命运动及立宪运动。于是始进而为法治：立宪法以为政治之标准，使一部分之被治者，亦得参政。再进始达于民治之域：不但依法以为治，而且欲使全体团员，皆为治者。更进必达于自治之域：不但依法以为治，及全体团员皆为治者，而且将泯统治之形迹，仅有事务之处理，而无权力之运用，如彼辈行社会主义（Guild Socialism）所想像者。最后必达于无治之域，自由之乡：既无治，则亦无法矣。由理论上言之，欲行合理的政治，必不能不以法治为基础，否则政治随实力之倾向为推移，必致扰乱；故民治及自治，皆当以法治为前提。即从事实上观之，欧美先进国政治，大抵皆将入于民治之域者也，不但未废法治，法制且加密焉，亦可知民治国家之不能不用法治矣。

我国今日，犹未入于法治之域，弄法灭纪，视同寻常，法律之威信，不能确立，实为发展民治之一大障害。吾独怪乎彼一面以速行制宪为今日之要图，一面复单以今日为民治主义盛行时代为理由，或单以民国主权在人民为理由，而主张不顾《约法》者，何颠倒理论之甚也！

八、结论　以上所述，虽未能详尽，然对于时论所谓民意即法律说，《约法》无法统说，及国民之行动可不依据法文说等，可谓中其要害矣。甚愿有学术的良心者，对于本文，一为平心静气之讨论也。

省自治组织法理新论并表解：附拟四川省自治组织法案[①]

注（一）本论虽系执笔人负文字上之全责任起草而成，而其主旨实为《四川旬刊》社全体社员专精研究之结果，凡所主张确有自信，社外诸君子对于本论若有意见，无论其为赞成的、疑问或为反对的论难，请直接寄北京大学《四川旬刊》社，本社皆极端地表示欢迎。若四川或任何省团体有以本论为可采用者，本社为贯彻所信起见，犹愿尽力扶助，提供本社所有材料及劳力。

注（二）本论系关于省自治组织法理之纲领，故往往语焉未详，而执笔人因校事多忙，无暇推敲，亦致文欠精练，恒有辞不达意之处。幸关于本论上之各问题尚有专论，由其他社员担任执笔，当可陆续呈献于读者诸君之前，愿诸君参照观之。

---

① 署名陈启修，首刊于《四川旬刊》1921 年第 6、7、8 号，未见。本次整理以《宪法要览》本（沈钧儒、何基鸿编：《宪法要览 下编》"乙 省宪"，北京：京华印书局，1922 年 10 月印）为底本，参校以《湖南筹备自治周刊》本（《湖南筹备自治周刊》1921 年 4 月 10、17、25 日第 7、8、9 期 "选载"，第 1~16、1~10、1~18 页）。底本无断句和标点，标点由编者酌加。相关争鸣，参见高元：《九权宪法论》，《学林》1921 年 9 月 5 日第 1 卷第 1 期，第 1~20 页。高氏在文中将陈豹隐的宪法论称为 "八权宪法论。"——编者

第一章　总说

一、法律之性质

法律者，社会生活之规则，以实现社会生活之利益为目的，而依社会生活主体之意力强行之者也。故法律为手段，社会生活之利益为目的；社会生活之主体为主，法律为从；社会生活主体之意力为本质，法律为形式；更以他语切实言之，凡良好法律必具下列三条件：

（一）必须与社会生活有密切确实的关系。法律必如是，方能发挥其本来之特质而达其固有之目的，否则将失其存在之理由。彼高揭理想而不顾社会实况，例如劳工阶级毫无阶级之意识而唱劳工组合法，或当第三阶级尚无政治的自觉之时而必欲制定各阶级一律平等之普通选举法者，盖忘却法律本为一种之手段而误认法律本身为一种目的者也。

（二）必须能适应或改良其时其地之环境。社会生活之状况流动不居，故法律必须随时随地而有变动，始能实现其为社会生活规则之作用。法律固有素质恶劣使社会生活恶化者，然良好之法律则必为适应其时其地之环境，以改良一定之社会生活者。揆诸常理可不容疑。彼胶守一定成文成规，例如居今日谈自治法而必以既成之《约法》等为归，或谈宪而必墨守国权三分说及人民主权说等，而不问事实之如何者，皆误认法律为固定的而忘其为变动者也。

（三）不须盲从他人在异时异地之成法成例。此为消极的条件，本可由上条推论而得，而犹特为标出者，盖吾国雷同盲从之性质，在今日思想界纷无条理之时尤为发挥尽致。谈及法律政制及社会经济组织等，动曰："某国某国如是，吾从之"或"某大家某大家之说如是，吾采之"，而对于理论与事实之间曾不为科学的研究。如是者，极其流弊，势非使法律政制变为具文或社会经济日益恶化不止。兹故标而特识之，一则以期救弊万一，一则以树吾人后改理论之根也。

二、自治之性质

自治者，各种政治形式中之一种也，故自治是否为最善的政治形式之问题、何以发生自治之问题及自治制度如何变迁之问题等，俱待研究而后能主张自治而无碍，若不研究而遽谓一行自治即能致治，则不免盲从矣。又自治有最广义、广义及狭义诸意义，吾人于谈自治之先，亦必须分析清楚方能无淆于论旨，兹试就上述诸问题分别述吾人之所信如下：

（一）"自治"之意义　最广义之"自治"，系对他治而言，有自主自决之意，大抵指一民族脱离异民族之统治而自行统治而言，例如爱尔兰对于英国所主张之自治是也。广义之"自治"，系对官治而言，有民治之意，大抵指一国之内多数被治阶级脱离少数治者阶级之统治而自行统治而言，例如通常美国人所谓人民自治之政府是也。狭义之"自治"，系对国治而言，即地方团体自治之意，概指一地方团体关于仅与某地方有关之政务脱离中央国家统治而自行统治，其他一般政务仍归国家统治而言，例如通常所谓地方自治是也。此三意义，方面各殊，不可混而为一。吾人在中华民国范围之内主张自治，当然系指第三之狭义自治而言，盖吾人当兹国家制度尚为社会的必要制度之地，深信民族的大国家较小国家为有抵抗外侮之力，故不欲赞成第一义之自治，使国、省、道、县、乡、村互相游离以召全国之分裂；且当兹名为民治共和，实则少数军阀政客专制自为之时，吾人又深信民治主义在国政及各级地方政之范围内，俱为必要的手段，万不宜仅取第二义，使人误认自治为国政范围内之民治而置地方的利害于不顾，以陷于权力之竞争集中于中央之弊也。

（二）地方自治制发生之原因　在昔国家之威权全赖武力维持，而当交通及经济尚未发达之时，欲求武力之常能远及又为势所难能，故古代国家往往施行封建制度，使王畿千里，其外则以分封同姓及异姓之臣仆，借以维持国权，此种诸侯所有之地方非今所谓自治之地方也。厥后经济逐渐发达，交通亦渐便利，于是中央武力亦较能常及于远隔之地，建藩之要既减，而其尾大不掉之弊亦渐彰著，故时势所趋，不得不废封建制度立州郡制度，即地方行政区划制度，直接地由国家分设行政官吏于各地方，使为国家之机关而行统治，此种行政区划，亦非今日所谓自治之地方也。其后经济社会愈益发达，国家行政之范围愈益广大繁复，国家渐不堪其烦琐劳费，而此时各地方人民因久处于专制的泰平生活之内，渐习于法律的秩序生活，发生人道的情绪及同类的意识，而厌弃从来之武力竞争生活，亦渐有关于一小地方之事务邻保亲族共同结社之事。于是国家欲免烦费，始将国家行政之琐事，如关于一地方之土木行政、卫生行政及教化行政权等，依法律之规定让与地方的小结社使行统治，而此种地方的小结社始变为政治的团体，即有统治权力之团体，此即欧洲各国最初之地方自治团体也。

（三）地方自治制度之变迁　如上所述，地方自治制度发生之原因，全在经济社会之发达，其后经济社会愈益发达，国政愈有分让之要，于是始于下级地方团体外添设上级地方团体，使关于较大之地方的政务施行统治。然无论上级下级，此时之地方自治团体本依国家行政之方便而设，而非由于地方团体之自动，故国家往往使在地方行政区划之官吏兼为其相当地方团体之首长，以实行行政的监督。盖因国家一面欲避劳费，一面又不愿大权之终于旁落，故用此种操纵之法以行集中的自治也，例如所谓大陆系统之德法日等国之旧地方自治制度即其明证。此种地方自治之时代或可称为集中自治时代。其后因民治主义潮流异常澎湃之结果，国家政权之行使渐归于多数人之手，于是地方自治政亦受影响，地方人民对于国家之行政的严格监督始渐觉其束缚可憎，而谋所以缓和之道，下级自治团体之长吏及参事会员渐有改为议会选举之倾向，所谓国税及地方税目或国费开支事项及地方费开支事项亦有逐渐分配近理之势，例如德法日等国之改正地方制是也。此种时代犹有国权与地方权之争，故或可称为反动时代。最近在民治主义盛行之国，有产阶级势力最大，不但在国政范围内把持政权，即在各级地方政范围内亦恒掌握全权，当权者既属于同一阶级，故国家与各级地方团体之间大抵不必有权势上之无谓的竞争，而但有权限之合理的分配。其仅关于一地方之事务，虽军权、司法权等之在大陆式自治制度上绝对属于国家者，亦不妨分与各级地方团体；反是，其关于全国之事务，虽教育、经济等亦不妨由国家行严重之监督或干涉。盖国家与地方团体既各有其存在之理由，则国家事务及地方事务之种类，亦惟在其存在理由之范围内，为能正当而无误，故可依之以行权限之分配而行分散的自治也。观英美各地方上仅有地方公吏之存在而无国家官吏之参杂并列，而关于教育、经济、财政之事项则又往往由国家施行监督，殆其明证。此种时代亦可谓为合理的时代。

（四）自治制度之价值　依上所述，可知自治制度甚为纷歧，若泛言自治制度足以致治，殊未必当；又可知自治之外尚有国治，自治制度之良否在国权与地方自治权分配得当与否，若专以缩小国权、伸张自治权为主眼，亦未必妥；更可知各级地方自治团体各有其存在之理由，各应依之以行权限之分配而不应互相竞争或排斥。兹根据上述，列记吾人主张之要点于下：

1. 吾人主张一种对内能贯彻民治的精神之自治，即由发动言之，主张自动的自治；由自治权之行使言之，主张多数人福利行使之自治。

2. 吾人主张一种对外能与国权及其他自治权互相容纳之分散的自治。

3. 故吾人主张上下各级并行的自治。

三、自治法之性质

吾人于第一节既主张良好法律必须与社会生活有密切的关系，且须能适应其时其地之环境，而不必盲从他人在异时异地既经实行之成法成例。吾人在前节又主张一种自动的、民治的、分散的及各级并行的自治，故吾人确信欲求良好自治法必其能同时具有上述二种条件而后可。切实言之，自治法之内容必为与现实社会生活有密切的关系而又能实行以适应环境者而后可。若钞袭他人成法，恐不惟无益，而又实害之也。吾国之钞袭的共和，成绩具在，可覆验也。又自治法产生之发动，必本于其团体中多数人之意力而后可，否则虽有良法美意，亦徒为少数与实际不相干之人之玩弄之具，等于一纸空文而已。又自治法之性质必为互相容纳的、非排他的而后可，否则形成割据，不但对外族将因经济上及政治上无抵抗力而失其存在，即对内亦将因层层地方观念，如某属、某区、某路、某道等之竞争，驯至互相残杀、自取灭亡而后已。总而言之，吾人主张自治法必为致治之手段而非为攘权之目的而已。

四、省之性质及省自治组织法

省之性质为何，此实一争论最多之问题。吾人以为若从历史上之实迹观之，前清之省既无独立之财产及独立之机关，当然仅为一种行政区划。民国以来省议会时断时续，各省有权力者忽而称兵自主，忽而投诚受官，吾人殊苦无以为论断之根据，然从实际上言之，多数之省实等于封建时代时叛时服之诸侯所辖之区域，与吾人理想上所悬拟之地方自治团体固迥不相侔，即与联合国内之各邦亦殊不相同也。近今国内有识者所主张之联省自治之省，究竟系单一国内之地方自治体，仰系联合国内之邦，吾人亦苦难断言。关于国家与地方自治体之性质上之区别，从来议论纷歧，无有定所，吾人兹不暇一一征引，但就其中最有力之固有统治权说，即"将自己之固有统治权由下付上者为联合国内之邦，将他人之固有统治权由上承受者为单一国内之地方自治团体"之说，亦不能将二者之一切情形说明无憾。吾人平素主张国家与地方自治体，本无性质上之区别，仅有对外自主权（见后第二章）之分量上之区别：对外自主权少受限制，其活用范围甚宽者谓之国；反是，对外自主权多受限制，其活用范围甚狭者谓之地方自治团体。而吾人一方面又主张国权与地方自治权应行合理的分配，故省之性质如何之问题，在吾人之理论上殊不重要。吾人但当求省政治团体之根本的存在理由，果将安在，以为国权与省权间及省权与下级自治体政权间之合理的分配之标准而已。惟为行文方便计，吾人暂从通例，呼省为地方自治团体。

（一）省政治团体之根本的存在理由

省自治体之前身为省行政区划，前已言之，大抵国家之划分行政区域，非漫为之，必有政治上、军事上及经济上之各种理由以为根据，而尤于大行政区划如省者为然。此在各国无不皆然，而我国地方辽阔，此种理由尤为显著。试察我国行省现状，除少数省分间有不合理者，如皖南、皖北之同属于安徽，江南、江北之同属于江苏等例外，大抵莫不有其划分之理由也。各省在国权专制之时代尚各有其存在之理由，何况自治权与国权分离之时代，此其存在之理由必有更彰明较著者。依吾人所信，省自治组织之根本理由大抵可分为下列三种：

1. 风习上之理由　省与省之间风俗民情往往相差甚远，从司法行政及教化行政上言之，俱有不能不随时地之所宜，以决定应付方针之要。故关于此类事项，应由熟知本地民情、饶有利害关系之省地方人士自己主宰之，若由国家官吏以国家法律处之，则恐不免有削足适履之忧，必将蹈鲁莽疏忽之弊也。

2. 地宜上或经济上之理由　现代国民经济之要旨，一面固在使各种经济主体各牺牲其目前的部分之利益以为国民经济全体利益之助，一面亦须使国民经济团体内之各单位各因其地之所宜、性之所近而极力尽量发挥其经济的能率。而省与省之间土地异宜，天然异势，欲求其经济之发展，除国家一般的经济政策外，在一省内当然不能不有其特别的经济政策。然此种仅关于一省地方之经济政策，不但中央官吏往往视任所为传舍、为金窖，遇事不求甚解，且即令熟知利弊，然既无切己之利害关系，则恒不免有多一事不如少一事之倾向。故欲免此弊，亦非有省地方自治团体之组织不为功。

3. 其他政治上之一般的理由　普通一般政务范围，亦各有大小之别，县有仅关于县之政务，省有仅关于省之政务，国亦有仅关于国之政务。当此政务日趋复杂之日，使国家行政官专理国政事务，尚若不给，若更使兼理省事，其难得良好结果更何待言，而一方面若使下级自治体兼理之，则又苦财力人力之不足。故对此不得不另有一种地方团体之存在以专理之，前节论地方自治制之变迁时已详言之。

（二）省自治组织法之内容

省政治团体固具有特别的存在理由，而国家及一般下级地方自治体亦莫不各有其存在之理由，故省自治组织法上之规定，当以仅关于省政治团体之范围者为限。易词言之，即仅属于一下级地方团体之范围者，省政治团体不得越俎代庖，其必须国家的力量始能举行有效者，省政治团体亦不得引为己任，要当各受合理的权限分配而已。以吾人观之，现在必须国家的力量之事项，要不出乎关于社会政策、国民经济政策、外交政策、国防政策及现行条约关系等之事项，吾人不妨于将来国家之正式宪法中为列举之规定，而关于普通租税及法律，通常皆以属于中央之事项，则断然宜以之属于省自治体，方能得国费负担上之公平，而使法律为活法律。总而言之，中央与省要当各守其分，彼仅以改造必须由下至上为理由而主张极端扩大省权者，吾人不知其何以解下级地方自治体对于省自治体之关系；其仅以权力必须分散为理由者，吾人不知其何以行国民经济政策及国防政策之解释，盖国民经济政策及国防政策之本质上，皆以某种必要的牺牲为前提也。借曰国政范围内之官僚或政党已经腐败，不可救药，故不如另辟政治上之新径，然省民与国民同是一人，省政党或官僚与国家政党或官僚同是一丘之貉，而世人所主张之省自治组织案与现今国家组织又几乎出于同一模型，人物犹旧，而制度之根本未更，吾不知此种主张除借此为一人或一党攘夺权利外，在政治改进上果有若何之效果也。

（三）省自治组织法之要旨

总上所述，吾人确信：

1. 省自治组织法不当仅以政权之分离移转为目的，而当以政权行使之方法的改革为目的，即不当泛言自治，而当主张民治的及分散的自治。

2. 省自治组织法当以能适应目前之环境、合乎多数人之意力者为内容，而不当徒唱高调。

3. 省自治组织法必当立脚于统一的、民族的及民治的国家（非指现在之政府）之基础之上，从反面言之，即省自治组织法必须预想此种国家之存在或以促进此种国家为目的，因不如是，则不成为割据的自治，必陷于与徒拥共和虚名相同之大病也。

至于省自治组织法之具体的提案，吾人请于以下数章论之。

第二章　省公民及省公权

一、概说

通常国内外论国组织法或省组织法者，往往不将公权及公权享有人明白分析，以致一方面言主权属于国民或省民，一方面又主张限制选举或限制的普通选举（如单主张男子普通选举）；或一方面明明标题统治权之行使，而一面按其内容则对外行为、平等经济行为及代议行为（如预算之决议）等亦包含于其中一法之中，互相矛盾。不知论者果系概念之不明，仰系有意如此。惟吾人则以为此种论法于法理既绝不可通，而通常国政或自治政之腐败又往往原因于此，故特设此章以论之（但为减省篇幅计，略去国民及国权之说明，请读者类推之）。

二、省公民与省民之区别

省公民系指享有省公权之省民而言，省民系指服从于省公权之发动者而言，故省民之范围大于省公民，为省公民者虽同时皆为省民，而为省民者则不必皆为省公民也。此种界限即在完全实行普通选举之国亦有所不免，盖未成年者及精神缺损者，终不得为公民也，故通常所谓主权属于省民全体之语，在法理上完全错误，吾人以为宜矫正之。或有谓如此恐有伤非公民之省团体意识，即爱省心者，然此在理论上虽或所不免，而一二空言之慰借，究无补于事实，不如明白揭穿真相，或反有使一部分非公民之省民得奋勉努力，以求获得公权之效果也。

三、省公民之资格

从纯理上言之，自当以在省自治法施行区域内，营继续的普通生活之成年、无病之男女为省公民，始合于理，然从实际上言之，当今教育尚未普及，不识字者尚多，而大家族制尚通行各处，成年者之中游手好闲，为家庭内之寄生虫，对于公共团体生活毫不发生利害观念及自觉心者，恐尚占大多数，而尤以妇人为甚。似此情形，不但难于实行普通选举，即勉强行之亦恐弊多利少，故吾人主张取渐进确进之主义，目前仍须有财产上、教育上及职业上之限制，以后视社会之变迁如何逐渐撤去。盖因吾人主张权利之反面，即有实行权利之义务之存在，凡不能尽其义务者当然不能享受权利也。

四、公权之意义

"公权"二字，因论者对于国家或公共团体之观念各有不同，故意义颇为纷淆。通说皆以指团员对于团体之参政权，此虽不能谓误，然吾人以为"公权"二字，应直接地从团体方面解释为公共团体所有一切之权力及权利，而团员则以公民之资格间接享有此种权力及权利，因不如是，则不能说明公共团体之团体的性质，而所谓主权之归属及统治权之行使亦必如是始能联络也。

五、公权之合理的分类

公共团体所有一切之权力及权利，通常分为主权及统治权，后者复分为立法权、行政权及司法权三者。主权之意义空漠不定，以指对于团体之物主权者有之，然团体之构成分子明明以人为主，对人而曰物主，理殊不通；次以指对于团体员之无限制的最高权者有之，然如此，则主权与统治权将无区别；再次以指外之自主权者亦有之，然又与通常所谓"主权属于人民"之意不合；更次以指吾人所谓公权者亦有之，然又与通常所谓"侵害某某团体主权"之意不合。吾人确信"主权"二字，意义既不一定在团体组织法上，务以不用为妥。统治权分为三种本无不可，惟通常所谓统治权之内容恒含有非统治权在内。例如团体之经济行为、外交行为及对外军备行为，明明无统治之性质，而以入于统治权中之行政权之内；又如预算及其他各种决议案、同意案及条约批准案等，明明非统治行为而又不属于立法行为，然以入于立法权之内；皆其明证也。故通说对于统治权之区分亦不合理，吾人以为公权之种类若从其各个之性质察之，宜分如下，方为合理：

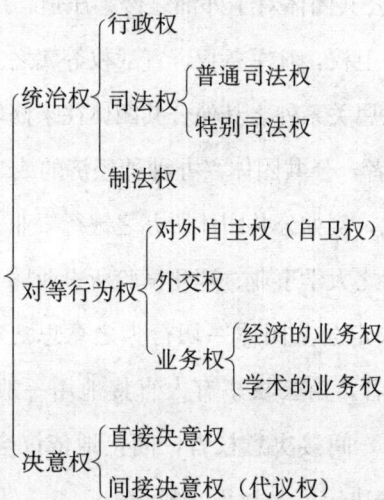

```
        ┌ 行政权
        │        ┌ 普通司法权
统治权 ─┤ 司法权 ┤
        │        └ 特别司法权
        └ 制法权

          ┌ 对外自主权（自卫权）
          │
对等行为权 ┤ 外交权
          │         ┌ 经济的业务权
          └ 业务权 ─┤
                    └ 学术的业务权

        ┌ 直接决意权
决意权 ─┤
        └ 间接决意权（代议权）
```

以上为公权之组织，试简单地、通俗地略述其意于下：

统治权者，以对于团体内团员之统治，即强制的支配为目的之权也。中央行政权、司法权及制法权三者，此三者之意义通常虽有形式的及实质的区别，吾人以为宜从实质上以为区别。行政权者，在法规未被侵犯之时，根据法规处理具体的事件之权也。行政机关有时虽有制定法规或即决行政犯之举，然此乃受特别委任时之行为，与其通常之性质无关；司法权者，在法规已被侵犯或有其嫌疑时，及法规侵犯与否之问题繁争时，根据法规处理具体的事件之权也。司法机关有时虽含有制定内部规则及处理关于司法部分之行政之事，然亦属于特别行为，故与其本性无关；制法权者，编制抽象的法规之权也。法规之编制与法规之决定宜为两事，前者系就法规之纯理的构造而言，后者系就法规之事实的需要而言，亦犹预算案之编制与预算案之决定，一言设计的方面，一言需要的方面也。

对等行为权者，公共团体对于团体内外遂行对等的行为之权也，中分为三：（一）公共团体对于外部之侵害压迫，用武力排斥拒绝之权也，亦可谓之自卫权，凡军备权、宣战权等属之。（二）外交权者，公共团体对于有隶属关系外之其他公共团体往来修好、缔结条约之权也。（三）业务权者，公共团体兴办种种经济的或学术的事业，遂行对等的业务之权也，例如公共团体所办之银行事业、交通事业属于前者，公共团体所营之大学事业、理化试验所事业属于后者是也。

决意权者，决定公共团体一切行为之意思之权也，中分为二：（一）直接决意权者，由公权享有人直接地用一般票决法决定行为意思之权也。（二）间接决意权者，间接地依议会组织之方法，由公权享有人之代表决定行为意思之权也。

六、省公权之合理的分类

省为公共团体之一种，故省公权之分类亦当然应如上节所述，特省自治体之上尚有范围较大之国家，故有时为国民经济政策、社会政策及国防政策计，不能不委任其公权之一部分于国家也。

第三章　省公权行使之方法及机关

一、省公权行使之性质

省公权行使之性质，在理与普通公权行使之性质相同，可分为任意的行使及强制的行使二者：前者如通常选举议员，任由有权者行使或抛弃选举权是；后者如以某种制裁强制有权者实行选举权是。从来学者恒以为权利之性质不便强制，故多主张前说。然近日社会目的法说盛行，则谓权利之行使，必与一种不得不为社会行使之义务相伴。盖法律对于某人格者承认其有某种权利，非仅因其为某种权原，得行使权利而然，而兼因其人格者能行使其权利以增进社会生活的价值也。切实言之，即法律之承认人格者之权利，非仅以保障天赋人权为原则，而实兼以维持社会生活为原则，故个人之正当的权原，固当尊重，而对于社会之密切作用，亦不可忽视。有正当权原而不能行使权利，固不可；能行使权利，而不行使，亦不可也。依此理由，吾人确信公权之行使，以定为强制的为合理。

二、省公权行使之方法

省公民行使公权之方法，亦与普通公权行使之方法相同，可分二种：（一）直接行使，即公民对于各种公权之行使，不经他种机关直接地决定意思之法也。（二）间接行使，即公民对于公权之行使，不直接地自己决定意思，而使其选举之他种机关间接地决定意思之法也。前者亦称为直接民主制，后者亦称为代议制，二者优劣互见，前者虽合于纯理，而后者则较适于实际之应用，前者固有难于实行之弊，而后者亦不无使少数官僚政党及资产富裕阶级垄断政权以便私图之弊，以故遂有二法并用之折衷制发生。

三、直接制与代议制兼用之方法

直接制与代议制兼用法者，即一面对于充当政权行使之上级机关之人，如行政部长及司法院长之任命，或对于特别重大之行为，如改订根本法、缔结讲和条约等，依直接投票之方法直接地由公民决定意思；一面对于通常政权之行使，则间接地使代议机关决定公团体意思之方法也。

此法能取上二法之长而去其短，自较二法为有价值，然犹不能无弊。盖直接投票之法，在今日之交通状况上，毕竟劳费多而功用少，万难频仍使用；而今日所谓立法机关，合代议权及立法权于一手，权力过重，往往易为金钱势力所觊觎、所左右、所诱惑，纵有议员招回权之规定，亦将不胜其弊也。然则如何而可？吾人以为今日之弊，由于直接或间接之行使制度者半，由于各种公权往往集中于一处之故者亦半，故欲求其弊，一面固当用直接制与代议制兼用之方法，一面又当依公权之合理的分类，合理的分配性质相异之公权于各异之机关而后可。

四、今日各种公权混合之弊及其救济法

今日普通之学说为三权分立，其实多数公共团体因行政党政治之结果，早已名不副实，假令三权真能分立，而其他各权之混合，亦恒足为近代立宪政治失败之原因。例如行政权之中含有对外自主权，实为多数非国民的战争或内乱发生之根原，行政权之中含有外交权，亦为多数卖国行为或利用外交权以获得国内政权之行为之根原，而行政权之中含有业务权，尤为近世官僚或政党借公营私暨沮害学术自由的进步之主因。在我国司法及会计法规未能确行之处，弊乃益甚。试观中央及各省之现状，一为握有经济的支配权之行政大官，则私产必骤增至数十百万元，此非必由于纳赂收贿，抑经济行政权与经济业务权集于同一机关有以致之也。假令财政部与代理金库之银行，或交通部与经营业务之路局全然分离，吾人必且见后此财政、交通当局之罪恶较以前为小也；次如制法权与代议权相合，则公共团体之法律终鲜进步，改良之望因不但当议员者多乏缺制法的技术及学识，且议会亦往往因预算案及其他对行政机关决议案、弹劾案等之故，费去全副精神，更无余力以详细讨论法律案也；更次如最高司法官或司法的行政官由行政首长任命，亦恒有不能确保司法权独立之虞，因行政首长大权在握，事实上固可设种种方法以侵害司法，虽有任期终身等法之保障，而终亦不免徒成具文也。欲除以上诸弊，惟有依公权之合理的分类，分散各种公权于各异之机关一法。

五、省公权行使机关之组织

既分散各种公权于各异之机关，则次当研究者为各种机关若何组织之问题，关于公权行使机关之组织，大别有三制：（一）为完全单独制，即以单独之个人充任其机关之责任人，使对于任命人单独负完全责任之制也。（二）为特别单独制，即根本上虽系单独之个人负完全责任，而枝叶上则采用内阁阁员副署法，使他人联带负责之制也。（三）为合议制，即以多数之个人充当其机关之责任人，使其联成一体而对任命人负完全责任之制是也。以上三制各有短长，吾人以为不宜偏重，而当视其机关所掌职权性质如何，分别定之如下：

1. 行政权行使机关　完全单独制。公民直选省长一人，因行政事务贵责任专一，贵敏捷从事。

2. 司法权行使机关　（甲）普通司法机关为完全单独制，公民直选司法院长一人，理由同上；（乙）特别司法机关，如财政的司法、行政的司法及军事的司法机关，为特别单独制，公民直选各委员长一人，委员长得议会同意，任命委员各若干人，因贵审慎。

3. 制法权行使机关　特别单独制。公民直选委员长一人，委员长得议会同意，任命委员若干人，因贵审慎，且贵富于制法的学识及技术之人。

4. 对外自主权行使机关　特别单独制。公民直选委员长一人，委员长得议会同意，任命委员若干人，因贵审慎。

5. 外交权行使机关　特别单独制。由公民直选委员长一人，委员长得议会同意，任命委员若干人，因贵审慎。

6. 业务权　（甲）经济的业务权行使机关为合议制，公民直选委员若干人，由委员互选委员长一人，因事关重要，且贵审慎；（乙）学术的业务权行使机关为完全单独制，由议会选院长一人，因贵得专门家，且贵能使其自由地发挥研究。

7. 直接决意权　此当由公民全体合一行使。

8. 间接决意权（代议权）　行使机关为合议制，公民直选议员若干人，议员互选议长一人。

六、各机关权限及相互关系

此项散见后拟《四川省自治组织法案》各条之下，为免重复计兹不具。

第四章　省施政大纲

省自治组织法中除上述关于组织及权限之外，尚须规定省自治权施政方针之大纲，例如关于教育政策、社会政策、经济政策、财政政策及军事政策等，为省公民认为省自治根本方针不宜轻易变更者，皆当规定于组织法中，以免政治方针恒因见当多数党之变动而生影响，此种施政大纲当然依省之实在需要而定，故兹不作空论。

第五章　省公权与省民私权之界限

省民之中既有省公民与非公民之别，则公权与省民私权之间难免不有利害之冲突，盖不但非公民之省民因无行使省公权之权利，有受省公权之不当的压迫之虞，即一般公民亦难免因多数党之跋扈，受省公权之不当的支配之恐，故省自治组织法中不能不将省公权与省民私权之界限规定之。此等规定应以社会生活之原理为基础，易词言之，即一面当谋个人自由之发展，一面当图社会连带生活之改进，二者并重不可偏向。此等规定与通常所谓人民权利义务规定之一部分相当，惟通常所谓人民权利义务之规定，包含公民权即所谓政治权在内，于理已不可通；而权利与义务分条并举，如一面规定财产所有权之保障，一面又规定纳税之义务，在今日观之，实属滑稽至极。盖此等规定本为从前立宪运动时代对于承认君主统治权之一种交换条件的规定，今日民治主义盛行，公权概归公民自己行使，此等独立条文之义务规定毫不见其必要，若必详为规定，则当此权利与义务相伴之时代恐将不胜其烦也。近有变本加厉以互相社会公益之义务加入此规定者，则不但误解此种规定之作用，且混道德的义务与法律的义务而为一矣。至于请求工作权及劳动全收权，本为社会主义者之主张，与经济的自由权之精神显相违背，而亦同时规定之，论理实有矛盾之处，不知当世识者何以多承认之，殊费了解。吾人以为纵有采用社会主义之精神之要，亦当规定之于施政大纲之处，盖苟非实行社会主义之国，则劳工阶级万无获得如

斯权利之理，而普通一国家亦断无肆应此种权利之权力也。关于省公权与省民私权之界限，为避烦计，兹不逐件列举，吾人关于此点之主张详见后拟《四川省自治组织案》第七章，请参观。

本论所主张之省自治团体之组织，若以表式解之，当如下表：

主體	省自治團體
構成分子	省民
享權者之種類	非公民 ／ 公民
權利之種類	省民私權 ／ 省公權
公權之種類	決意權 ／ 對於行為權 ／ 統治權
公權之第二次分類	間接決意權·直接決意權 ／ 業務權·外交權·對外自主權 ／ 制法權·司法權·行政權
公權之第三次分類	間接決意權（代議權）·直接決意權 ／ 經濟的業務權·學術的業務權·外交權·對外自主權 ／ 制法權·軍事的司法權·行政的司法權·普通的司法權·行政權
使之行各種公權之機關	省議會 ／ 學術院長·經濟院長·外事委員會·省防軍事委員會 ／ 制法委員會·軍事裁判委員會·平政委員會·審計委員會·司法院長·省長
各種機關之性質	合議制 ／ 完全單獨制·合議制·特別單獨制·特別單獨制 ／ 特別單獨制·特別單獨制·特別單獨制·完全單獨制·完全單獨制
各種機關產生之方法	公民民選 ／ 議會選舉·公民直選·委員長由公民直選·委員由委員長選任 ／ 將議會同意委任·委員長由公民直選·委員由委員長選任·公民直選
各種機關之權限	代決及監督權 ／ 專門學術機關·經濟的企業及預算監督金庫 ／ 對外事件·軍政軍令軍略·編制法規·軍事裁判·行政裁判及權限爭議·審計·一般司法·一般行政
各機關施政之大綱	（略）
公權行使之界限	省公權與省民私權之界限

193

附：《四川省自治组织法案》

第一章

第一条 四川省自治团体为中华民国最高级自治团体之一，在与将来经本自治团体参加制作并经省公民直接投票批准之中华民国正式宪法及现行对外国条约关系不相抵触之范围内行使省自治公权。

四川省自治团体在上项正式宪法发生效力以前及以后，有代办关于本省自治区域之一般国政事务之权利及义务。

（说明）此条表明四川省自治团体，虽承认为中华民国之最高级自治团体，然因《约法》久已横遭破坏，南北政府及国会俱不合法，故既不赞成空言的护法说，亦不盲从苟且弥缝的统一论，第二项表明不欲多数国家行政官驻在省自治区域之内。

第二条 四川省自治公权行使之地域以现行中华民国之四川省行政区划为范围，但其他地方欲并入本自治团体或本自治团体内之一部，地方欲脱离本自治团体者，经本自治团体认为有正当理由，依法定修改组织法之程序正式批准并经该地方之住民投票多数可决后得任其加入或脱离。

（说明）此条表明省自治团体之区域当以其存在理由为标准。

第三条 四川省自治公权分为统治权、对等行为权及决意权，由省公民依本法之规定直接或间接行使之。

（说明）理由见本论。

第四条　省公民关于选举及其他事项之一般投票，俱采强制的、直接的、平等的及秘密的主义。前项一般投票不设法定充足人数，用绝对多数主义决之可否，同数时用抽签法决之，一般投票以由各投票区内之教育、农、工、商各法定职业团体及除官吏、教员外之各法定自由职业团体之联合会，各举代表二人组织而成之投票监视委员会，会同自治省司法机关监视之。

一般投票施行法及职业团体组织法另定之。

（说明）强制的与秘密的（不记名的）若用另行签到之法可以并行不悖，二项为强制的投票之当然的结果。职业团体不易沾染政治色彩，故最适于监视之任。

第二章　省公民

第五条　凡依四川省籍法取得本省省籍而年满二十一岁以上之男子及女子，于本省自制区域内有住所或继续一年以上有居所且具下列条件之一者，有为本自治省公民之权利及义务：

一　国民小学校以上毕业者；

二　年纳直接税二元以上或有价值五百元以上之不动产者；

三　经法定职业团体证明确有一定之职业者。

（说明）吾人主张强迫的投票，故公民之权利必与义务相伴。

第六条　下列事情之一各为消灭第五条之权利及免除同条义务之原因：

一　被处褫夺公权之刑者；

二　有精神病者；

三　不识中国字者。

第七条　下列事情之一各为停止第五条权利及义务之原因：

一　故意违背公民之义务确有证据者；

二　现服连长以下之军事的役务者。

（说明）连长以下之军役大抵属于操练技术之方面，应严守军规专心训练，故宜停止第五条之权利及义务。

第八条　公民有下列之权利：

一　选举投票或一般投票权；

二　一时或连续充当省自治团体内之服务员之权；

三　撤回所选服务员之权；

四　发案权须有公民五万人以上之连署。

第九条　省公民有下列之义务：

一　选举投票或一般投票义务；

二　一时或连续充当被选服务员之义务。

第三章　统治权及统治机关

第十条　四川自治省统治权分为行政权、司法权及制法权，三者分别由行政机关、司法机关及制法机关行使之。

第一款　行政机关

第十一条　省长为四川自治省最高行政机关，由本省公民全体选任之，任期三年。

充当省长者之资格依一般服务员任用法定之。

第十二条　除依本法付与其他机关外，一般对内行政皆属省长之权责。

第十三条　省长为行使其权责得依本省法律，任免所属服务员、发布命令及制定行政条例。

第十四条　省长得依本省法律会同省防军事委员会宣告戒严，但本省议会决议认为无此种必要时应即会同宣告解严。

第十五条　省长为维持公安、防御非常灾变得负完全责任，发布急紧命令，遇必要时并得请求省防军事委员会使用省防军队。

前项责任于得议会追认时解除之。

第十六条　省公民行使发案权对于一定事项要求付省公民一般投票解决时，省长应即施行一般投票。

第十七条　省长代理人以被代省长当选时之得票次多数者充之。

省长代理人之任期与省长同。

第十八条　省长缺员时省长代理人应负完全责任，代行省长之职务至被代省长任期终了时为止。

省长因故不能执行职务时，省长代理人应负完全责任，代行省长之职务至省长复任之日为止。

省长代理人亦缺员或离职时，以由省议会临时选举之省长暂代人负完全责任，代行省长之职务，其任期适用前条第一及第二两项。

第二款　司法机关

第一节　司法院长

第十九条　司法院长为四川自治省最高普通司法机关，由本省公民全体选任之，任期五年，充当司法院长者之资格依一般司法员任用法定之。

第二十条　司法院长总揽本自治省区内之普通司法权及关于普通司法之行政权。

第二十一条　司法院长为行使其职务得依本省法律，任免所属各级司法员及服务员。

第二十二条　司法院长于必要时得依本省法律，会同行政机关使用警察权。

第二十三条　司法院长缺员时应由在省城之次高级法厅厅长负完全责任，代行司法院长之职务。

以次任司法院长依法当选就任之日为止。

第二节　审计委员会

第二十四条　审计委员会由委员长一人、委员六人组织之。

充当审计委员长及委员者之资格以一般服务员任用法定之。

第二十五条　审计委员会委员长由本省公民全体选任之，任期五年，委员由委员长得省议会同意任免之。

第二十六条　审计委员会有按照预算及法律，随时检察本省各机关会计审定事实及法律上之适合之权。

第二十七条　本省各权最高机关关于所属之会计，对于审计委员会负完全责任。

第二十八条　审计委员会应于会计年度终了六个月内，根据各最高机关之决算书编制本省部决算案，交由省长公布之。

（说明）本法采审计独立主义，故决算案不必经省议会审查。

第二十九条　审计委员长缺员时由委员中互选一人代行委员长之职权，以继任补缺委员长选出就任时为止，补缺选举由省长负责，于缺员后三个月内举行之。

第三节　平政委员会

第三十条　平政委员会由委员长一人、委员四人组织之。

充当平政委员长及委员者之资格依一般司法员任用法定之。

第三十一条　平政委员会委员长及委员之选任准用第二十五条。

第三十二条　下列各项属于平政委员会之权责：

一　裁决行政诉讼；

二　裁决权限争议；

三　决定除本法有明文外一般服务员之惩戒。

第三十三条　本省各权最高机关对于平政委员会负服从及执行之责任。

第三十四条　平政委员长缺员时准用第二十九条。

第四节　军事裁判委员会

第三十五条　军事裁判委员会由委员长一人、委员四人组织之。

充当军事委员会委员长及委员者之资格依一般军事服务员法定之。

第三十六条　军事裁判委员会委员长及委员之选任准用第二十五条。

第三十七条　军事裁判委员会检查及判决一切军规、军法上之犯罪及对于军人之公诉及诉讼。

第三十八条　军事裁判委员会为行使其职权得向省防军事机关要求宪兵队之助力。

第三十九条　军事裁判委员会之判决交由省防军事委员会执行。

第四十条　军事裁判委员会委员长缺员时准用第二十九条。

第三款　制法机关

第四十一条　制法委员会由委员长一人、委员三十人组织之。

充当制法委员会委员长及委员者之资格依制法委员会服务员任用法定之。

第四十二条　制法委员会委员长及委员之选任准用第二十五条。

第四十三条　除依省法律委托于其他机关者外，一切法制条规之编制为制法委员会之权责。

第四十四条　除制法委员会得自行发动编制法案外，各权最高机关提出意见书，请求制法委员会编制或修正法规时，制法委员会应即着手编制。

公民行使发案权请求制法时准用前项规定。

第四十五条　制法委员会将编成之法案提出省议会，省议会应就其法律之设定，作可否法案全部之议决，不得修改。

省议会因内容上之理由，将提出法案交制法委员会修订时，制法委员会不得拒绝。

省议会因内容上之理由，将二次提出法案复交制法委员会修订时，制法委员会若认为适当，应即订正三次提出省议会；若认为不适当，得交省长付公民一般票决，定其成立与不成立。

省议会对于第三次提出省议会之订正案负可决之责。

第四十六条　各种法律案经下列程序成立后交由省长公布之：

一　普通法案之成立依第四十五条之程序；

二　公用征收法、产业公有法、专卖法及戒严法等于省议会议决后公告三个月，间期满仍无公民发案反对，请求付公民一般投票时成立；

三　本省自治组织法修正案于经公民一般投票可决时成立。

第四十七条　制法委员会委员长缺员时准用第二十九条。

第四章　对等行为权及其行使机关

第四十八条　四川自治省对等行为权分为对外自主权、外交权及业务权，三者分别由对外自主机关、外交机关及业务机关行使之。

第一款　对外自主机关

第四十九条　省防军事委员会由委员长一人及委员六人组织之。

充当军事委员会委员长及委员者之资格依一般军事服务员法定之。

第五十条　省防军事委员会委员长由本省公民全体选任之，任期三年，委员由委员长得省议会同意任之。

第五十一条　属于省防军事委员会之权责，包含本省军令、军政、军略各项。

第五十二条　省防军事委员会发布动员令及任免省防军最上级

服务员时，须得省议会之同意。

第五十三条　省防军事委员会委员长缺员时准用第二十九条。

第二款　外交机关

第五十四条　外事委员会由委员长一人，委员四人组织之。

充当外事委员会委员长及委员者之资格依一般服务员任用法定之。

第五十五条　外事委员会委员长及委员之选任准用第五十条。

第五十六条　一切对省外交涉及相关之外务行政，皆属于外事委员会之权责。

第五十七条　一切对外合同协约除关于本组织法之内容必须得省公民一般投票可决者外，必得省议会之同意，始能发生效力。

第五十八条　外事委员会委员长缺员时准用第二十九条。

第三款　业务机关

第一节　经济委员会

第五十九条　经济委员会由委员七人组织之，充当经济委员会委员者之资格依一般服务员任用法定之。

第六十条　经济委员会委员由省公民全体选任之，由委员互选一人为委员长，任期各三年。

第六十一条　下列各项属于经济委员之权责：

一　管理一切省公有财产；

二　管理一切省公有企业；

三　管理除租税行政外之一切对本省机关之财务行政。

第六十二条　关于经济行政及租税行政之法案，制法委员会须先得经济委员会之同意，始得提出省议会。

第六十三条　经济委员会任免省财产管理局局长、本省各公营企业局局长及省总金库长时，须得省议会之同意。

第六十四条　经济委员有依会计法于每会计年度开始前根据各权最高机关移付之预算书编制全省总预算案，提出省议会之权责，其详细依省会计法定之。

第六十五条　经济委员会委员缺员时应由省长于三个月内行补缺选举。

第二节　学术院长

第六十六条　学术院长由省议会选举之，任期五年，充当学术院长者之资格依学术院服务员任用法定之。

第六十七条　学术院长有管理省立专门学问技术机关之事业之权责，对于省议会负完全责任。

第五章　决意权及其行使机关

第六十八条　四川自治省决意权分为直接决意权及间接决意权，依下二款之规定之机关行使之。

第一款　直接决意权行使机关

第六十九条　四川自治省直接决意权依本省公民全体投票会行使之。

第七十条　直接决意权之范围，依本组织法之规定。

第二款　间接决意权行使机关

第七十一条　四川自治省间接决意权由省议会行使之。

第七十二条　四川自治省议会以按每五万公民选举一人之比

例，分区由本省公民全体选举之当选议员全体组织之。省议员任期三年，省议会选举法、召集法及议事法等另以省法律定之。

第七十三条　省议会有下列之权责：

一　依本组织法之规定选任或同意自治省服务员；

二　依会计法议决全省总预算案；

三　依本组织法之规定议决法律案；

四　受省民之请愿。

第七十四条　省议会有下列之权限：

一　对于各权最高机关之建议；

二　对于各权最高机关之质问；

三　对于各权最高机关之弹劾；

四　对于各权最高机关之不信任决议。

第七十五条　前条权限之执行须依次序。

省议会通过不信任投票时，同时应将系争事件交由省长付公民一般票决。

前项一般投票之结果若对于议会有利时，系争事件所属之最高机关应即退职；若对于省议会无利时，省议会应自行解散。

第七十六条　省议会议员各有下列之权利：

一　议员在议会内之言论及表决对于院外不负责任；

二　议员在开会期间非现行犯不得逮捕。

第七十七条　省议会议员各有下列之义务：

一　依省议会议中法入场议事；

二　原选举区公民通过招回议员案时应即退职。

第七十八条　省议会议员之岁费，依一般服务员俸给法定之。

第六章　施政大纲

第七十九条　中华民国正式宪法会议时应由本省各权最高机关各出代表一人合组委员会,更由委员会互选委员会代表参加会议。

第八十条　本省下级地方自治制度应采县及乡镇二级制,其详细以省法律定之。

第八十一条　本省租税收入除盐税及重庆、万县二海关收入划作国税外,一切俱作省自治团体之收入,并克期减少间接税而以公营企业收入代之。

第八十二条　普通司法制度采取三级制,以省司法院为最后审之机关,并克期实行陪审制。

第八十三条　本省一般服务员除有特别规定者外,对于其所行行为须负民法上、刑法上及服务法上之责任。

第八十四条　关于本省省防军应克期裁并省防上过多之名额,以其所节减之经费筹办强迫教育及实业教育。

第七章　省公权与省民私权之界限

第八十五条　依四川自治省省籍法取得四川省籍者为四川省民。

第八十六条　四川省民有主张省法律之权利及服从省法律之义务。

第八十七条　四川省公权惟在不侵害下列省民私权之范围内,

得为正当的行使：

一　身体自由权，但刑事的现行犯之时及处刑期间不在此限；

二　通信自由及移住自由权，但戒严期间不在此限；

三　言论出版、结社及集会自由权，但戒严期间不在此限；

四　财产利用自由权，但依公用征收及公用限制法时不在此限。

第八十八条　前条各款省民私权被侵害时，省民得行使下列各种救济权：

一　出庭状请求权；

二　诉愿权；

三　行政诉讼权；

四　对于省议会之请愿权。

第八章　本法之经过及施行

第八十九条　本法之效力于由每县议会各举代表一人、省议会举十五人、省防军各司令合举五人之四川省组织法会议可决，经各该团体公布之日开始发生。

第九十条　本法各权机关限于四个月内组织成立，未成立以前暂由前条所述之省组织法会议选举临时省长一人，组织临时行政机关，按照本法第四条及第五条之精神办理选举事务，并暂以现行省议会选举区为选举区，临时省长之任期以正式省长就任之日为止。

第九十一条　前述之选举应暂以由各选举区内之各县教育会及商会各举五人合组而成之选举监视会监视之。

第九十二条　各正式机关成立以前，暂由现在之司法、立法及军事各机关根据现行法律维持公共秩序。

第九十三条　各种四川自治省法律未经公布以前，现行各种法律依然继续有效，现行法未有规定者暂按照本组织法之精神斟酌办理。

第九十四条　各种服务员制及任用法未定以前，暂不限人数、不拘资格。

第九十五条　本省会计法规未制定以前，暂由经济委员会得省议会同意制定会计条例施行之。

中国的劳工状况与各国的劳动组织之比较观①

一

为什么把这个问题，拿来做现代政治底讲演？简单的先回答一句：因劳工问题，到现在决不是仅仅经济的和社会的问题，乃已经变成政治上的问题了。

政治底趋势，有四个阶级：一、官治，二、法治，三、民治，四、自治。最初时一般人对国家的观念，没有法律的性质；设官治民，治者与被治者间，完全是权力作用。后来设下一个标准，使上下共守之为一切行为底规范，于是政治底趋势，由"官治"而到"法治"。后来"人权天赋""自由平等"种种底学说倡行，都说人为政治的动物，无论谁都该有参政底天责。于是政治底趋势，复由"法治"而到"民治"，将来—至近—又要进到"自治"。就一般观察，我们既不能不承认现代各国的政治，为民治的成熟时期，则就

① 陈启修讲，吴载盛记，选自《评论之评论》1921 年 3 月 20 日第 1 卷第 2 号"现代政治讲演录"，第 51～71 页。——编者

不能不承认劳工问题是政治的问题。因为劳工虽被视为第四级底贱民（Proletariat），但在民治主义下面，人数最多，当然在政治上，占有极大的势力，渐渐地必会变成政治中心的。看俄国近来政情，简直已酿成第四级的专制政府了！盖现在劳动界所争的不仅仅是自身生活问题，是想支配各机关的问题。老实说：要管理国家底组织问题。他们相信政治苟许生产者来支配，可以打破向来所有以不生产而组织的一种恶劣政府。要之，无论如何，劳工级为将来构成政治底主要素，仿佛似无须疑了！

现在中国的劳工问题，还是经济的和社会的问题。但是这个时间，恐怕狠短促，不久怕要成为政治的问题了！我们观察中国的劳工问题，所以有这种神速的趋势：第一，因为劳动思潮由各方面逐渐输入，劳动界的思想觉悟，对于现政治发生种种不满意的地方。第二，因为国内资本的势力渐增，依资本主义底结果，"穷者愈穷而富者愈富"，使劳动问题从社会的、经济的，而变为政治的。比方有一位大实业家出来放肆经营，则一部分人固然得到他的惠赐，而定有他部分人遭受巨大的损失。盖散漫的小资本，都为大资本家所吸收，因之大资本家愈大，而劳动级数目愈多，生活也愈难。所以资本主义发达之他方面，就是无产级人数的增多。此按诸各国，莫不都然，而中国自然也在类一之例。中产阶级比较地都是有知识、思想的。在未有资本主义以前，这种人尚有出头的希望，既有了资本主义，就没有发财底机会，到后来必定变为"无产级"。无产级既参加知识阶级，其觉悟，必定狠快，所以劳工这个问题，在政治上必会占个重要位置。所以我们不妨断定说：中国将来不久必把"劳工问题"当做"政治问题"。

再从他方面说：中国现在国内的资本主义，虽没有十分旺盛，但就中国的全体为对外的观察，总觉得狠危险。中国只有"人力"和"物料"，却没有谁能把"人力"和"物料"来结合做一种"新的东西"，动着就要仗赖西洋人，渐渐地要被国外资本家征服。看这种形状我中国将变为外国资本家的投资地，则因经济的致命以至于政治的致命，势必以至不可救药。幸而不然，则中国也不过始终是"本国劳工仰给于外国资本家的国家"，是"国外资本家出钱，本国劳动者为机械的运动的国家"！所以中国今日留心政治的人第一个重要问题，是把中国的劳动界应该怎样对付。

二

以上我说明"劳工问题"做"政治讲演"底理由，以下就要说到本题上。

劳工问题，在各国经济史上看来，一方面有个共同的趋向。譬如由手工业时代，到了机械工业时代；企业者就由此产出，工人也由此变为纯粹的做工人，资本主义也就跟着机械工业发达底结果而一声报到哩。产业组织和产业底大小有无，大概可以说有下面所列的关系：

1. 手工业时代 …………………………… 中产级人数多

2. 机械工业发达时代 …………………… 少产级人数多

3. 资本主义发达时代 …………………… 半劳动者多

4. 资本主义最发达时代 ………………… 无产级人数多

以上这种共同的趋势，原为共同的问题，然而同时各国劳工又有特殊的问题，各在各的方面。各国的风俗习惯既不同，所以各国的国民性情也不一样。你看同是劳动党，为什么在德国是社会民主党，在俄国是共产党，在英国是自助主义者，在法国是工团主义者？盖一种主义，一接触那特殊的空气，不免要溶解同化，而变成一种"特性化的"东西。如此，则劳动问题，除掉共同问题外，还有特殊的情形。所以我们研究中国的劳动问题也就可以两方面观察：

　　1. 从共同的方面

　　2. 从特殊的方面

　　从共同的方面我们研究各国劳工问题底大势，能得到一般的倾向。从特殊方面，我们只就中国里面研究，能知道中国劳工特殊的情形。虽然，把各国的劳工问题，都来详细解说，则谈不胜谈，我们也缺少这多时光。所以我择其根本问题，即劳工组织底问题来解说。但是中国劳工现在仅有小组织没有大组织，严格说来还没有组织。所以关于中国劳工方面所说的，不必尽关组织，而关于普通状况的也很多。

三

　　关于劳动界的知识，不但我们素日距离较远的人，所知很少，就是他们自身也都莫明其妙。《新青年》杂志曾出一期"劳动号"①，都是文人客观的著作，内容也不过关于一部分的短记小载，并没有长篇累牍的统系叙述。则研究劳动问题的人，对劳动界也没有多大的知识，可知找这种材料底困难了！虽然，是有原因的：

1. 向来中国人研究经济学的很少，因之研究劳工的人也很少。研究既少，自然著作也少了。

2. 中国读书人，向来轻视劳工，不但绝少机会接触，而且大有"不屑道及"的意思。因而劳动级和知识级，像隔了几重铜壁一样。知识级既没有著作，而劳动级又始终闭塞，没能表示。

我们现在不过从杂志和报章得一点儿材料，自己早明白这一点知识，是很不完全和真实的。但我总要拿来说说，一则是"聊胜于无"底意思，一则希望引起一般人的兴味，来共同研究。

A　劳工底种类

（a）奴隶的劳工

解放奴隶，固然是世界各国共同的新趋向。但有种劳工，法律上虽不认为奴隶，而实际上却一点儿不差。这种奴隶，却有二种限制：（1）限于家庭的劳工，（2）限于前半生底历程。这也是中国现代奴隶的劳工的特色。略举几种：

1. 使女　完全受主人的命令而动，决没有丝毫自主底能力，

---

① 当指《新青年》1920 年 5 月 1 日第 7 卷第 6 号"劳动节纪念号"。——编者

所以为奴隶性。然到后来颇有出头底机会。

2. 幼伶　用金钱购来居大多数，一方面演戏，而一方面又要给其师傅服务，甚至所得薪资有时也供其师傅挥霍。

3. 娼妓　自己愿意做娼妓也许有，恐怕是少数。而大半娼妓则由经济的和他种不得已的逼迫所致。要之都丧失人格，剥去自由，不是"人"，简直是种"机械"。

4. 艺徒　师傅教徒弟以艺术，而不免摆出神气十足的长辈架子，勒令艺徒做无报酬的工作，所以也是奴隶的劳工底一种。不过这种艺徒到后来自能出头。

（b）自由的劳工

可分开来说：

1. 农业劳工

甲　小农　是用自己的"小资本"和"劳力"，去耕种自己的"田地"。一人而兼有地主的、企业的和劳动的三种物质。

乙　佃户　是用自己"小资本"和"劳力"去租田耕种——种他人的田地——所以兼"劳工"和"企业"的两种性质。

丙　苦工　一点儿没有什么"资本"和"企业"，全是"卖力做工"，像机器一样。

2. 手工业劳工

甲　家庭手工业劳工　比方自家织麻纺线供自家底用，或屋漏就盖屋，壁破便补壁，是在自己家里做些自己家需要的零碎的工作。这种劳工，现已逐渐减少，然在乡僻地方，还多见闻。

乙　手工业劳工　一面做劳工，他方面又为营业者。像瓦匠、木匠等，被人雇去做工，有时向人家包工，有时在家里做些东西出售。

丙　家内手工业劳工　在自己家里替别人做生活。像妇女受企业者的工资，为企业者纺织丝棉等，也是类于机械底作用。

丁　工场手工业劳工　性质和上面两种相同，不过他们在企业者底特别指定的场所做工。

3. 机械工业劳工

这种劳工概指在工场做工的，生涯都在机械上，现在劳动界中占有极大的势力。

以上三种劳工。有个共同的需要，就是"技艺"（Art）。他们的生活，全在这个需要上。

4. 苦工劳工

甲　苦工头　是普通苦工的领袖，除做工外还有"管理"和"企业"的性质。在中国这类人狠不少，往往垄断苦工的利益，资本家还没有这样作孽。

乙　普通苦工　拉车的，扛物的，矿山挖煤的，铁路做工的，凡是不用技艺，只要气力的，都属这种苦工。

B　劳工底数目

劳工底数目，为最重要而最难的一个问题。因老没有人研究，所以不能得确实的数目。我们只得照外国的统计学上底理论来观察我国劳工底数目。但要申明一句，这种数目是推测的，大约的，不必是十分真确一点儿没有差误。

谈到这里先要把中国人口底数目一说。有说是二万万七千万人，有说是四万万五千万人，我们且把这两数折个衷，比方是三万万五千万人。这个折衷数当比较的可信，因（1）由海关上经验，对出口货底调查的结果；（2）宣统二年，民政部所调查底根据；（3）由往年盐务处，有西洋人某君，曾以食盐做标准推算人口的结果。所以我说这个三万万五千万底数目，为比较可信的。[①]

我们既把全国人口定了一个数目，现在要讨论劳工底人数。假使自十六岁起至五十五岁止，为劳动时期，再就各国的人口去推算，大概为百分之七十。然中国人多病柔弱，或许比较要减少些。今差不多就以此作标准去计算，则于三万万五千万人中大约得二万万四千万人为有劳动能力者。但不敢说是确数，因各地方情形不同，极难精细的调查。现在把自由劳工底数目略来分开一说。

1. 农业劳工居百分之二十，约七千万人。这是据日本某君从满州小农村实地调查所得。大概在东三省方面人稀地广，足为大规模的农业，比内地各省自然有些不同。

2. 手工业劳工在都会的就以各都会底人口来比较推算，大约为百分之二——七百万人。在乡间人口少，或许相差不很多，且算为七百万人。

3. 机械劳工，照民国二三年底统计约六十三万人。现在"工场"和"劳工"计，最近外人底调查要增加三分之一，则劳工底人数当达百万人。机械劳工底计算，比前两种为确实。

4. 日本人曾调查北京底苦工的人口百分之八。都会如此，各

---

① 陈豹隐有《中国人口的总数》一文，收入《陈豹隐全集》第三卷第二册，可参看。——编者

乡自然要减少些，设使也为百分之八，则苦工底人数约为二千八百万人。

照上计算，总合四种劳工底人数为一万万六百万人，仅与总人口底百分之四十相当，如此可知我们中国二万万五千万人，除去一部分底奴隶劳工外，其余的大部分都是靠着人家来供给衣食。而一部分的奴隶劳工，还全不是真正生产者，你看中国危险没有？有劳动能力的人，没有一半数去行劳，你看勤快不勤快？

C　劳工底工资

1. 农业劳工　经日本人调查，说是农业劳工的每天工资自八分（〇·〇八）至一毛五分（〇·一五）。

2. 手工业劳工　师傅的工资——有当师傅的资格仍做工作——每年自四十元至一百元。伙计的工资——比艺徒长而犹无完全独立的能力者——每年自十元至十一元。家内手工业劳工每天自六分（〇·〇六）至二毛（〇·二〇）。工场手工艺劳工，每天自三毛（〇·三〇）至八毛（〇·八〇）。

3. 机械工业劳工　每天自一毛（〇·一〇）至三元三毛六分（三·三六）。

4. 苦工　普通苦工每天自二毛（〇·二〇）至六毛（〇·六〇）。工头，除应得的工资外，还有旁的"生利"，大约每天有二元可得。

D 劳工的劳动时间

"时间"是劳工的重要问题。以下只就中国的劳工情形，分作两种略来一说：一种是自己做自己的工，像农民、佃户、瓦匠等叫做"独立劳工"；一种是机械性的替他人做工，而换得工资的劳工，叫做"工资劳工"。

1. 独立劳工

a. 农业的……每天做时一三——八

b. 手工业的……每天做时一四——六

c. 苦工的……每天做时　七——八

2. 工资劳工

a. 农业的……每天做时一三——五

b. 手工业的……每天做时一七——八

c. 机械的……（1）官立的……每天做时九—十；（2）民立的……每天做时一四——六

d. 家庭手工业的……无定

E 劳工底能率

"工资"和"时间"的结果，遂成为"能率"（Efficiency）问题。这问题我们当然又该注意的。惟各种劳工的能率，颇有不容易调查，现在只就机织工人一种，和英美德三国互相比较看：

	每周平均所得工资	每周生产额	每码生产额
中	二·四〇（二元四毛）	二一〇（二百十码）	一·一一四三（一分零）
德	三·四〇	四六六	〇·七三六
英	四·七八	七〇六	〇·六七七
美	五·九五	三〇〇	〇·四九六

从上面看来，劳工底能率，以中国为最低。但就每码生产额一项来论，比之美国几过三倍，可知中国劳工的工资虽少，而劳动结果和工资相比较，数目和英美各国差得不少。今再以劳动时间列表比较之：

	每天做时	每周做时
中	一五	九〇
德	一二	七二
英	九	五四
美	一〇	六〇

照上表看来，中国和英国的劳动时间几差到两倍，则中国劳工的能率底低下可见一般了！这是甚么缘故？或说是工人的本质不好，要之由于资本家利用劳工不得方法为其主因。"最小工资"（Marginal Wages），劳工所以维持生活，资本家任意减少劳工的工资也不能够超过一定的限度（Limit），经济学上有所谓"端极的能率"（Marginal Efficiency），就是以最少的工资做最多时间的工作底意思。但中国的劳工情形，实际上已超过这"端极能率"的限度了！资本家任意增加劳动时间和减少劳动工资，劳动者因生活十分

困难势不得不忍声吞气的屈服，而资本家自以为得志，其实使用劳工在端极的能率底下于资本家是很不利益的。

F　劳工的生活

有日本人曾调查中国北五省的中国劳工的生活，他把劳工分做"无妻子的劳工""有妻子的劳工"两种。

1. 无妻子的劳工[①]

百分比	50%		2.5%		2.5%		35%		10%	
每天支出	食	一〇（一毛）	衣	〇·〇五（五厘）	住	〇·〇五（五厘）	杂	七·〇〇（七分）	储蓄	二·〇〇（二分）
每天收入	二〇（二毛）						（例外）无家			

2. 有妻子的劳工

百分比	53.5%		7.5%		7.5%		22.5%		5%	
每天支出	食	二三	衣	三·〇〇	住	三·〇〇	杂	九·〇〇	储蓄	二·〇〇
每天收入	四〇（四毛）									

日本人并且私拟一个劳工的生活百分比较图，分"未成年的""成年的"和"中年后至老的"三时期。虽没有十分比例，不能够做精确的证据，然也可以供我们的参考。

---

① 下表个别数字原文存在明显讹误，如"〇·〇五"误作"〇·五〇"，"2.5%"误作"25%"，均酌情进行了修改。——编者

住
衣 住
衣 住
娱乐 娱乐 食 食
信仰欲 A 性欲 性欲
信仰欲 声名欲 子女教养
声名欲

说明：
AB ＝ 未成年的
BC ＝ 成年的
CD ＝ 中年后

"医疗费"，在他国本成个问题。中国人向来不恭维医生，而长于闲吃闲逛，所以种种闲费比较多，而医疗的欲望等于零。然不论那一国的人，一生消耗自然以"衣""食""住"三者为主要素。今把中英日德四国劳工的衣食住三项费用，略来一比：

	食	衣	住	总计
德	54.20％	9.20％	20.00％	83.40％
日	65.00％	4.00％	13.00％	83.00％
英	52.32％	9.53％	19.39％	81.23％
中	57.50％	7.50％	7.50％	72.50％

看上表，知德国劳工的费用顶多，中国顶少。但于"食"项，除日本外，倒算中国顶多，"住"项和各国一比竟少到一倍多，这也可以见中国劳工的一般情形了。虽然中国工人的生活程度比较为低，而生活可不容易找到。盖中国的劳工并不是患工资少，乃患在没有工做。所以中国的劳工问题，是要把没有工做的人怎样使他们都有工做？

四

我们用经济学的眼光去观察上文，则中国的劳工问题和改革方法当然是个结论。

中国近来的劳动问题差不多是农业的劳动问题。至少说：农业劳工，是中国的劳动问题顶主要的部分。但农业劳工，并非全无资产者，他们苟幸免天灾的侵害，也就容易得到生活。

所以中国的农业劳工问题，不是劳动者对资本家的问题。我们第一先要计算怎样能使农业劳工免除天灾侵害底危险？第二是用什么方法去改良促进使之农业信用生产合伙和消费合伙？要解决前者，唯有通沟河以兴水利，栽森林以均雨晴，及种种人工支配天然的法则。要解决后者，必先使农工自身有组织，有团结，然后"农业信用"可以组合，"水利种植"可以组合，及"生产消费"都可以合伙。

再进而论到"苦工"，这个解决方法比农业劳工尤为要紧。盖苦工二千万之多，既无技能，又无知识，在社会上的位置最为不幸，而又没有资产，所以就无所顾忌，有事则工，没事则匪。

老实说，苦工问题不解决，社会总不能够安宁，但考究苦工之所以"为所欲为"，虽半由环境逼迫，而根本上乃在没有知识和理性。就是改造环境，也靠他们自动，设使没有知识和理性，是不能动的。所以我们对劳工问题，第三是怎样能够使苦工多少得一点"教育"和"资产"？至少也要引起他们一种阶级的感觉，使发轫他们自动的向上心，以促成他们底团结。

我们再讨论中国劳工的能率，为什么这样低下？原因是：
(1) 工资少，劳动时间多。(2) 资本家垄断播弄。(3) 劳工的本身
没有知识。(4) 国内对劳工的需要不明白，资本家也茫然没有头
脑。(5) 交通不便，劳力移动极不容易。要免除这种种原因，简单
说：不外政府方面底指导，和劳工本身底团结和自觉。

要之中国工人既是患在没有人请他们做工，所以第四：我们要
使各地的劳工都有工做才好。我们希望劳工先要放大眼光，切勿死
守职业的鸿沟而彼此互相摧残；当根据互助底精神联络小组织再成
大组织。如此，劳工才有出头的机会。

五

据此说来，解决中国劳工问题，顶要紧的就劳工团结问题要先
解决。现在且把中国劳工团结底内容，和外国劳工团结底比较说
一说。

甲　中国方面

中国工人向来也有一种团结，就是"帮口制"。大约可分手工
帮、机械工人帮和苦工帮三种。

1. 手工帮　仿佛外国的行会（Guild）。其组织底要点：
(a) 团结以师傅为单位，属下的徒弟是没有发展底机会，所以可叫

做"师傅底结合"。（b）团结以"雇主"为"对象"。（c）团结底分子是"劳工"而兼"企业者"。（d）"目的"是对内的，只求同业中一辈子和洽已够。图一：

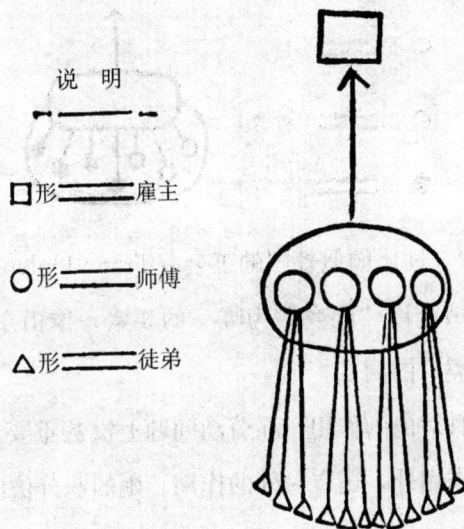

说　明

□形══雇主

○形══师傅

△形══徒弟

2. 机械工人帮　仿佛外国的工会（Trade Union）。组织底要点：（a）以同业和同乡的关系，为团结底原因。（b）帮内有劳工推举的头目，然仍以劳工为团结底单位。（c）团结底"分子"，完全为劳工，毫无企业的性质。（d）团结以企业者为"对象"，与雇主在间接的关系。图二：

说　明

形 ━━━ 雇主

形 ━━━ 企业者

形 ━━━ 头目

形 ━━━ 甲省劳工

形 ━━━ 乙省劳工

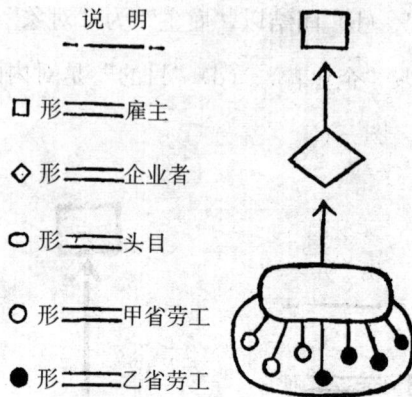

3. 苦工帮　性质颇似外国的工会（Trade Union），和（2）种类同，不过其结合以"同乡"为唯一的要素，像山东帮、福建帮、南帮、北帮之类。图同二。

第一种只具对内的作用，在劳动问题上没甚重要。第二、第三两种除对内的作用外，还有对外的作用。她的职分仿佛：

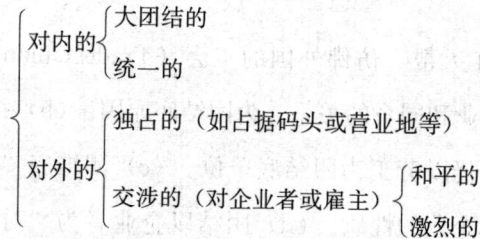

$$
\begin{cases}
\text{对内的} \begin{cases} \text{大团结的} \\ \text{统一的} \end{cases} \\
\text{对外的} \begin{cases} \text{独占的（如占据码头或营业地等）} \\ \text{交涉的（对企业者或雇主）} \begin{cases} \text{和平的} \\ \text{激烈的} \end{cases} \end{cases}
\end{cases}
$$

虽然，这两种团结，也有缺点：就是范围太小，和外界团体没有联络。这种组织所以不完全，乃由工人没有知识的缘故。今日政治家的责任不必替工人设想组织底方法，且先给他们一点知识吧！

乙　外国方面

"团结"既为中国劳工最大最后的问题，所以不能不把欧洲各国劳工的"来历""组织""作用"和"最近的现状及倾向"，略来一说。

（一）来历

从前的劳工，一方面做工，他方面自己便是资本家。换句说：就是资本家兼工人的资格。所以没有甚么劳工团结。欧洲各国的劳工团结，乃是十七八世纪"产业革命"（Industrial Revolution）的产物。产业革命是"工场制度"（Factory System）发生地结果，而工场制度则又是机器发明地结果。自有机器，则于短时间，不费大力可以得到很大且多的能率；于是生产方法进步，而生产底数量也增多；因之资本底势力遂见天天的张大。有资本的，可以发挥资本，扩充事业，则资本生资本，而所谓资本家，便从此形成。资本家形成后，再吸收资本而成为大资本家，影响所及，使"中资本家"变为"小资本家"，而"小资本家"复变为"无资本家"。这种失去资本的人，后来就纯粹变做劳工了！人数渐渐地增多，而完全的劳工级，就由是产出，劳工的团结问题也从此发生。所以我们可说：产业革命底第一影响，是使资本级和劳动级相对峙。

自工场制度发生后，把从前散漫性的随处劳动的工人，一变为聚集合作的现象，都在工场做工了。但工场决不为设在交通闭塞的穷乡僻壤，大概是在通都大邑，因是"都市"乃当作工人集中底目的地了。所以产业革命底第二影响是劳工集中于都市。

革命以前的工人，必费许多辛苦学习，始得独立经营；且有少习一艺到头白而无成之慨叹的，所以叫做"熟练的工人"（Trained Laborer）。革命后，专用机器来生产，大部分底工人只知管理机器，仿佛已够程度。甚至费两小时底工夫而可以学成一种工人，比较从前，虽易真个有天渊之差了，所以叫做"非熟练的工人"（Untrained Laborer）。又因非熟练而可为工人底结果，所以又增加一大批的"女工"和"幼工"。产业革命底第三影响说是：工人易做，和女工、幼工底增加了。

革命前，工人须有一种专门技艺方可以谋生；并且稍有资产，也是做一天吃一天的。革命后，劳工底数目，既大增，一般资本家雇用劳工得于低微的工资里面选择如意。劳工既仰仗资本家的鼻息以为生活，势不得不茹苦忍痛唯唯的服从。产业革命底第四影响，是劳工的工资低落。

革命前，资本家和劳工两方面多相接触，有种 Personal Relation。革命后，生产方法变过，做工地方广大，劳工数目增多，两方面接触底机会乃绝少。且工人有做一天工，拿一天钱的，所以今早甲地，明晚乙地，往往游离没有一定。资本家的眼中，仿佛只有"工作"而没有"工人"。工人的眼里，仿佛只有"工资"而没有"资本家"。要之，都以"利益"为前提，没有所谓"人情"。产业革命底第五影响，是变更资本家和劳工之间关系。

革命前，一般徒弟伙计们，都有出头底希望。比方"职工"（Journeyman）或徒弟卒业后，就居于指导的地位，逐渐可以变成小资本家，以至大资本家也不为奇。革命后，凡现成的中资本家，都慢慢地淘汰了，岂能再许小资本现身吗！所以产业革命底第六影响是：绝灭劳工变成资本家底机会。

以上六种影响底结果，觉得没有一种不是促成劳工团结底中坚原因。由第一种：劳工和资本家既两相对峙，就发生浓烈的阶级思想，于是谋所以对付资本家的种种计画，而觉得有团结底必要。由第二种：聚集共动底结果发生同心协力底观念，就不觉自然而然的有种团结的倾向。由第三种：工人增多底结果，生存竞争格外利害，因之受资本家的压迫也愈加严紧。要想抵抗或推翻资本家，万万少不了一种团结。由第四种：劳工底工资日落，有不能支持生活之势；而目睹资本家丰衣美食，天天发财，不平一念成为"共鸣"，遂有一种结合底趋势。由第五种：人只怕难为情，否则，什么都可干。资本家和劳工两方面既无所谓"情"，就无所谓"难为"；相见不识，何必装客气，索性划了鸿沟对抗罢！由第六种：劳工的自身，既绝对不能做资本家，因之阶级思想更加劲，乃百计要和资本家为难，自然觉得自身团结为必要。综之由主动的，或反动的，或环境逼着的。以上六种底影响的结果，没有一种不是促成劳工团结底主要的原因。

（二）组织

劳工组织英国发生最早，次及法国、德国以至于美国。然十七八世纪以来，欧美劳工变化极多；我们不便把他分作一定时期来细讲，姑且丢开"时期"，用抽象的方法说明似乎较为妥当。

甲　Guild（帮行）

在产业革命以前，已有这种组织；当十九世纪末叶，还有这种遗迹；到现在已被资本家吸收，化为乌有了。其组织和中国的"手工帮"一样，也是以"师傅"做单位的。这种组织，为劳工最早的一种组织，到现在固然是不成问题了。图一：

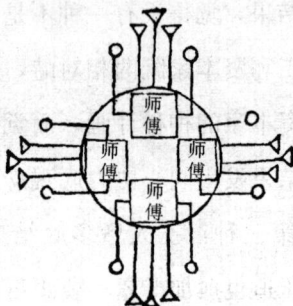

说　明

□形━━━━师傅

○形━━━━职工

△形━━━━徒弟

（职工的地位比徒弟稍高）

乙　Craft Union（职工联作）

这种发生在产业革命之后，为熟练的劳工的组织，乃所以排斥不熟练的一部人的外侵，而为独占的结合；并不是对抗资本家为目的。平等的熟练的工人为组织底单位，是手艺的组合，所以和（甲）种不同。现在欧洲各国尚有。图二：

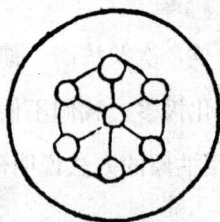

说　明

○形━━━━同手艺人（即平等熟练的工人）

丙　Trade Union（同业联合）

英美对此用意不一致，现在只就英国的用意，姑译做"同业联合"。和前种不同的，是许"非熟练的工人"可以加入；而顶显著的，便是范围较为广大。从每个地方联合底单位—单位底联合—而联成一"地方的总联合"（Local Union），再由地方的总联合而联为"中央的联合"（Central Union），英国往年有"贸易运动"（Trade Movements），就是要达到这个目的。图三：

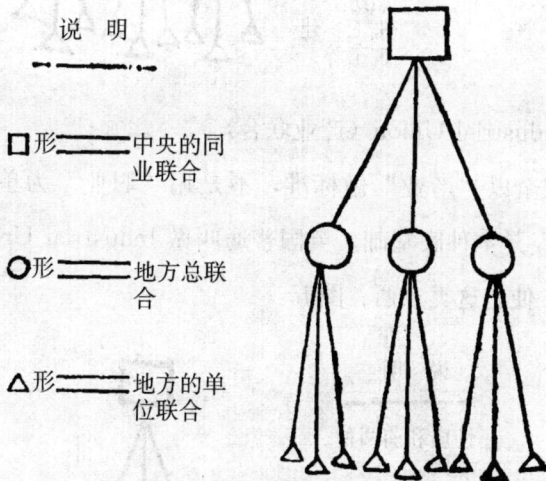

说　明

□形━━中央的同
　　　业联合

○形━━地方总联
　　　合

△形━━地方的单
　　　位联合

丁　Federation of Trade Union（职业联合同盟）

本种偏重于地方的色彩，不一定限制某种职业，乃是各种职业底结合体。譬如纺织的、建筑的、开矿的、裁衣做鞋的，都联在一起。美国近来有所谓 AFL 就是这类组织。图四：

说　明

图式类同丙种，
而内容则差异

□形━━━中央的各
种职业联
合

○形━━━各地方的
各职业联
合

△形━━━各种职业
联合——
如纺工、
机工、建
筑工等

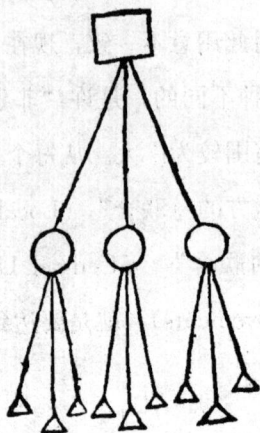

戊　Industrial Union（产业联合）

结合完全以"产业"做标准，不是用"职业"为单位，所以
"同业联合"是本种底基础。英国普通叫做 Industrial Union，法国
的 Syndicat 便是这类东西。图五：

说　明

性质和前两种
不同

□形━━━中央执
行委员
联合

○形━━━各地方
的产业
联合

△形━━━同业联
合——
如纺织
工成为
甲△建
筑工成
为△△
等

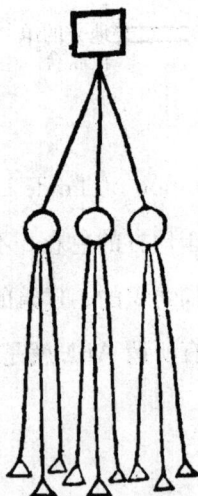

己　International Union or Big Union（国际大联合）

资本家受国内劳工的抵抗，他们也可以使用外国的劳工。因之非把尽所有地劳工作超国界的大联合，实不足以对付那些狡猾绝伦的资本家。这便是本种团结底动机。欧洲现在已有这种学说，方力造空气，一待计画妥当，就要成为事实。美国的 I. W. W.（缩写 International Workers of the World），法国的 C. G. T.（缩写 Confédération Générale du Travail）都是这种精神底表征。组织和（戊）种同似，不过更推广范围，想把全世界底劳工打成一片罢了。

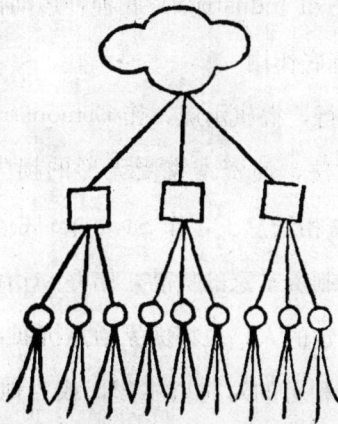

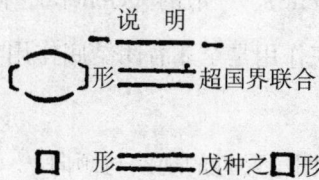

图六：

说　明

⬭形 ＝＝＝ 超国界联合

▢形 ＝＝＝ 戊种之▢形

（三）作用

惜没有多时光，能够把各种团结底作用分开细讲，只得就比较最大势力的（戊）（己）两种为主来拢统一说罢。

甲　积极的建设底作用

1. 改正旧有的不良的偏向一方的规则，编制新的、好的、适用的法规。是为劳动立法底运动。

2. 获得经济上底团体的交易权（Collective Bargaining），得以团体资格和资本家相交涉，庶几可减省许多的"吃亏"。这是组织劳工团体底主要目的。

3. 劳工得主张并可实现那"产业管理的特权"归劳工自身掌握。如"产业自治"（Self-Government of Industries）、"产业管理"（Collective Colvonl① of Industries）底种种运动都靠此来表示。

乙　直接的抵抗底作用

1. 得以聚众游行，揭旗示威，作 Demonstration 底运动。

2. 得用旁的方法，使资本家受无形的损失——如毁损机器，滥费原料等——大众相约怠工，作 Savatage 底运动。

3. 得以相约抵制资本家的货品，作 Boycott 底运动。

4. 资本家所特定的人，也得大家通意抗雇，作 Label 底运动。

5. 最后得以最利害的对付资本家，或为他种底要求，就是用那"局部的"（Partielle）、一般的（General）同盟罢工——Gieve。

要之以上种种底作用是全靠着团结底作用为作用，若没有团结就没有这种作用。

（四）欧美劳工团结最近的现状与倾向

各国劳工团结底现状：英国二十年还在（丁）种，而今已到

———————

① 原文如此，疑误"Colonial"之误。——编者

（戊）种了。法国完全在（戊）种，而且有（己）种的倾向。德国在大战前，尚在（丁）种，现在当有变动。美国则在（丁）、（戊）之间。由此可知英法两国为最进步，都已达产业联合底地位，而法国且已有（己）种底色彩，所以尤为进步中底先进者。

至于劳动团结底倾向则由一般的观察，可得三个结论：

1. 由地方的，而至于全国的；复由全国的，而至于全世界的。

2. 由职业的，而至于产业的。

3. 由被动的，而至于主动的。

从此看来，劳动团结，直倾向到"统一的""平等的"和"自然的"状态（Condition）了！

六

我们已知道要解决中国的劳工当以"团结"为先决问题。但谈到团结，又非参考欧洲各国劳工底团结情形不可。

我们参考地结果，现在可分"批评"和"主张"两方面简单写出，作为本篇结论。

甲 批评方面

A 有说是中国劳工既向来有种 Guild 性的团结，就可利用之做劳工运动底根基。实则欧洲底 Guild 和同业联合等都没有对抗资本家底作用，现在这种团结都已不成问题了。中国旧有的帮行制也不过于至狭的范围里面互相忘防，断不足引起劳工的阶级思想，所以对外的能力几等于零。

B　有说中国有种现成的劳工团结，像上海底"工会"，很可以做劳工运动底中枢。其实这种"工会"底分子免不了杂有"市棍""流氓"，且又为个人或少数人利用之以出风头，决不为工人全体谋真正幸福而设的。这种工会里的工人是被动的不是自动的，是被动的不是主宰的，所以绝少团结力，结果是内斗、自残，造成几个社会上底良心犯。

C　还有主张"劳工神圣"的。这在根本上，当然要赞认。但"劳工神圣"是体面劳工的话，而劳工问题不是高唱"劳工神圣"可以解决的，且嘴里徒然唱着"劳工神圣"底高调而自身不去实行阶级战争有什么用处呢！你看英国的基督教的社会主义闹了一百多年，到现在还是空空洞洞、虚无缥渺的，这就可以明白了！

乙　主张方面

A　对劳工问题第一步先要提醒劳工，造成纯粹的劳动阶。因为没有阶级就没有真正的坚实的团结，没有真正的坚实的团结则对内就毫无"互相底作用"，对外就绝少"抵抗底能力"，如此，则十年百年以后的中国劳工，还仍是今日牛马式的劳工！但怎样造成劳动底阶级？必定要从客观的鼓吹和主观的奋斗，逐渐把互相嫉妒排斥的"群体"（Group）而变为同心协力以对资本家的"团结"（Union），这是第一要点也，是政治家、经济家、教育家和无论谁的责务呵！

B　外国的劳工团结，已从"职业的"而到"产业的"，从"国家的"而快到"世界的"。我们该赶快筹备使之趋于同一的方向，于世界劳动会议中也可以分得一把椅子。筹备底要点，就是赶快组织劳工底产业联合。因没有产业联合不能应世界劳动的潮流，不能和外国的劳动界相联络，不能做"阶级造成后的后援"，就不有抵抗大资本家的压迫奴辱，所以我们一方面主张造成劳工级，而一方面同时又要主张产业联合。

C　外国资本家在中国经济界底势力，日见增加。中国劳工还够不上"国际劳工联合"，所以不能和各国劳工联络声气，所以不能抵抗外国资本家的势力。中国早晚有变为"大劳动国"的危险。中国劳工受了国内资本家的压迫总还可以想法子，若遭外国资本家的压制那简直是没有生路了！但是劳工的（己）种底结合，幸不以工人的知识可下来做严格的标准，中国工人当不至被弃，正可以奋发自振，向光明路上赶去！我们如果有了完全级的劳工团结，就可以抵抗外国资本家的野心，至少也能打消那"苛刻的投资"和"致命的借债"。

中国改造底研究[①]

导说

一、这篇文章是我在川东和川南学术讲演会讲演的时候，由三四个人前后轮流着笔记下来的讲演录，所以文字底形式，非常地不统一。但是内容是经我看了一遍，加过订正的，所以笔记得还不大差。

二、这篇文章，包含三大段。第一段题做"新中国底过去、现在和将来"，第二段"世界宪法底趋势与中国国宪和省宪"，第三段"各国经济思想底趋势和中国应当采用的社会经济政策"。这三段所注重的论点，虽然各有不同，却是互相关联的。我平素主张政治组

---

① 署名陈启修，选自《晨报》1921 年 9 月 2、3、4 日第七版，9 月 5 日第五版，9 月 9、10、11 日第七版，9 月 20 日第五版，未连载完。

1921 年 5 月，少年中国学会会员陈愚生赴北京办事，邀陈豹隐、胡适、李大钊、邓中夏、黄日葵、刘仁静、高一涵、陶孟和等暑假期间到重庆讲学。胡适、李大钊因故未去，陈豹隐等大部分人则接受邀请赴渝，并在重庆总商会、巴县中学等举行学术讲演会。本文即根据陈豹隐此次重庆之行的演讲整理而成。——编者

织是社会组织底一种，法律是政治底形式，经济几乎是政治实质底全部，所以我以为要研究中国改造问题，应当从社会、政治、法律和经济各方面，同时观察，才能够获得有统系的结论。本篇分段底理由，最重要的就在要试试我这种主张。

三、因为这篇文章本是一篇通俗的学术讲演录，所以必然地免不了"冗长的"——约莫有三万字——和"通俗的"——非学术的——的弊病，然而他底内容，确经过一番严密的考察，不是随便说说的。我现在所以愿得《晨报》记者底好意，把他重新公表的理由：第一，就是想把他供谈自治、谈省宪和一般谈改造的人底补助的研究资料。第二，是想借此补我在北京辞职教职员公共学术讲演会，未能尽丝毫气力的过失。

四、学术讲演底目的，就在讲演底本身，学术的研究发表底目的，也是在研究底本身，这是最明白、最普通的道理。倘若有神经过敏的人，同揣想学术讲演人于讲演以外另有特种目的一样，揣想学术的研究发表人于研究以外另有特种目的，那么，被指摘的人，除谨守沉默外，实在是没有别的法子。因为凡是关于人格的疑问，只有等待时间底经过来证明，空口辩论是无益的。

十，八，二九

第一讲　新中国底过去、现在和将来

今我松涛笔记

序说——新中国底过去——新中国底现在——新中国底将

237

来——新中国改造史与改造运动家应有的觉悟

序说

一、题目底意义。凡研究一题，先须将题目认清楚，本题的意义有三：（一）新中国是我们理想中的、新式的中国，不是专指中华民国，因为现在的中华民国，只是挂有民国的招牌，内容实无可取。新中国是指将不好的中国改造为好的以后的中国，例如现倡联省自治，将来或变为联邦，不叫做中华民国，或变为像俄国苏维埃政府的劳农国都不可知。所以说新中国，乃是广义的新中国，决非专指现在的中华民国。总而言之，新中国是指改造理想上的中国。（二）本题头一部分，是关于新中国底历史的研究，这一部分比较地容易着手。（三）本题第二部分，是关于新中国底发展方向的预测。未来的事，吾人本不易知，但是根据过去和现在种种事实，可以推测将来应得如何结果，例如现在中国财政困难，事事都借外债，并依赖外人，大概就可以推测将来的中国，非依赖外人不可。但推测容有不准之处，究竟和决定不同，当然可以容纳具有正当理由的反驳的。

二、本题底目的。我们为甚么要提出这个题目，其目的何在？如无目的，贸贸然研究对于我们没有关系的题目，岂不浪费精力？所以研究一题，必有一题底目的，本题底目的有三：（一）凡当任何国民，都须认识其国之情况。我曾看见过长教育的人，不知学校有多少，长财政的人，不知财政界情形。以政治为业的官僚尚且如此，何况人民。像这样醉生梦死连自己在什么地位都不知道，实在是人生底大耻，所以本题第一目的，要使新中国底各个分子，对于新中国底实在状况，具有明白的认识。（二）中国从前盛倡革命，虽无改造的名词，已大有改造的思想，近来京沪各处报章杂志，改造的言论更多。但无论从前和现在，都不根据事实只是空空洞洞的。例如现在谈自治运动，真正能够懂得自治在中国改造史上的真意义、真价值，不盲从外国和中国底偶像的，实在很少。多数议论，从我们看来，都是有害无益的。我在后段还要详细讨论，请看一看便知道。又如谈社会主义，或主张先发达产业，或主张先改成社会主义的国家再来发达实业。议论虽多，然而大都是纯凭空想，不明白中国现在的事实，所以对于中国目前处于被动的经济和无关税权的种种重要事实，都没有讨论出一个对付方法来。他们底议论本身，姑且不说，单就基础说，已等于筑在沙上了。此事后面还要详说。总之本题第二目的，要使各种谈改造中国的人稍为获得事实的根据。（三）我此次还要讲几个题目，欲有实际的根据，所以先以此题作为预备。本题第三目的，就是要拿研究本题的结果，来做下次宪法讲演和经济讲演的前提。

三、本题研究的假定。凡研究一题，先须假定一理以为根据，如斯密亚丹讲经济学，先假定人类有利己心以为根据；又如几何学底公理，全量大于其一部分，全是假定，不能证明，只能用直觉认定。一切学问大抵是这样。而社会历史学底研究，更要有假定，因为研究历史，不徒讲述事实，还要看因果和联络，然欲研究困果，就不能不有假定。不然就无从着手。我对本题的假定有四种：（一）人类种种行为，都有原因。对这问题也有认为一因的，如斯密亚丹以利己为经济行为底唯一原因，就是一例。也有认为二因的，例如马耳萨司认定饮食和男女二欲是人类行为底根本原因，就是著例。除此以外也还有加上权力欲、名誉欲或美术欲的。我对于本题假定的是：人类维持生理的生存的本能，是人类行为底最要的而且最永久的因子，感情、迷信、服从、模仿和习惯等，都是次要的、一时的因子。（二）人类社会历史底演化，是二元的，不是唯物史观，也不是唯心史观，我是主张唯物的唯心论（进化只含好的一方面，故改用演化，包含好坏两方面的意思）。唯物史观马克斯主张最为透彻，简单说，就是社会上宗教、道德、法律、政治等，都随经济（即物质）状况为变迁。与此说对立的为唯心史观，就是一切宗教、法律等都由人心所造，要怎么样便怎么样，以上皆为一元论。此外有二元论，说吾人一面固然受环境的支配，但人有智识，一面亦可改造环境，或征服环境，此说有称为唯心的唯物论，偏重物的方面的，但我注重心，故称为唯物的唯心论，又可为实际的理想主义。例如要想行无政府主义这固然好，但只凭理想，即不能成功，须从实际上看，使理想与事实想连。从来"乌托邦"不能实现，就因为他不能与实际相联。所以我以为唯心史观是误解人类为万能的动物。然若如马克斯一派，说一切道德、法律等全受物质支配，则文化运动和社会运动，将无存在底理由，又未免过把人类能力，看得太小了。（三）人类社会历史底演化有

$$\longrightarrow 适应 \longrightarrow 反覆 \longrightarrow 抵抗 \longrightarrow$$

的形式的，不是偶然的，也不是必然的。适应是对于当时有用，能够应付事实。例如孔教初创的时候，崇拜他的人很多，因为他有用处，能够应付当时社会情况，是为适应。其次经长久的时期，同样

反覆。最后环境变迁，则起抵抗，到了此时必定又有适应环境的新东西发生出来。这三种变化，周而复始，循环不绝。与这种假定反对的学说很多，最著名的有必然的阶级斗争说和偶然的模仿习惯说。对于这两说，我无暇述说批评，不过要注意的，是若果信奉其一作为假定，那么他底推论，必定会与本题底结论相反的。

（四）人类社会历史是环境底一种可以限制人类的行为，不是完全和人类将来行为无关系的故事，却也不是完全能够决定人类行为的东西。我以为人类行为底历史，是有累积的和连续存在的性质的，不是时过即消灭的。现在的人类行为，是拿有史以来的人类行为做资料，犹如现在的人类衣食住底方法，是根据前代底经验而来的一样。不过人类一方面有创造的天性，也不至于完全被历史支配罢了。

新中国底过去

新中国底过去，分做四个时代讨论，即新中国运动萌芽时代、新中国运动发达时代、新中国形成时代、新中国顿挫时代，现在先讲新中国运动萌芽时代。

一、新中国运动萌芽时代（鸦片战争以后，戊戌政变以前）（一八三九——一八九八，凡六十年）

凡考究一个时代，先要晓得那个时代发生的事实，次考究这些事实底原因，和那个时代的环境，最后考查他得如何结果。所以分事实、由来、环境、结果四项，逐一讨论。

（一）事实。在这个时代发生的事实就是设立制造局、造船厂，编练洋枪队，修筑炮台，创设海军，派遣专习军器制造的留学生等。

（二）由来（包含动机和目的）。在这个时代，为甚么发生上列各种事实呢？因为鸦片战争失败而后，又有英法联军北犯，破天津入北京，焚毁圆明园，其后又有中法谅山之役，中国屡次打败仗，所以为对外起见，想要备置快枪大炮，来与外国对抗。

（三）环境。某一时代的环境，对于那个时代的思想，很有关系，所以应当考究。这个时代底环境，可分做四部说：（A）中国当时虽然有外侮，然而邻近的国，如日本、朝鲜、暹罗等，没有比中国更大的。稍远的强国，也没有想并吞中国的，他以为中国譬如睡狮，一旦睡醒，立刻可以强大起来。（B）在这个时代，虽有太平天国的战事，然而因为新添了厘金、海关和鸦片三种税源，所以光绪初年，财政上收入，每年尚可余六百多万两。（C）当时一般的思想，都以为中国典章文物，优于外洋，所不及外国的，只有机器制造等。所以政客文人的议论，大概说以中学为体，西学为用。派遣学生出洋，也只是学机器制造等物质文明利器。（D）在这个时代底后半期，太平天国战乱已经平定，对外也还辑睦，一般人民渐渐享安居乐业的福，所以对于他们生业底前途，并不感觉甚么悲观，因此也并无何等改造的思想和必要。

（四）结果。这样的改造运动，完全是局部的、唯物的、皮毛的，从理论上说，他底目的和手段，已经不能相应，而且他底环境，又没有使行这种运动的，格外地深思熟虑、持重谨慎的必要。所以这种迫于感觉冲动的运动，到底不能发生什么效果。到了中日战争那年，便把皮毛的改造底弊病，完全露出来了。

二、新中国运动发达时代（戊戌政变以后，辛亥以前）（一八九八——一九一一，凡十三年）

（一）事实。在这时代，最重要的事实有二：一为康有为底变法运动和梁启超一派底新民运动。他们说中国不但枪炮、机器等不及外国，就是政治、法律、经济，都远不及外国。所以要改造中国，非从这几方面行根本上的改造不可。一为孙文、黄兴、章炳麟一派底革命运动。他们主张不但政治等应行改革，并须先排满人，以去革新的障碍。至于满清朝廷和内地人民到这时候，也被动地行种种施设和运动。例如派五大臣出洋，考查文明各国法制、经济。留日学生习法政、师范底人数，陡然加多。又有路矿和其他产业底振兴运动。此外以学堂代科学的改革，警察制度底创设，地方自治制度的创设，立宪运动底勃兴等都在这个时代。

（二）由来。以上各种运动，虽然各有他底特别动机和特别目的，然而概括地观察他，可以说他们底共通动机，在因甲午一战底结果，明白认识当时的中国底实力，比外国差得远，若不改造，便要亡国。所以他们底共通目的，是在用变更法律、政治的方法，从根本上改造中国。

（三）环境。（A）甲午战败以后，外国已经看不起中国底武力，不如从前视如睡狮了。至于庚子联军之役，两广总督李鸿章、两江总督刘坤一、两湖总督张之洞，持中立态度，和外人订互保的条约，因此更看不起中国政府国民的团结力，所以在这个期间，各国更想瓜分中国，虎视眈眈地争租借地，设势力范围，抢路矿权利，总说一句，真所谓在"外患已深，朝不保夕"的境况下面。（B）甲午以后，对外有赔款，对内又创设新政，财政已不如从前饶裕。因此借款增税，相继举行。人民底负担，一天比一天增加，所以人民在经济上颇受压迫。（C）这时中国人极端地崇拜外国底法律政制，尤其羡慕日本维新事业底成功，所以大大地发挥雷同性，不管合用不合用，盲目地抄袭日本底旧文章。我想中国人底模仿性，在改造运动上，恐怕此时最大。（D）这时经革命运动底诱导，汉民族底自觉，渐渐发生。一方面满清握权的人，又愚蠢得很，把他们祖先笼络汉人的方法，完全忘记，以为重用满人，便能够保持满族势力。其结果他们种种行为都能够使汉人增加被征服者底观念和不平的感情。所以民族思想，盛行一时。（E）个人之外，还有社会，我们不能离开社会讲个人主义，因为吾人精神上的生活，与物质上的生活，都与社会有连带关系，若是离开社会而谈自由主义和个人主义，便不彻底。这事我在第二讲里面，还要详说。达尔文生存竞争说，原意是说一方面对外要竞争，一方面对内要互助，才能够生存。而能够争胜底原因，最重要的是互助。这时绍介演化论的人，偏重竞争方面，只说得一半而遗其一半，所以发生不良的影响，使争夺、排挤、倾轧种种恶德，越发增长。又法治主义本是说治者和被治者同守一种共认的法律，使政治依这法轨进行的主义，当时的人，把共认的法律这个要素，撇在一边，以为只要有一法律，不管他与人民生活有何等关系，也不管人民对他有确信没有，就可以达法治主义底目的。这完全是一种形式的法治主义，结局不过徒多纷扰罢了。在这时代，不彻底的个人主义、自由主义，不完全的演化说（即生存竞争说）和形式的法制主义，纷杂无章地充满了智识阶级底头脑，所以这时代的人，无一定的人生观和道德观。

　　（四）结果。这时的改造运动，仍然是偏于唯物观的，照假定

（二）说，已经没有真正的成功的道理，而且当时一般经济状况还好，人民还没有十分感觉物质的生存的困难（假定一），没有到抵抗旧制的地步（假定三），所以不应当有好结果。虽然从表面上看来，这种运动革了满清的命，然而从实际上考察起来，那完全是受了环境 A、B、C、D、E 等底影响，不是由于运动本身的力量。换句说话，满清速亡，是因为他自身底无能力和环境底压迫，不是因为改造运动家底势力。满清灭亡的时候，既无人抗抵民军，又无人死节，其后张勋复辟，又无人赞助，这就是满廷自倒底证据。

三、新中国形成时代（辛亥以后－丁巳以前）①

（一）事实。辛亥十月，武昌起义，十一、十二两月，各省实力者派出的代表，集于武昌制定《中华民国临时组织法》，前时代理想的新中国，到此已略具雏形。武昌败后，各代表移至南京，制定《临时约法》，即临时宪法。内容和《临时组织法》差不远，都是抄写外国底宪法，与一般人底心理和社会情况，不相关连，不能不说是他底缺点。当时袁世凯势力很大，孙文一派自觉不敌，不得不退让，但他们觉得袁氏不可靠，所以为对付袁氏起见，在《临时约法》上，把总统底权力，限制极严。此外又制定《国会组织法》及《选举法》，随即依法选举国会议会，并召集第一届国会。由国会制定《大总统选举法》，依法正式地选出正式大总统。此时既有总统，又有国会和《临时约法》，新中国底形体，可以说成就了。但是《临时约法》多半是对人的规定，国会对于总统，诸多牵制，所以袁氏趁二次革命战乱终结的机会，利用人心召集政治会议和约

---

① 辛亥年为一九一一年，丁巳年为一九一七年。——编者

法会议，修改《临时约法》，称为《新约法》，把总统权放大，立法院权缩小。《临时约法》底精神，专在对袁，不在对民国本身，固然错了。然而《新约法》将总统权增大，以为袁氏才具得以发展，便可把中国治好，也是陷于同一错误的。

（二）由来。制定这种法制的人，一面受了形式的法治主义底影响。他们并不考究国情民性，只是抄袭外国陈文。一面又抱一种不彻底的贤人政治的观念。他们错把"贤人政治"看成伟人或能人政治。只注意到贤人政治底政治能率的方面，却忘记了，或不懂得贤人政治的政治道德的方面。所以一面误认政治上罪恶昭著的袁氏为能治理中国，一面却又不放心，想要拿法制或舆论来对付他。简单说，这些造法的人，各有他们底目前的、特殊的利害关系，所以这种法制，可以说是抄袭的、对付一时的、互相矛盾的。

（三）环境。（A）从上时代底后半期以来，因为日英同盟和日俄战争的结果，外人瓜分中国的政策，已经变成保全中国的政策。例如英日同盟，条文中就有保全中国领土的明文。他们并非厚爱中国，实在因为日本距中国最近，可攫得的权利，比较地很是不少，英吉利在中国本来势力最大，他所能够获的权利也很多，所以二国不愿意把中国瓜分，使他们失却他们特殊的地位，反愿意保全中国领土，使别国不能因政治的关系，侵害他们底经济利权。因此缔结盟约，互相利用。英国既由瓜分政策，变为保全政策。其余各国，也就不容有吞中国的野心了。民国四年，日本乘欧战方酣，不暇东顾，要求《二十一条》，这不过是趁火打劫，想多占利益，究竟未必敢存并吞中国的思想，试看攻青岛的时候，日本受英国底牵制，不敢十分恣意进取就是一个证据。总而言之，这个时代除日本底趁火打劫外，可以说中国没有显著的外患。（B）在这时代，对外增加赔款，对内要遣散军队，加以袁氏贿买党人修改《约法》，所费很多。因此从民国元年起到袁氏倒毙止，外债内债，合计增加了六万万元，都拿去充不生产的费用。国债一事本不足奇，不过借债须用来做生产的事业，如开办实业、改良交通等。袁氏借债，不用于正途，只是谋一己私利，那便大错了。袁氏既大借外债，把盐税征收权付与外人，作借款担保，又创办印花税、烟酒税等。因此，人民负担太重，对于新法，渐渐怀疑，而且六年三乱，人民渐渐感受物质上的压迫了。不过因为欧战的关系，中国出产很丰，得利甚厚，人民经济，还不十分痛苦。（C）在这时代，不彻底的个人主义和不完全的演化说，比上时代环境（B），不但没有变更，而且加重了程度。又加添不彻底的贤人主义在内。所以一世的人，都成了机会主义者、体面主义者，只晓得崇拜势力，崇拜金钱，民党盛则附民党，民党败则附袁，袁倒又附段，一味地仰伟人鼻息，廉耻气节是扫地无余的了。

（四）结果。在这时代谋改造的人，不明白法的真义，又抱一种伟人贤人主义，所以不能求得良好的法制组织，也不会运用立宪政治。在理上说，这种改造，既是凭空的、模仿的、超出实际社会的，不但他不会有好结果，而且反会惹社会底抵抗（假定三）。何况在上述三种环境下面，更可以使形式的、抄袭的法制，成为空文。所以新中国虽然具了形体，可惜他完全是一个招牌，和实质上的理想的新中国越发距离远了。

四、新中国顿挫时代（丁巳以后—庚申）①

（一）事实。第三时代，新中国只有形体，并无精神，至第四时代，新中国不但无精神，而且形式都没有了。这时代中国发生的事实颇多。虽然我们对于这些事实耳目还新，但为明白其间的前后波折起见，不妨略述一述。丁巳五月，第一届国会在北京开会，适对德宣战问题发生，国民系议员，想借此倒段，段遂暗使北洋系督军在北京、徐州、天津开会，以兵谏迫黎，发生所谓督军团底造反。其后竟强迫解散国会。这时张勋入京作调人，暗谋复辟。同年六月，复辟实现。段祺瑞在马厂誓师讨张，不一月复辟事败。此时如要拯救大局，则维持第一届国会，为正当办法。其次，张勋复辟，国脉中断，本可从新用实力造法。段氏对于这两层都不能办，只晓得持骑墙态度，听信进步党人的话，牵强附会地解释《临时约法》第五十五条召集临时参议院修正《国会组织法》《选举法》。一方面承认《约法》，一方面又不遵守《约法》，使南方有所借口，所以难免失败。国会既解散，孙系议会赴广东，因不足法定人数，故开非常国会，使军政府成立，举孙文为大元帅。段氏想用武力统一西南，命傅良佐入湘，吴光新入川。这种举动，可谓根本错误，因为袁氏尚不能办到何况段氏。接着唐继尧又组织靖国军。冯直派恐段皖成功，势力愈大，直派不能敌，故直派督军李纯、王占元等，都主张和平，不愿段系武力成功，因此，傅、吴相继失败。但此时段派实力尚厚，又得新旧交通系底后援，加以南方诸将底强硬态度，使冯氏地位越感困难，所以段派督军团又拥段氏出来组织第二

① 丁巳年为一九一七年，庚申年为一九二〇年。——编者

次内阁，于是段氏又有第二次武力统一策。此时西南对于孙文政府颇不满意，各军人组织护法联合会，强制军政府改组，使陆荣廷最占势力；又引政学会首领岑春煊赞助，采用合议制，举七总裁，以岑任首席。斯时因政学系议员赴粤，已足普通法定人数，所以旧议员在广东开正式国会。同时北方召集新国会，直系首领徐世昌当选为总统。新旧两国会对立才真正成为南北分裂。这时欧战已停，外人意见，以为中国欲列席巴黎和平会议，提议收回领事裁判权及庚子赔款等，须先谋内部统一。所以由外人首先提议调停南北，中国人也群起响应，成为舆论底中心。南北二政府，因此在上海开南北议和会，朱启钤为北代表，唐绍仪为南代表。然而因为善后经费及地盘问题，分赃不均，和会决裂，后又再开，仍无结果。益友社底军政府三次改组运动，使唐继尧和陆荣廷反目。孙派议员主张制宪后讲和，政学会议员不赞成，两派也反目。李烈钧举兵广东，与莫荣新战败后，孙派议员离广东。因此国会不足法定人数，不得不有第二次非常国会底开会。这时政学会与直隶接近，安福部遂与孙派携手以为抵制。因此，酿成直皖之战。此时在北方虽然直系战胜皖系，以明令解散安福部，然而在南方陈炯明战胜了桂军，占据广东，政学会不能存在，所以只好与北议和，南方总裁辞职。九年九月徐世昌下统一令，并根据元年《临时约法》，召集国会。但徐世昌由新国会产出，新国会为非法召集，则徐世昌为非法总统，以非法总统下合法命令，实在没有什么根据，所以不能发生多大的效果。

（二）由来。前时代底个人主义、唯物主义和形式的法治主义，种种思想底习弊，在这时代完全暴露出来。所以这群有势力的，只晓得争势力，抢权利。不但不懂法理，而且不晓得有他自己。例如北洋军人，在历史上感情上本出一源，因利害冲突，竟分成直皖两派。甚至同隶段系之下的，而徐树铮与靳云鹏又彼此分裂。两次主张武力平南的段派，忽然与孙派携手。挂护法招牌的军政府，可以暗暗地同非法的政府通声气。昨天的朋友，今天马上可以变成仇敌，积年仇人，也可以马上携手同行。真正是廉耻道丧，人格堕落。这都是不彻底的个人主义、自由主义、生存竞争说等所种的恶果。

（三）环境。（A）这时正是列国关心欧洲大局的时候，而且兵祸方息，不愿再有战争，所以对于中国只扩张商业，不愿干涉内政。就是日本，也只能用经济侵略政策来对付中国。安福系借日债虽多，但只是一种他底旧武器，和我们底经济利权底交换。这类的经济侵略，一般人民，不觉得有显著的外压。虽然有对日风潮，如山东问题、五四运动、排斥仇货等，然而都是中国主动的，带有汉奸关系的，比较上算不得外患。（B）这时代北京政府外债内债，共加了六万万元，短期临时借债，不在其内。各地方有实力的人，尽量地搜括财赋，对于人民，却丝毫没有尽维持保护的责任。如北方和南方底饥荒、瘟疫、土匪，政府都不能设法防止和救济。加以欧战的时候，银价腾贵，外货比较便宜。后来银价陡落，外货一涨价，一般物价腾贵了，所以人民渐渐有维持生活的困难了。（C）从这时代底当中，才发生新文化运动，把"文化的环境也是改造社会的一个要素"这个道理发挥出来。因此一切教育问题、社会问题、家庭问题等，都有改造的趋势，革新的学者，一方面输入外国的主义，一方面研究本国的问题，脚踏实地的做去。所以一般知识阶级的人，才渐渐地晓得真正自由主义，是离不脱社会。完全的演化原理，是说对于他阶级要竞争，对于本阶级要互助，才能成功。真正的法制主义，是要内容与社会情况、人民意志相合。民治主义，不单是选举议员，代表少数资本家，更须改良经济组织，使多数人有参政的机会。照这样说来，思想上总算进了一步了。(D) 因五四运动和排日运动的影响，真正的国家观念，已有多数人了解，知道国家是强制的组织，不能任少数人把持。例如段派占据内阁就可以借日债攻击南方，又与日本订军事协定引外力以自重。这些都是少数人把持国政显而易见的流弊。我想北京学生一打曹、章，而全国舆论，就举国一致地痛诋安福部，并不是因为他们底过去的政治罪恶，比别的个人或党人特别地大，实在因为他们把持政府，过于利害，大家底将来，都感不安，所以不得不排斥他。依此说来，中国人底国家观念，已由抽象的、非实在的观念，渐渡到具体的、实在的观念，在民治思想上，总可以说较前发展了一步了。

（四）结果。这个时代，一面因为握有实力的人，无诚意、无见识的缘故，失去了许多改造中国的好机会。例如趁欧战终结的时候，行外交的、经济的、财政的种种改革、种种布置，实在是顶好的机会，可惜完全错过了。一面因为环境很好的关系，也就侥幸脱了许多永远使中国不能改造的危机，播下许多良好的种子。例如日本底操纵南北政府，积极地要谋占经济的权利，消极地要想减少中国底经济能力的惯用政策，偶然因欧战忽然告终，不能不随他中止。又如偶然因中国武人脑筋简单，对于有碍他们底利益的思想界，完全不闻不问，因此思想界未受十分的压迫，渐渐地得开下时代底局面，也可以说是"不幸中之幸"了。本时代环境 B、C、D

都是下时代新事实发生的种子，我们是应当留意的（假定一、二、四）。

新中国底现在（庚申下半年起至现在）

从理论上说，时点有现在，时间只有过去和将来，没有现在，但我们为便利起见，可以假定从去年下半年起，到目前止，为现在期间。若作为承继前时代说，也可以称这个期间为新中国初得生气时代，因为从前所改造的是新中国底躯壳，到这时代，渐渐地理会得单单的躯壳没有用处，要想灌注精神到躯壳去了。

一、事实。这个期间很短而且还没有完全经过，所以重大的事实还少，我们现在只能够指出国民大会运动、社会运动和自治运动三件大事实。此外，也有人说文化运动，也是一件大事实的，但我却不赞成。因为第一文化运动是以造成政治改革底环境为目的，不是直接以国家改造为目的。第二文化运动者有时虽也从事政治改造运动，然而往往不是和上述三种运动合一，就是单有一种消极的性质，例如外交问题底运动便是。所以我虽然承认文化运动在中国改造上，有极大的功效，我却不把他放在中国国家改造问题里面。

A　国民大会运动。国民大会运动，是根据国民自决底精神，要把改造新中国的权能，从万恶的军阀、官僚、政客手里取回来。从事这种运动的人，多半是职业上受了政治腐败的痛苦的，有国民的自觉的。所以可以说新中国改造底唯心的方法，从这时起，新中国底灵魂，从这时生（假定一、二、三）。

国民大会底根据，完全在人类自决权中底一种的国民自决权，所以是带有革命的性质的。梁启超说《临时约法》规定主权在人民，所以国民大会是合法运动，这话错了。《约法》虽说主权在人民，但却也规定行使主权的方法是代议制。我们要守《约法》，是要守他全部的精神，不应该断章取义地守他一条一句。《约法》规定议会行使主权制，我们为什么不遵守他？若说没有合法的国会，我们为什么不造一个合法的？若事实上造不成，那么我们革命就是了，为什么要强解《约法》呢？

国民大会运动，发生于己未南北和议停顿的时候，本是想拿来解决南北法律问题的，所以有许多法律上底研究。后来经许多人研究，晓得国民大会是一种国民自决，是一种革命运动，不但可以解决纷争，而且可以积极的行建设的事业。所以到本时代，很得国民底赞同。以为这时当南边军政府取消，护法招牌完全撤下，北边安福推倒，"统一"假面具，已经揭破，正是国民自己起来解决国事的时候。

国民大会虽然没开成，但是他底精神，现在还是存在。现在的自治运动，可以说是国民大会底精神的表现，因为他们底根本的根根，完全是相同的。

B 社会运动。社会运动，是本于阶级自决底精神，要使多数被削剥的阶级，明白他们在政治上和经济底地位，用阶级斗争的方法，来解决他们精神和物质的生活痛苦的。这种运动，是实质的、理性的、有根据的，不是形式的、感情的、凭空设想的，所以也有灌注新中国底灵魂的可能性。

劳动阶级做出的衣食，被资本家夺去，他们自身却不能享受，可谓不平已极。物质痛苦而外，又无受教育底机会和意思底自由，即是精神上的痛苦。现在的社会运动，是劳动阶级组织团体，对于资本阶级革命，谋他们自身底生活。所以说这种运动，具有充分的理由。社会运动虽然发生不久，都很能够得智识界底青年底同情，政治上又得急进党方面相当的援助，所以社会运动底潜势力，是很大的。

C　自治运动。国民大会底精神是国民自决，自治运动底精神是地方人民自决。一是全部的改造，一是部分的改造。因为全部改造，不及部分改造容易达到目的，所以国民大会运动底势力，变成了自治运动，所以自治运动，也是一种能够直达人民心坎里的运动。这种自治运动所希望的自治有四个特色：

（一）有革命的性质的——不是《临时约法》内的。中国底《临时约法》，是由少数人模仿外国宪法，匆匆地制出来的，没有参照学理和实际，行严密的考察，所以不但他底本身很多缺点，与社会情状不合，不能实行，而且在这几年间，因为护法，弄得南北打仗，现在还没有法子解决，然而实际上号称护法的人也并没有守法。为虚名而受实祸，过去的事实，已经可痛得很，现在若再要为他牺牲，实为不值。法律是社会生活底规则，《约法》既是无效的空文，反而惹起战祸，我们从法律底精神说，现在应当抛弃他，从新造法。自治运动，就是要在《约法》范围以外，求新法底出现，所以说是有革命的性质的。

（二）地方人民自决的——不是别人授与的。革命底唯一理由，是人民底自决权，自治既有革命的性质，当然是人民自决的。这样说来，仿佛这个特色与第一特色是相同的。但是我说自治有人民自决的性质，是对于自治必定在现行宪法下面施行，自治权必定是由国家授与的那种学说说的。因为在欧洲各国，不但有这种学说，而且有这种事实，所以中国人也往往把自己作这样解释。我对于这种学说，在一定范围内，也承认他有相当的价值，但是在目前的自治运动上，这种学说，却无意味。所以特别地标明自治运动所希望的自治，不是别人授与的自治。

（三）局部改造的——不是分裂性的。中国幅员广大，各处民情风俗各有不同，加以交通机关又不大发达，所以不但理论上，不必一定要行齐整统一的改造，而且事实上也不能办到。民国十年间的历史，便是一个老大证据。全部改造既不可能，只好用由小而大、由下而上的办法，从局部着手改造。既然这样，所以各省自治与各省割据不相同，不是有分裂性的。换句话说，自治运动目前的方法，虽是由各部分着手，自治运动底目的，却是在联合各地方自治团体而成一大联合的。

（四）要实现民治的——不是单想分散中央权力的。要达局部改造底目的，当然要用"德谟克拉西"的方法。若是一面说自治，一面仍任由军阀、官僚、政客，去摆布包揽，把现在聚于中央的军阀毒、官僚毒、政客毒分散到地方上去，那真是"缘木求鱼"了。

自治运动所希望的自治不但有上述四个特色，更有四个很有道理的根据，我们因为有自治运动，有这种根据，才赞成他，并不是盲从附和。

（一）从世界政治趋势上观察的根据。人类社会无论在物质上、精神上都有不可离的连带关系的，例如世界各国人用煤油或电气□光科，我们中国也自然的随着用煤油或电气。各国人都行立宪政治，我们中国也一定要想追随。这都因心理上或物理上的必然的关系而来，是我们不能否认的。既然这样，所以我们可以把世界政治趋势上的观察，拿来作自治运动底根据。世界政治趋势可以证认自治的，有四种：

（1）国权分散。现代的国家事务底分量虽然加多，然事务底种类，却是减少的趋势。凡是关于一局部的事，往往划归地方自治团体去办。这固然由于国家事务太多，难于负担，也由于一般智识发达，"德谟克拉西"底思想，非常进步的结果。

（2）人民主权。人民主权，是对于国民主权说的。从前的人，把一国底主权，归在抽象的国民全体上去。现代却渐渐地想把主权归在具体的各个人民了。这种趋势，是要把国权万能说打破，把人民自决说扶植起来的，所以也足以证明自治运动的正当。

（3）小国主义。要实行人民主权，非民少国小不可，所以十九世纪底大国主义，到了现代，却变成小国主义了。例如德俄底分裂。

（4）联合主义。小国主义虽利于实"德谟克拉西"，然而不利于办种种重大的事业如国际交通、国外交涉、国际经济等，所以同时又不能不采用小国联合主义。现代联合国组织非常发达，就是证据。

以上四种趋势我们在宪法讲演里面，还要细说。据我底观察，他们都能够证明自治运动所希望的自治，是顺着世界潮流的，不是逆着的。

（二）从中国《约法》问题观察的根据。这事上面已经说过。假定《约法》现在实行有效，我们嫌他不合现代新潮流和不能应付中国社会情形，我们还要修改他。何况事实上久已成了具文，没有遵从他的人，现在要想实行《约法》上的规定，无论如何，不能不有违法或脱法的行动。既是这样，我们何妨痛快地行根本的改革，把具文的《约法》一刀两断呢。

（三）从中国现在政治实状考察的根据。中国政治上种种大问题如裁兵废督、改良币制、清理税制、整顿财政等，都要有很大的实力和很大的财力，才能实行，而且要他实行有效，还要以政治入于法轨为前提。现在南北政府内部不但都没有这种实力和财力，即令能够假借外力，获得这种实力和财力，然而照现在情状，要想使中央和地方政治，在法轨上进行，使这种改革有效，我想差不多是不可能的。试看现在各处政治上私党姻娅底勾结，官官相护的情弊，就可以揣想而知了。所以于无可如何之中，要想处理这种问题，只好从局部着手。因为第一，地方狭小，有容易实现民治的机会；第二，桑梓观念浓厚，比较上极端的削剥暴政有减少的机会；第三，以本地人办本地事，容易使人民，感觉政治底本质，发达实质的国家底观念，以便造成多数近代式的公民，来担当近代式的政治。

（未完）

叙墨子底政治哲学[①]

一

在七八年前，我当大学生刚着手研究政治学的时候，我曾经起了一种奢望，想费几年功夫，做一部《中国政治史及政治学史》。那种奢望发生底动机，固然在造一个我底大学生时代底纪念物，然而最重要的，却是因为当时研究欧洲政治学及政治学史，感受不少的疑虑，不了解和平淡无味，想要拿自己底课外研究，来补救教室里的不满足。

那时候我们的先生们，确是有学问有见识，我在平时很敬服他们，但是一到教室听他们的讲义我实在不能感受预期的满足。他们一面说关于人类社会的学理，不是绝对的，是相对的；他底价值，

① 署名陈启修，选自陈顾远：《墨子政治哲学》，上海：泰东图书局，1923 年 8 月，第 1~8 页。1921 年 9 月 10 日作于北京大学。

陈顾远（1896—1981），著名法学家。1923 年毕业于北京大学政治系，是陈豹隐的学生。代表作有《中国文化与中国法系》（北京：中国政法大学出版社，2006 年）、《中国法制史概要》（北京：商务印书馆，2011 年）、《中国婚姻史》（北京：商务印书馆，2014 年）等。——编者

不是可以概括地认定的，是要参照一定时代底社会情形来决定的。他们一面却又把欧洲古代和近代政治思想，当作珍品，好像有绝对的价值似的，重重复复地反复申说，而对于现代社会状况，毫不提到。他们又说要想适用一个学理于一定的社会，先要考察那个社会底历史的和思想的背景，研究那社会底容纳性底有无大小，然后那个学理的适用不适用，才可以知道；但是实际上他们对于特定社会底历史的和思想的背景，也是从没有提过的。所以我从"我是中国人"，是研究政治学的中国人——这一点着想，打算尽自己的力量，靠自己底研究，做一部《中国政治史和政治学史》，以补上述的不满足。

二

从现在看起来，我那时的那种希望，确是一种过分的奢望。一则因为我对于中国旧学的智识，过于短浅，而且没有时间的裕余使我为深远的研究，二则因为我对于社会科学的基础智识，也还没有确实的把握，所以我那种计画，虽然着手实行了几个月，到底只好知难而退，半途中，就把他放弃了。

计画虽放弃了，然而上述的那种不满足，依然还是存在，而且还加重了程度；这几年间只觉得"心有余而力不足"，十分地慊然。

今年学友陈顾远君把他由去年做起，陆续在本校日刊发表过的《墨子底政治哲学》全部整理起来，加以修订，拿来给我看，并且要我为他做一篇叙。

陈君说：他底计划，是要把中国历代的政治哲学，逐样地研究之后，再合起来，成一部《中国的政治哲学》，但是这种计画底全部实现，那费很长的时期，若是等到全部做好之后才出版，恐怕对不起一般有志于研究政治哲学的人，所以把已经研究过的部分，先印成单行本，公于世人——这个《墨子底政治哲学》便是第一部分。

我听得陈君这种计画，我很欢喜，因为他底全计画，就是我从前的计画底一半，我不能实行我底计画，非常地不自满足，那么，看见他底计画底实现，我当然是要欢喜的。陈君底中国旧书底根抵，比我那时厚，基础科学底程度，也比我那时深，这是我平素知道的，所以我听说他有这种计画，我就料定他必不会失败，因此我底欢喜，更不得不加重一层了。

我把陈君的《墨子底政治哲学》通读了一遍之后，我果然发见我预期的好结果。全书中有些地方，虽和我底主观的见解，不能相同，然而从大体说来，我觉得我从前想要达到的目的实在也不过如是，陈君这篇著作在中国政治哲学的范围内，确可算得一种空前的杰作。

我读了陈君大著，觉得有两种印象。第一，他把墨子底政治哲学和墨子底其他哲学，详细分开的那种眼光手腕，确是非凡的。我知道关于墨子底哲学全体，我友胡适之曾有一篇空前的雄文①，然而陈君底著作，不但不与胡著相重复，而且还能够和他互相成就，

---

① 　疑指胡适《中国哲学史大纲》（卷上）（上海：商务印书馆，1919 年）的"墨子"部分。——编者

这确是不容易的。第二，陈君用科学的方法，解析叙述之后，把难解的《墨子》里面散漫无章的政治思想，弄成有统系的文章，使一般读者，可以用愉快的感情，去领略他，这也是陈君的一件大功。这几年来，主张旧书新读的人很多，然而系陈君这样地，收获良好的结果的人，我以为确是很少。

三

论道理，叙文应当把书底内容，介绍介绍，但是我却有不能够介绍内容的理由。因为我前面刚说过，我对于中国旧书，虽有志向，然而实在没有深的研究，若是拿研究不深的见识，去介绍研究较深的著作，想求不错，我觉得那是不可能的事。而且平常在政治理想上，我和陈君，同是主张社会庶民主义的人，就说拿现代的眼光来观察批评，也恐怕要和陈君底本文重复，所以这也是不可能的事。

四

然而我对于读本书的人，却有一种希望——恐怕也是陈君底希望——不能不顺便说。我所希望的，简单说来，就是希望读本书的态度，不要弄错。

墨子在政治思想史所占的地位，拿现代的话说，是应归入社会主义者的范畴里面，这是大家知道的。但是也因为墨子有这种色彩，所以读《墨子》的人时常发生两种错了的态度。

第一，是夸大狂的国粹家的态度。有种人本不知道外国社会主义是什么东西，偶然地一知半解，看见墨子底学说，带有社会主义底色彩，便说社会主义中国已经有过的，并不希奇；由此类推下去，赞成社会主义的，便把他作为主张底材料，不赞成的，就把他作为反对底材料。论道理，社会主义底价值和他适不适于中国，那能够拿他在中国曾经有过没有，来作判断底标准呢？

第二，是近视眼的功利家的态度。另有一种人把读书看成翻《验方新编》，想要在书本子里，立刻找出对证的方药，全不管病证底来历，和方药底配合理由。这种人看见《墨子》立刻想把他底主义用到现在的中国来，却忘记了墨子底学说，是怎么发生的，墨子底时代，和现代隔了多少远。

这两种态度，不单是对于墨子底政治哲学，可以发生，对于其他的中国政治哲学，也是一样。再进一步说，恐怕对于各种政治以外的学说，也是一样地，时常发生的。我以为这两种态度，都是错了的。大凡从前的人底政治和社会的学说，除开他造成历史的和思想的背景以外，与现在的政治和社会，是无关系的。然而现代底历史的和思想的背景，不是个个学说单独地造成，是各种学说连续综合起来造成的，所以我们若想研究古人学说，须要连续综合地研究，我们若想应用古人学说，也须要经了连续综合的研究之后，才能够达我们的目的。我希望读者把这本《墨子底政治哲学》，看成可以造出现代中国的背景全体底一部分读，因为这才是正当应取的态度。同时我根据上述理由又希望著者赶快把这种背景全体画出来。

十·九·十　北京大学

叙孟子底政治哲学[①]

《墨子底政治哲学》底叙还没有做完的时候，陈君又把他底《孟子底政治哲学》给我看，叫我替他做叙。陈君两种书都是一部大书底一部分，自然我的叙文，也可以说是一篇大叙文底一部分，所以我关于一般，想说的话，在《墨子底政治哲学》底叙文里面，已经说过的，在这里当然不再说了。

陈君底《孟子底政治哲学》比他底《墨子底政治哲学》，成绩更好，我读了一遍，格外得了一种很满意的快感。我从前为参考中国政治学说起见，涉猎中国书籍的时候，很不解孟子因为甚么，要那样极端地攻击墨子。那时我想：孟子底重民主义和王道主义底敌人，明明是当时的暴君和霸道，孟子应该下全力去攻击他们才是，然而事实上孟子对于他们仿佛还可以勉强地协和或说服，而对于有共同敌人，应该携手的墨翟之徒，反转表示断难融洽的态度——这真费解。到现在读了《墨子底政治哲学》和《孟子底政治哲学》，才晓得墨子和孟子间的冲突，是关于哲学底根本见解的冲突，不是

---

① 署名陈启修，选自陈顾远《墨子政治哲学》，1923 年 8 月，上海：泰东图书局，第 1~3 页。1921 年 9 月 17 日作于北京大学。

陈顾远《孟子政治哲学》（上海：泰东图书局，1922 年 1 月）刊印时未收该序，或是已付印而来不及收入，故附于其《墨子政治哲学》前。——编者

一时的功利的冲突，所以断难调和。关于这种学术的快感，我很感谢陈君。

　　孟子底政治哲学，虽然与孔子底政治哲学，小有不同，然而大体总可以说孟子是属于孔子一派的。不但渊源上大有关系，而且二者对于汉以后的中国的影响，也向同一方向，发生了不少的势力，所以我很希望陈君赶快把《孔子底政治哲学》著出来，使我们明白了解二者间的关系，和二者对于其后时代所发生的事实。这几年来我们听尊孔的愚论，也够受了，听攻孔的感情论，也厌烦了；真正能够一面尊重孔子学说反映在中国历代政治上的实力，一面又从学术上解释孔子学说底真意，批评孔子学说在现代中国的价值的人我还没见过。所以不能不期望他就是陈君哩！

十·九·十七　北京大学

局外的眼光和局中的人物[①]

——两个必要而且充足的条件

我这里说的局，不是指什么时局、政局。那种局面，反反覆覆，结局不过是甲得乙失，黄狗来，黑狗去，不值得什么考虑，且让那些政客们去嚷罢。我所说的局，也不是指什么经济调查局、水利局，或是什么饭局、牌局。这些局，好好地说起来或者可以成几个有趣的开心话，但是我今天是替《晨报》纪念号做文章，若拿这种题目做材料，未免太不郑重了，所以我决不敢指这种局。我想说的局，是中华民族的烂局、难局。这个局，从好的方面说，或者现在正是除旧布新底转机，从坏的方面说，也许现在恰是永不成局底前面的最后一局；无论是好是坏，我想当这个时候凡是不甘心作被处分的人，都应有一种活动底觉悟，所以值得说一说。

老实地说，我自己是不消说；我还狠希望不甘心被别人——内国人和外国人——处分的人，都站起来收拾这个烂局；好呢，大家都做一个除旧布新底分子；坏呢，大家气尽力竭以后演一个悲壮痛快的自杀；——这样，也不枉偶然生在这个烂局的时代。将来的局面，是好是坏，在现在谁也不知道。要赶快知道他，除非把现在的

---

① 署名陈启修，选自《晨报》1921 年 12 月 1 日第六版。1921 年 11 月 27 日作于北京。——编者

局面打破。我是急性人，所以主张用我们底人工把将来的事，赶快揭晓。我常常妄想着：若是用新式人工催生的方法，或者将来的局面，竟是好的，也未可知，因为从来这烂局所以一天比一天烂，就是信用瓜熟蒂落、水到渠成等旧说，不肯用人工的缘故，如今换一个方针，或者结果有点不同哩。

要收拾这个烂局，第一是要多数有自动力的局中的人物。请注意"局中的人物"几个字！局中的事唯有局中的人，能够向有利于局中的方面做去，局外的人虽然在明察事理上，有"旁观者清"底利益，但是局中人和局外人底利害关系毕竟是相反的。亲日派失败，大家是知道的了，我想亲美、亲俄底现眼报，也只是几年的问题罢。局中的人物要有自动力的，才能够收拾烂局。那种好像下等动物似的，外界有刺戟才暂时发生一种反动作用，外界的刺戟一停，就依旧回复昏睡的精神状态的人物，是万不济事的。试看这几年起哄的事件有多少，但是没有一件能够继续进行到半年以上的；果然是已经达到预期目的一部分倒也罢了，可惜他们单是回复原来的昏睡状态，那为起哄原因的事实，还是依然存存！

收拾烂局第二要件，是局中的人物具有局外的眼光。局外的眼光，也可以说是客观的眼光，因为局外人的眼光，比较地能够多带客观的性质。我相信社会上虽没有绝对的真理，然而在一定的前行事件，和一定的现在状况底下面，却有一种相对的真理，——只要前行条件和现在状况不变，那结果底大体有一定不会变的真理！——可以用社会科学的方法，研究出来。然而我们烂局中的人物从来不肯用科学方法，求客观的或局外的眼光；间或有人用局外的眼光，考察得种种事理，也不能被大众信用。局中的人的行动，一半是为个人利害或感情所支配，一半是原因于下等动物的反刺戟底生理。明明的直坦大路不走，偏要走绕弯的路；明明的生路不走，偏偏要走死路。什么南北统一呀，人民自治呀，经济自由呀，收回租借地呀，撤废领事裁判权呀，等等，那一件不是空中楼阁？那一件是从局外的眼光观察出来的？什么外债呀，借款呀，抵当呀，内债呀，添师呀，成旅呀，卖官呀，授勋呀，督军呀，省长呀，等等，那一件不是该死的？那一件私情和下等动物性底结晶？①

　　现在的烂局，要打破他，非有多数具有局外的眼光的有自动力的局中人物不可，而且只要有这种人物就足够打破了。打破以后的局面，是好是坏，虽不可知，然而不打破的状况，依旧继续下去，从局外的眼光看来，却只有国际共同管理中国一途，这岂是不甘心被别人处分的人类，所能忍受的？所以我希望这种人物多数出现。但是报告这种人物出现的言论机关，就希望他第一就是《晨报》，因为《晨报》从来本是先着社会走的报纸，他对于文化运动，已经冒了许多危险，行了许多贡献，所以我想他对于目下的烂局收拾上所需的必要的贡献，也必定能够本其固有的精神，奋斗一番，去创造他底民国十一年的新生命。

十，十一，廿七　北京

---

　　① 原文如此，作者欲表达的应为"那一件不是该死的私情和下等动物性底结晶？"——编者

大学教授陈启修之解决时局谈[①]

罗列五个办法—注意国际共管问题—说联省自治可能性较多—谓劳农主义较有利

现在中国底局势，无论谁都知道是快要破产而不能继续下去。因之各方面所提出解决办法也很多，大都各持一说，兹从某处觅得大学教授陈启修对于解决中国问题之方法底意见，颇平允，亟录之，以供国人参考。

就目下中国局势看来，既无健全政府统驭各部，以致混乱到极点，此种情势决不能继续下去。究竟此后变化是北政府归并于南政府，还是南政府归并于北政府，或是南北消灭或合并，另组织个政府，刻下我们固不得而知，但我们信以为武力统一，除了假借外力之外，简直可以说是梦想，和平统一，更是空话。然我们研究学问，既不能脱离社会关系，抛开现社会不讲，那么这个问题，到底如何解决，似乎为吾人所急应注意的，我现在把我夏间在家乡所讲演的一段意思[②]，与诸君谈谈。就现在各方面情势看来，大半国人对于解决时局的方法。除了武力统一和平和统一之外，约有五个，

---

① 选自《晨报》1921 年 12 月 2、3、4、7 日第六版。——编者
② 指本册所收《中国改造底研究》。——编者

我请先述其内容，那五个，然后考究其实现底可能性，再评判其利害得失。那么那五个办法呢？第一可叫做现状放任自然统一说。讲这种主张的人大半是守旧党，他们底意思，是说照中国底历史惯例看，向是久合必分，久分必合。现在中国分裂，正是几百年来统一太久底结果，而将来水到渠成自自然然地会统一。因为历史上趋势是如此，所以我们用不着强免，大可听其分裂，若果强免，也是无益。第一说老实话来就是敷衍着过日子的说法。城北老人，恐怕就是这种思想底结晶。第二是化大国为小国说。今日一般武人大半主张之，特未敢明目张胆地说出来。比如大广西主义、大云南主义、大奉天主义等都可算是这种主张底表现。他们底意思，是在把现在这么整个的大中国，就其分裂情势，变为十几个独立的小国家，只有各省在事实上能够自主便得，而无须强免把他们分拢，定要造成个大国家。其理也是说现在中国版图太广，交通不大方便，而各地人民底程度、性情也都不一致，种种新式的政治，很难实行，如实行一次选举，至少得半年功夫能完事。这和选举底本意，未免违背他，而至于军政、司法等都感同样困难，所有新式政治都难得实行，那么何妨任各省能自立的去自立，或分十几个小国家，与欧美近代小国主义潮流正相符合。所有这种解决中国问题底方法，在事实上、理论上都不能说为毫无根据。

至第三①种说法，就是从今日起，实行近代的自治组织然后联合成个统一国家，所以这种办法，即今日盛行之"联省自治"说。所谓近代自治即各省人民真能够拿握政权，而其与第二说不同的地

---

① 原文无"三"字，据文意补。——编者

方，就是前者底最终目的还是分裂，而后说则在统一，前者只问实力如何，要依实力组织小国，后则主张人民实行而成小邦。然一者固同主张依现今分裂状况而分裂，也同主张分裂之结果而组织小国，其理由固然也是相同，但是此外主张第三说的还有个根本理由，就是武人之主张组织小国决不以小国而甘休，势必今日侵略这个，明日侵略那个，弄得好像古代战国时候一般。若要免除这种祸害，自非各省人民实行自治，将政权从武人手里夺回不可。但今日既已成了割据之形，而各省政权全为武人所把持，那人民虽欲掌握政权恐亦不能。

　　然而联省自治的也说武人虽然横暴，但其在本省虽横暴，总有点桑梓之情，决没有在外方那么利害。且即横暴，以本省人推翻省省军阀总较容易，故本省武人虽欲把持政权，让人民掌握，虽然基础之不安固实远过外省数倍。这就是第三说底第一个特别理由。其次就是第三说既不主张，各省始终自主，而要组织联邦统一，所以他这种统一是自由的，丝毫不勉强的统一，较中国往年由一部分强迫其他部分服从而统一或由少数武人政客苟合分赃而统一是正当得多。若像现在任各省自治自主后，关于数省相关连之事，如食盐、外灾等项一经发现，出了困难时，大众必觉悟有协同动作之必要，在这时候再来联成一气成个大国岂不很合乎情理么，这就是第三说底第二个特别理由。

　　至第四就是列国共同管理说，此说由来甚久，而细分之，还有三种，即（一）财政管理说，（二）财政兼铁路管理说，（三）一般管理说。在十年前，美倡设六国银行团，其计画自思之，就是共同管理中国财政之朕兆。表面上虽好像是抵制日本，或是俄国，而实际里，如中国没有起革命、欧洲没有打仗，那他们底共管财政计画必定实现，而此六国银行团就是个先锋队。在外人看来中国人实无管理财政能力，所有欧美经济界盛行的，极精密的簿记、会计、稽核，等等法规，不但没实行，且动不动就营私舞弊，甚至连货币单位，都无一定，以致他们常受意外的、不可计料的损失。若盐税借款，由外人法定稽核就可算是实行共管财政计画之第一步，再及其他，如邮政共管、铁路共管，等等，事实皆可实现。但自欧战发生，六国银行团就无形中由破裂而解体。六国银行团虽解体，然不过外人要实行共同管理中国财政之计画受此打击罢了，至真心理固未尝稍变。因此欧战刚一停止时，即有新银行团出现。在国内一般亲美派人虽极力辩护说是在抵制日本之独占，然而美人又何以这般厚爱中国呢？由此看来，自不能无疑。如去年北京政府初次同新银行团商议借款时，彼即主张用田赋作抵押品，是其明证。故此次新银行团之设立就是共管财政之先声，此外如 Blang Woobhead Over-legh 等人，和一些日本新闻记者莫不力倡此论。在他们底意思，以为中国人如是其幼稚，非经西洋人代为教导二三十年不可。因有主张于总长之下次长之上，设一外国次长。中国总次长之权限，自计议国家大计，讲究施政方针，而关于庶务、用人、赏罚、稽核等权概归此洋次长之权限以内。这样子与中国人好脸面之心理既不相违背而又能得监督之实利。一俟训练到二十五年，成了良好习惯以后，那时再将大权交还中国。至第二种共同管理中国说，即不但共管财政，而且共管铁路。如前次班乐卫来华之用意即在实行共管铁路计画。此计旧首倡者亦为美人，但当后时美人鼓吹共管财政时，法人亦响应而努力鼓吹共管铁路。闻班氏共管铁路之计画，国内政客亦有赞成，且有屡次上书总统促其采纳班氏之计画者，至其计画之内容，闻即在将所有铁路，无论其主权属中国抑属外国皆一概拿出，另由中外人组织铁路委员会，共同管理之。如此不但可免纷离错杂之弊，并可免外人时常争路权及沿路矿权等危险的交涉。比如今日就有所谓交通系交通，系之中又有所谓新画，若拿省分来说又有所谓广东派、江苏派，皆是把持盘据，若一经外人共管则此积弊，自可一扫而空。只是当时虽有人造成，而日人方面，及中国政客与日本接近的亦皆反对。到后来就有人主张将财政与铁路一并归外人共管者，因外人之眼见中国内战不休，历年来所受损失殊属不少，若果交通、财政两项在他们掌握之中，则虽有战争亦不能受甚损失。反过来，他事不问，还落得消闲自在，盖铁路乃全国命脉，在商业上，犹为重要，此即第二种共管说所以发生，而有人主张不但共管财政，还得加上铁路底道理。至第三种共同管理说，就是主张不但管理财政与铁路，且一般的如司法、农商等等，一并共同管理之。比如司法，与人情风俗关系甚密，若由外人管理，似不甚好，然在外人看来，今日中国司法之幼稚大半由法官思想之陈腐，及与政局生关系以致不能行独立之实，若竟任外人共管则此种弊病自可免除。推而至于其他如农商、教育等等莫不皆然。且中国试验民治，如今已有十年，其成绩之坏，举世公认，足见其无自行统治之能力。此种论调在大战前，有德俄两国作梗，故不能行。而今反对者只有日本，然日本劳力甚微，恐将亦听列强之主张，如新银行团本不愿加入，而竟加入，太平洋会议本不愿加入，而竟加入，凡此种种，日本近年之外交方针皆不能与列强始终抗衡而必得听从之明证。反过来若竟一般共管，在形式上，日本虽无甚特殊利益，然因地理关系、人情风俗关系，日本与中国既相接近，实际上必然可得些优先利益，盖经济之侵略与地理人情关系密切。所以共管之说，或竟可得日本同意而能实现也未可知。不过这里面还有个问题，就是究竟中国人赞否呢，这个问题根难解答，但在外人看来，中国人本来就没有国家思想，只知道顾目前利益，如挂外国旗、打外国招牌来吓本国人，请洋愿等等是其明证。至少数读书人，如学生之流虽常起爱国运动，然救济目前害处，必为多数所赞成，那么只要用点武力强迫少数便得。总之共管之说，在欧美人心理皆极以为是，盖不用此法则恐因中国而起第二次大战。然时下国人多认为谣传，或谓为日本所造，而不加研究，这是极险危的事。

至第五种解决中国问题底办法，就是劳农式中国说，这说固为少数所主张，而不能得大众之相信心，其理由自以为前几办法非不能做到，即是有百害而无一利。想用常法仿效欧美平民政治，但中产阶级又无能力，故处此政治上、经济上受外国压迫得极其利害的时候，不如利用大多数，行无产阶级专政，这样或可绝处逢生。且自世界大势看来，日本早晚必起革命，将来他不能侵中国，也不能帮中国，那么能帮中国底忙，抵制欧美资本主义侵略的，只有接壤最宽的那邻近的俄罗斯。我们要想死里求生，莫如同地理上有关系的国家打个商量。且俄国要想生存，势不得不对外发展，要对外发展自得先从弱国下手，那么其唯的射线自在中国，所以与其将来受牺牲，曷若先携手。再从国情、一般人民底心理看来，中国大多数无知识人的通性，都是对于官僚武人，向不崇拜，自尊自大。若竟利用此种心理实行无产者当政，岂不是正投机吗？这就是我所见的劳农式中国说之大意。

　　那么就以上五个办法看来，各有各底理由，我以为现在我们应研究的，就是不在乎讨论那种合理，那种不合理，而在研究各种实现底可能性有多少，并且如果实现时，真与中国人民利害关系上，又是孰多孰少。那么就可能性上说，第一个自然统一法，当不可能，其理由也很简单，就是国人之苦军阀已久，再不能维持下去，而外人自欧战停止以来，其心目中底唯一物资本源和资本主义底发展地，就是中国，若竟长此纷争，他们所受损失太大，决不愿意任其继续下去。然第一说之最要关点就在维持现状，所以说不可能。且今日南北两政府，既整日地立于飘摇骇浪之中，究竟能否继续一月两月，一年两年，还是疑问。

　　所以第一说是绝不可能，而其理由亦甚粗浅原不足深论，我们所应注意的就是下列四种办法。那么现在我请拿对外关系上、社会心理上、政治上、经济上等四标点来批判其可能性底程度。第二个化大国为小国的办法，在社会心理上看来是可能的。因在今日国人心理，省界底观念本已印得很深，像那种大奉天主义、大广西主义，虽有多少人不愿听，然在本省人却有愿拥护者，因总有一部分人，可借此作官发财。至对外关系上，则不可能，最大的原因就是外债无人担负，而外人投资不能如从前那么方便。在经济上也不能成立，因为各省有的很穷，有的很富，比如四川出盐，那四川因天然关系，多此一财源，自较他省为富，反之邻省如贵州则必有因天产缺乏，在特殊情形上而不能自给的。然在政治上都可成立，因今日已成割据形式。至第三个联省自治底办法，在社会心理上也是可能的，其理由也如第二个样，国人本有省界观念，且联省自治既含有推翻军阀意思，那更是投合一般人底心眼儿。若在对外关系上也是可能，因为他并不主张始终分裂，而还主张"联"、统一。至在过渡时代，那将造成而犹未联时，似乎国债亦无人负担，而发生困难，如第二个一般。然有救济方法，可拿海关、盐税等等给外人作担保抵债。经济上或者可能，因其主要目的，既在"联"之一字，则彼此间就可免去竞争。只是政治上恐不可能，因今日武人既如是专横跋扈，决不愿抛弃其权力与人民行使。且这种办法有个最要条件，就是必得各省都能够真正自治成个真的人民自治省，若只少数或部分可行，其不能行省分里的武人必起而侵略别省。

至第四个共同管理办法，既是外人所主张，那在对外关系一点上，自属可能，不成问题。若在经济上当然也是可能，因中国今日经济命脉几乎全在外人支配之下。至在政治上也是可能的，因今日中国之政治权力，既完全在武人、督军团手里，但无论如何，督军团总打不过"公使团"。独有在社会心理上，据外人看来，似乎可能，因反对的只有少数知识阶级，然自吾人看来，却不可能，其最主要的理由就是有少数知识阶级反对。中国人因数千年来历史的关系，所谓士人，读书的人，特别成个阶级。而一般没有念书的人，大都表示相当敬意。若自他方面看中国人之心理又富于盲从、模仿，一旦素所敬重的士人说反对，加以鼓动，那大多数无知识的必定听从无疑。至第五说在社会心理上不可能，因宣传期间太短，而国人还是旧思想未除，若在俄国不用说别的，单只宣传也有五六十年之久。至对外关系上亦属不可能，因中国欠债太多，而外人又把中国当作倜金钱窟。劳农主义若果实行，则不但未来的希望没有，就是已往的债权还在恐慌中，所以必定出于高压手段，而封锁之。若俄国因地理关系不同，虽欲封锁，亦难得到，且其原先之国势亦较中国为优。至在经济上也不可能，因现在的中国已立于快要破产地位，且在外人支配之下。至在政治上确有可能底希望，因现政府已是毫无能力，不推已经要倒，若有列宁式的怪物其能够纠合群众，那结果或竟被推翻另组织个好像劳农政府的政府也未可知。

这五个办法底可能性，我既说定，现在我请假定万一实现时，利害又是怎样。第一个自然统一说最坏，因其为不生不死。第二个既是各霸据一方，成十几个小国，则对外能力减少，且必互相侵略，时常战争，增加人民底疾苦，甚至借外援以自重，实质上结局被外国吞并，使人民做两重奴隶。第三联省自治，无论往何方面看都有利益，即至少也可增加人民知识，知道自治是怎样一回事，得种教育上的利益。至第四共管，在一般乍看，似乎有利无弊，因可平定内乱，救济金融，使各能安生乐业，然自远点方面看来，则有大害，而无一利，因在外人共管之下，至少中国唯一之希望——教育、文化事业必致停止，尽产出些不相干的机械人材，且外人于二十五年后再归还，这明明是句骗人的话。且共管之后，列强相互间未必就能免除战争，至少日美之间，或英美之间，决不永远和平。如果战争则共管必致破裂，而中国必受瓜分，其害之大恐非吾人所能料其万一。至第五劳农式中国办法，想要实现，可能性太少，但拿大的眼光看却有利益。我们结局没有一个自己保存的办法，则与其受军阀摧残挫折，何若行无产者专政，与其受列强侵略榨取，何若与第三国际党握手。与其奄奄一息，曷若孤注一掷。以上所说就是我个人对于解决这不可收拾的时局方法底批判。

社会主义底发生的考察和实行条件底讨论与他在现代中国的感应性及可能性[①]

一、解题——题底由来及意义

A. 题底由来　这个题目与现今言论界上讨论未决的那个"中国应先发展实业或先实行社会主义"的问题很有关系。对于那个问题我很留心双方底主张。我觉得他们多半把顺序弄错了，少半是别有所谓，所以议论不能公平，因此也就没有满足的结论。论理，能不能不行社会主义，和应不应不行社会主义二个问题，对于中国前途，关系重大，我们应当平心静气地研究他，讨论他，并且批评他。中国现在一般的学者虽尚没有容人批评的雅量，然而他们所讨论的问题却是可以研究的，所以我们不妨把这个题目拿来讨论讨论。

B. 题底意义　关于这个题目我有三项声明：第一，我们的考

---

① 陈启修讲，余家菊、陈石孚记（陈石孚为陈豹隐弟陈憬修长子），选自《评论之评论》1921 年 12 月 15 日第 1 卷第 4 号"社会主义与资本主义争论问题"，第 1—11 页。收入朱毓魁编：《现代论文丛刊（第一册）》第八类"社会"，上海文明书局，1925 年 2 月，第 40—53 页。本文为 1921 年 7 月 7 日陈豹隐在北京砺群学会的讲演。——编者

察是从发生方面，而不是从历史方面着手（Socialism in its genetic，not historical，aspect）。历史的考察在乎叙述已往的情状或事实；发生的考察在乎探求这些事实所以实现的原因。我们从发生方面考察社会主义，就要问出一个"社会主义底所以然"来。欧美各国底经济状况不同，其所产生之社会主义亦因以有各别的形态。若从历史方面去研究，再也找不出一点线索；因此，只好用发生的考察，先求得他的目的，然后他的全部方才可以说明。

第二，我们的观察是"科学的"（Scientific），而不是"理想的"（Ideal）。历来讲历史哲学的人，或者主张"一切唯心造"，因而造就唯心史观底学说；或者主张"物质生存底生产方法可以决定社会的、政治的和精神的一切进化"，与"无论在那个历史的时期里，现行之经济生产和交易底形态，与从此形态而出之社会组织，乃全社会底基础"，因而造就唯心史观（或经济史观）底学说。世人之宗主后说者，遂断定在社会主义发生之先，必须经过资本制度或有大规模和大组织的实业制度。然而依据我们的科学和观察底结果看来，这是没有根据的。我们本科学的观察，也不偏于唯心史观，也不偏于唯物史观，结论是怎样便是怎样；这完全是事实底问题，而决非善恶底问题。所以更不能讲这是个人底信仰或主张。不过我们还得注意：

第三，本讲演底前半和后半底关系，是原理和应用底关系。要使后半底结论有效，必要（a）承认前半底原理是真的，（b）中国底事情是确实的。不过这两个条件并不是随随便便就可以满足的，所以后半底结论只能作为假定。我们在事实没有证明以前，决不肯定地说我们的结论是必然的——他可以不必尽然，因为这不是预言

（Prophecy），而是预测（Forecast）。

二、社会主义底发生的考察

A. 社会主义底意义

在这种考察之前，必须先明社会主义底意义。不过这个问题甚难简单解决。普通说社会主义有二义：

（一）广义的。这是拿"以社会为中心的思想来观察社会制度"的主义。此中除狭义的社会主义外，包涵社会改良主义、基督教社会主义、封建的社会主义、劳工组合底社会主义数种。

用个人或国家底力量来改进社会，使富人增多而贫人减少；用私人底名义，创设劳动保险等类，使老弱疾疾有所依恃：诸如此类，皆归社会改良主义。

基督教社会主义派以为所谓社会主义者，不外以基督教底教义施之于社会改良之上就是了。他们主张以伦理的和精神的原则，去维系社会一般人民底心。他们设法去增进人与人间的结合，并且散布协力合作底智识。基督教本来就有新旧两派，这种社会主义也有新教和旧教底分别。

一七八九年法兰西革命，第三阶级推翻君主贵族。君主贵族于是与第三阶级联合，反对第三阶级——他们就成为封建的社会主义派。德国底中央党和法国底王党，与社会党结合，也属于此派。

劳工组合底社会主义在英美甚为盛行，而尤以英国为最。他们组织团体，改良私有财产制度，但非绝对地主张取消他。亦有人认为此非真正的社会主义。

（二）狭义的。"这是推翻现在组织之全部或一部以获得意志底自由和丰富的生存为目的，以免除精神的、经济的及政治的势力底压迫为手段"的主义。此中包涵批评的社会主义、科学的社会主义、无政府共产主义、基尔特社会主义数种。

批评的社会主义亦称空想的社会主义。此派底信徒看见现存竞争制度底坏处，主张生产机关底公有，以为救济。英法初期底社会主义者，如涡文、圣西门、傅立叶、路易、柏郎诸人皆属此派。

科学的社会主义又有德国底社会民主党、法国底工团主义、美国底 I. W. W.（Industrial workers on the world）和俄国底布尔扎维克之不同。此派原始于马克思，他们自命为"科学的"，盖所以别于"理想的"而言。各国因情形不同，所以结果有种种的派别。

无政府共产主义派以克鲁泡特金（克氏今年春季逝世）为代表。克氏底要紧的著作有《革命者言》（一八八四年），《在俄国和法国底监狱里》（一八八七年），《面包底掠夺》（一八八八年），《国家在历史上所占的地位》（一八九八年），《田庄、工厂与手作场》（一八九九年），《革命者自传》（一九〇〇年），《互助论》（一九〇二年）等。

所谓基尔特社会主义者乃"消费者之代表（国家）与生产者之代表（劳工组合）相互提携，以解决产业管理上之诸问题"的主义。此派发生尚不久，发荣滋长于英国，故其代表如柯尔（Cole）、霍布生（Hobson）、安德生（Anderson）、倭勒基（Orage）、罗素等皆系英人。

我们在本文里所要讨论的社会主义，是指狭义的而言。狭义的社会主义又有积极的与消极的两方面：

（一）积极的　社会主义在积极方面想：

（1）从根本上改造现在社会组织之全部或大部分；

（2）以获得意志底自由与丰富的生存为目的；

（3）以免除社会的弊害为手段。

（二）消极的　社会主义在消极方面要：

（1）扫却苦闷，使人得享精神的愉悦；

（2）免除贫困，使人得有经济的丰裕；

（3）断绝屈服，使人得有行为的自由。

以上苦闷、贫困和屈服三种可以概括社会上一切的痛苦。但这些痛苦是从那里来的呢？

B.　社会痛苦发生的原因

社会上的痛苦可大别为天然的和人为的二种。天然的痛苦我们固然要尽力去救济，但是假若到了无能为力的时候，我们也只得听之而已。所以这一层不成问题。至于谈到人为的痛苦，这既然叫做"人为的"，那自由是我们自己所招致的了。

人为的痛苦多半是起于经济的和权力的压迫。在初民时代，除随身的武器和装饰品而外，无所谓财产，即有之，也是一族、一团、一群或一部落所公有的，而非个人底私有物。后来财产底观念，发生私有财产制度也就渐渐地出现。直到十八世纪产业革命而后，以至于现代大规模的工厂制度时代，私有财产可谓发达到极点。资本家因为资本集中底结果，少数人拥有全世界财富之大半，而多数的贫乏的人甚至于没有立锥之地。贫富悬殊，判若天壤，无怪乎社会痛苦一天比一天增多！无怪乎救济底呼声一天比一天紧急！

C. 社会痛苦底救济方法

少数人拥有巨资和把持权力，因而能够左右社会上一切的事物。这样的场合既然足以引起社会的痛苦，那么我们要想救济此种痛苦，也就只有：（一）使权力消灭；或让他存在，不过把他化为共有。（二）废除私有财产制度；或让他存在，不过加以限制就是了。此二条乃唯一的方法，除此而外，无论在学理上或实际上俱无他法，所以在社会痛苦存在的时候，社会主义（以上两条就是社会主义底一部）是不能避免的路径。

倘诚实行社会主义，生产机关完全归为公有，生产底管理转到大众底手里去了，那也就再不会有少数人把持一切的事实发生。在那时候，少数人从经济方面和权力方面压迫民众的弊病既然可以除掉，那么怎还会有社会痛苦发生呢？

D. 结论

现在讲社会主义的人多半以为先期发展实业是实行社会主义的最要的条件。其实不然。社会主义之所以发生，原在救济社会的痛苦；所以只要有社会的痛苦底存在，社会主义就会发生的。

俄国自从一九一七年十月革命之后，一直到得现在（一九二一年七月）差不多已经实行了四个整年的社会主义了。

我们不惟不能说他是个失败，而且只能祝他的成功。俄罗斯以农立国，实行社会主义大告成功，中国底农业远在俄国之上，岂不可以行社会主义吗？况且欧美各国底实业如此地发达，尚未能行社会主义，而俄国底实业简直不发达，社会主义反而盛行，于此我们可以窥见"先实业而后社会主义"之说底谬误了。

然则社会主义何以不发生于十八世纪产业革命之前，而适发生于十八世纪末叶产业革命之后？前乎产业革命社会主义不发生的原因有三：

（一）从前的教育大半是愚民的，凡事都归诸天命，所以那时的人没有自觉心。既没有自觉心，就决不会发生社会主义。

［按欧洲黑暗时代（Dark Ages）只有僧侣能读书识字，再生时代（Renaissance，或译文艺复兴时代，胡适之译再生时代，与字义洽相吻合，兹从胡译）以后底文学也只是贵族的，而不是平民的。教育不普及，那里说得上社会主义？］

（二）当时的生活程度很低，人们底欲望易于满足，即使有时也得受一些痛苦，不过因为那些痛苦并不利害，所以也并不足以激成社会主义。

（三）那时土地与人口的比较，简直是地有余而人不足。衣食给足，安居乐业地当他的老百姓岂不更好，何苦去讲究什么社会主义呢？况且当时的君主如果对待人民不好，人民就会欢迎别人；因此君主们要想得人民底欢心，也就变成"开明的君主"（Enlightened Monarch）了。所以人民虽然一时稍有苦楚，其心中总还有一线的光明和希望，那像现在的压迫一天比一天利害，逼得人民不得不自觉呢！

三、社会主义底实行条件底讨论

社会主义底发生和他的实行，是截然二事。发生以后未必即能实行，故二者不可混为一谈。所谓实行条件底讨论者，就是说在何等情况之下，社会主义方才可以施行于实际政治之上。社会主义除现代俄国底苏维埃政府早已采行外，其他各国尚没有取用的。因此，本段底大部分是理论上的推测，而非事实上的证明。

社会主义底实行条件有两种：

A. 施行有效条件

要想社会主义施行后发生实效，下列三项是主张社会主义者和反对社会主义者所公认为必要的：

（一）教育普及 人民没有智识，永远也不会发生自觉心。所以要自觉心发生，就非教育普及不可。社会中各个人既皆自觉以后，他们方才晓得自己的职分如何。明白了自己的权利义务，再加以一番自治底工夫，然后实行社会主义，方可保无弊端。

（二）团体生活之训练 社会主义底二大原则是共同保有生产机关和共同管理生产事业，他所注重的就在"共同"二字。倘若没有团体生活底训练，遽然实行社会主义，那么对于共耕、共食、儿童公育等事必多困难。所以在实行社会主义之前，应先有团体生活底训练。

（三）生产方法底进步与艺术化 现在人类底四分之三均恶依恶食，将来要使全体底欲望都能满足，不仅在减少奢侈及浪费，并且还要设法改良生产方法，务期以最少的劳力得最多的报酬——收获。此外还要使人们对于各种劳动不认为是讨厌的、苦燥无味的痛苦事业，而认为是有趣的、活泼的艺术事业。至若下等劳动则更须以艺术改进之。

以上三端是社会主义底施行有效条件。但文明愈进步，则国家底组织愈周密，法律愈完备，军警愈森严，随时随地都有监视之者。可见人类底本性甘愿受外力底压迫，殊无自己了解之自觉心与自治心。若然，是第一条件不能实现。现在底劳动者各谋事业，各谋衣食，毫无团体底行动。其作工，则以得钱为目的，而无一点利他底心意。是第二条件亦不能实现。近世物质文明很有进步，生产方法亦至经济。但凡此皆为大资本家增长利益而设，对于大多数人民固尚无若何的好处。至于劳动底艺术兴味，更无提及之者。是第三条件亦不能达到。上列三种条件现在虽皆不能实现，但吾人既认其为"有效的"，自当设法使之实现。因此，更有期成有效（或过渡期间）的条件，以敦促其实现。

B. 期成有效条件

期成有效条件含有二端：

（一）国内外底支配或所有阶级不反对；

（二）劳动阶级多数底赞同和团结。

期成有效条件实现以后，施行有效条件底实现方才可能。上述二端虽然一时未能办到，然而也不能不察看国情，用种种方法来达到我们底目的。各国社会主义者对于使期成有效条件实现之方法，分三时期说明之：

（一）理论底宣传时代　说明现在社会之罪恶及社会主义实行后之光明。此种宣传可分两方面：

（1）对支配阶级，使资本家不虐待劳动者，并表同情于社会主义。

（2）对劳动阶级，竭力游说，使其有自觉心。

此二种方法为批评的社会主义者（十八世纪至十九世纪）如傅

立叶、路易、柏郎诸人所主张。惟当时底资本家断不肯抛却本身底利益，而一般劳动者又谓此为理论的空调，绝对不会实现。所以虽然经过一番的宣传，也没有一点效果。

（二）着手实行时代　德国社会主义者鉴于批评的社会主义者底理论宣传无效，乃组织团体，另辟途径，以期实行。其所由之道有三：

（1）国会的。社会主义者见立宪国家惟国会权力最大，故采用竞争选举方法，以期在国会内占大多数，用国会权力实行其所主张。

（2）自助的。国会议员多从有产阶级产生，劳动者欲与之竞争殊非易事。各国行之者亦鲜有效果。即以德国底社会民主党而论，该党在国会中虽有势力，而其所主张亦难期有效。故主张自助的社会主义者，主张同业者联合，所有一切产业为与该团体有直接关系者所公有。由小团体组织大团体，再由大团体组织国家。

（3）国际的。采用此法者以为仅恃本国人在本国内活动，其势力尚小；如能联合世界劳动者，以与资本家对抗，其势力大而收效速。

欧洲各国社会主义者采用此三种方法者甚多。但实际上，世界无论何国，有产阶级万无不在国会内占多数之理。且资本家之后，还有政府以全力拥护之；对于社会党多方阻碍，多方压迫，故国会的与自助的均无成功。一八六四年（九月二十八日）有第一次国际工人协会出现，一八八九年（七月十四日）又有第二次国际工人协会出现；但当时国家主义深入人心，牢不可拔，各国政府复设□使社会党自相攻击，故第三法亦未能实行。

（三）强制执行时代　因第二期底方法未能实行，遂急转直下，而入于强制执行时代。

（1）用直接行动支配产业。法国底工团主义者和美国底 I. W. W. 中人等，否认国家及资本底权力，结为团体，以团体底能力强制执行。

（2）第四阶级底独裁。如俄国底布尔札维克[①]，采极端办法，改造社会；以第四阶级中人管辖国家及产业。

（3）国际的。从前的国际工人协会往往意见纷歧，行动亦不一致。自列宁底第三国际党出现，惟同旨趣、同主张的社会党始可加入，故内部颇健全，份子亦颇纯粹。现在社会党之最有成效者当推此党。

C. 结论

社会主义施行有效条件底实现，有待于期成有效条件。期成有效条件底推行方法甚多，而成功者惟俄国底第三国际党。从结果上说来，不能不说第三国际党，所采用的方法为现在推行的最好方法了。

四、社会主义在现代中国的感应性

本段底意思就是要考察中国能否受社会主义底传染。要问能否传染：

---

① 前文做"布尔扎维克"，不做强行统一。——编者

第一，就要观察中国贫民底状况，及中国社会有无弊害。但此层考察，因为统计报告材料很少，所以颇感困难。仅据我们耳目所及，如云贵多食玉麦，甘陕多食黑膏粱，此外各省之不能不安于粗食者尚多。即以顶小范围言之，可以说中国贫民数目比外国多；困难状况比外国人更甚。即退步言之，亦可以说与外国程度相等。

第二，要看支配阶级底状况。从内部观察，中国底政权，仅掌于极少数无学识、无道德的武人底手里。国内资本家又多为政阀、军阀底变形；其非军人、政客变像者，又俱无学识、无道德，惟利是视。像此等人，要他们对于劳工不加迫害，对于贫苦的人表同情，乃万不可能的事。再从中国底外部观察，通商各埠，外国人握有支配金融全权。如汇兑、贸迁、出入口货等，任其颠倒，欲高则高，欲低则低。铁路轮船事业又多为外人所垄断。即财政长官，亦非对外国确有活动的能力者，不能担任。甚至东三省各地，军警长官底任命亦须得外人同意。是外人底势力，由商业侵入财政，财政既归掌握，则其余各项事业自不难指挥如意。所以我们想外国资本家替无产阶级谋利益，以减少社会的弊害，那简直是不可能的事。

第三，要看中国中等阶级底状况。中等阶级包含社会上三种人：（a）小农工商业家，（b）教员及下级官吏等，（c）自由职业中人如医生、辩护士之类。照普通说法，中等阶级为社会中心。他无经济的迫害，有机会发展个人底天才和本能。故学术技艺，皆从此中产生；道德人格，亦由若辈养成。所以，中等阶级日益增多，即可征知其社会之发达；中等阶级日渐减少，即可征知社会逐日败坏。中等阶级间于劳工及资本家之间，资本家拥有钜金，不易降入中等阶级，中等阶级底人亦不易暴致千金一变而为资本家，大抵无产阶级富则升为中等阶级，中等阶级贫则降为无产阶级；其盈虚消长，二者适成反比例。现在中国中等阶级是增多还是减少，亦无确实的调查。但一般的观察都觉得生活程度日益增高，谋生日益不易。如我们的亲戚朋友，从前是中人之家者，现在事事都感困难。其原来稍困难者，现在甚至无以为生。可见中等阶级是渐渐减少，这是无容或疑的了。

从上面第一层观察起来，我们知道中国贫民非常之多，社会弊害亦异常之大。从第二层观察，知道要资本家表同情于贫民，设法减少社会弊害，全是不可能的事。从第三层观察，更知道国内中等阶级日益减少。如不遇非常的变更，让现在政府和资本家照样支配下去，我们可以说：说社会弊害只会日渐增多，不会渐渐减少。社会弊害增加，即为传染社会主义的绝好机会。那么，中国对于社会主义的感受性，是很强烈很利害的了。不过传染社会主义后之好坏，那又另是一个问题；与本文无涉，故不多及。

五、社会主义在现代中国的可能性

看上面施行有效条件底第一条，教育普及与个人自觉和自治，不消说得，这是中国所没有的。第二条，团体生活底训练，中国人素少团体组织，自私自利，不用说，也是没有的。第三条，生产方法底进步及艺术化，现在文明各国尚还欠缺得很，我国人更说不上。

再看期成有效条件。上段里面已经说过，国内外底资本家都反对社会主义；而劳动阶级无组织，无智识，亦不能赞成；是期成有效条件，中国也是没有的。

再看期成有效条件底鼓吹方法。第一宣传，因农工没有智识，复加以政府军警底妨害，不能实行。第二国会方面，在现代中国非有势力的人不能当选为国会议员，是在国会里劳动者亦决不能占多数。欧美各先进国之从事于此二法者尚无效果。今试就其为近今各国所采行，且行之而略有效果的工团主义及第四阶级独裁制度略言之。

现在工团主义之盛行而略有成效者，为法比二国。究其故，则因法比实业发达，都会地方工厂林立，故工人之组合甚易。在农业国，则必不能施行。第四阶级独裁制度，俄国行之，支持将届四年。今其内部状况虽不十分明了，然其非失败也则甚明。考其何以能行于俄国，则据大要言之，有下列五种原因：第一，旧政治无法廓清。俄罗斯在罗曼诺夫（Romanoff）专制朝代之下，内政操于一二人之手，如一九一七年革命未起之时，全国枢密，全归一荒淫老腐之僧人名拉士布丁（Rasputin）者。外交则远东近东，在在皆是问题，而在在皆无解决之方法。故迫不得已，而有三月之革命；由三月革命，而有十月革命，而有苏维埃。

第二，下层阶级比较地忠厚。俄国下层人民久处专制政治之下，多有服从心。故比之他国人民，更为易于驾驭，且更为朴素和忠厚，故虽骤握正权亦不至于捣乱跋扈。

第三，中等阶级降入劳动阶级。劳动阶级中鲜有有智识及有能力者。然一旦中等阶级受生计的压迫，一降而为劳动阶级，则可以运用其智识经验，以指挥、管辖、宣传及鼓吹劳动运动，而苏维埃制度乃生。

第四，农业国家。英法各工业国底工人，道德品行都不很好，一旦挟有统治大权，则流而为暴戾恣睢。惟在农业国则不然，其国民多安分守己，农民道德是很好的。故虽彼辈握有政治上的独裁权力，亦不致滥用职权。

第五，军士皆由农劳出身。保护国家、维持秩序，是军人底本分。军士既皆来自田舍间，早已备尝甘苦，对于下等社会中人，必能表同情。因此，亦易受社会党运动。

中国现在的状况，是近于法比还是近于俄国？是适宜于工团主义，还是适宜于苏维埃？仔细考察起来，国以农立，实业尚未发达，与俄国最为相似。且政治早已无法廓清；中等阶级又日益坠落；下等阶级复甚忠实，且多能服从；军队中人亦多从农民出身者。苏维埃可实行之五条件，件件俱有。故今日中国不发生社会主义则已，苟能发生，则只有俄国式的社会主义。

苟现在政治状况无甚变更，或其他原因中途发生，恐将来诚不免步俄国底后尘。

六、总结论

社会主义底发生，由于社会弊害甚多，大多数人民无意志底自由，且受贫穷底压迫。社会主义底目的，在改造社会，丰裕生活，和减少痛苦。社会主义底推行方法：施行有效条件有三，期成有效条件有二。欲期成有效条件实现，各国社会主义者所采之手段，由理论宣传而入于着手实行，由着手实行而入于强制执行。其在今日，行之有效者，厥惟俄国底第三国际党。

再从我国内部状况观察，中国贫民众多，中等阶级日益减少，支配阶级又无减轻社会弊害之望，是中国确有社会主义底感受性。至于国情、民俗、历史、政治多有与俄罗斯类似之点，且对于苏维埃制度实行之五种条件，俱有可能，是社会主义在中国底发生，若无意外的阻碍，恐怕是不可免的事实。更加之，中国人民内受国内资本家底摧残，外受国外资本家底束缚，欲为大多数谋幸福和减少迫害，恐怕舍实行社会主义和与国际社会党联合外，别无他法。总而言之，照现状推延下去，苟无意外事实发生，则将来中国前途，必以联合国际社会党为自然的极轨，此是可以预卜的。

一九二一，七，七　北京

我理想中之中国国宪及省宪[①]

一　中国制宪之意义

中国制宪事业自开始之日起算，迄今已历十年。在此期间中，政治上及社会上之情形，屡经变迁，故各时各人对于制宪之意义亦抱种种不同之见解。此种见解之差异，在理论上不但足以影响宪法本身之内容及价值（例如主张制宪为统一手段说者，谓宜限最短期间，将六年二读会中之宪法完成公布之，而后按照《宪法修正法》，修正不适于现今国情之条款之类），而且足以牵涉制宪之机关（例如国会制宪与国民制宪之争）及制宪之程序（例如国宪、省宪之先后问题）。故研究中国宪法问题者，似应将此种根本的见解，先作一明白的辨别，以为研究之基点，因若不如是，则方便论、模仿论及法理论等必将错综纠缠而不能发见彻底的主张。其结果必驯至于

---

①　署名陈启修，选自《东方杂志》1922 年 11 月 10 日第 19 卷第 21 号"宪法研究号（上）"，第 1～29 页。收入东方杂志社编：《中国改造问题》（东方文库第十五种），上海：商务印书馆，1923 年 12 月，第 45～95 页。——编者

朝一说，夕一论，无定见，无操守，日走巡环路而不自恤，如彼官僚、政客、武人、名流等数年来之所为也。欲明制宪之意义势不得不先回顾中国制宪运动之历史。

中国最初之制宪运动，实为清末之法治运动。清末法治运动，以方法言之，虽可分为革命党之民主政治运动、立宪党之君民共主运动及满人之钦定宪法运动三者，然其共通目的，皆在法治，其主张之带有模仿性，亦甚相似，故从制宪之点观之，直可谓为同一运动之各方面。此种法治运动家，未能深考法制与政治及社会之关系，而但迷信欧洲宪法政治之可立致富强，故根据此种运动而生之中国第一次宪法即《临时约法》，徒为一种模仿品，虽历十年，而曾无法治之效果，至今日除共和国体一事外乃不啻成为具文矣。

民国二三年第一次国会之制宪为中国之第二次制宪运动。此次运动，对于法治方法，具有具体的条项，可谓较为进步，其主要内容，本为议会政治与总统政治之争论，在宪政原则上，亦甚重要，原有公平考究决定之可能性。而惜乎当时之制宪运动家中，不论少数党及多数党，俱顾虑私利或私见过甚，致使议会政治与总统政治之争论变而为国会多数党对少数党及袁世凯个人之争斗，立国之要具，变而为对人之方法，而制宪事业遂随拥袁及倒袁之声而俱去矣。

中国第三次制宪运动，为民国五六年之制宪。此时共和国体及议会政治二者，依第三次革命流血之代价似已为全国所公认，故当时有制宪权之国会，狃于对袁之成功，以为更莫之能毒，于是应乘国会重集之机，跃居第一位之制宪事业，竟被轻视，而地盘之争夺，反为各派各党所重。实则以理言之，袁虽倒去，然武人之势，较前更张，议会政治对武人政治之争，实已待触而发。若能以国会之全力，假《约法》新复之威势，以制宪法而定中央权力与地方权力之分配于其中，则虽有强暴之武人，亦恐不能公然更与国会为敌矣。惜乎当时徒以制宪为粉饰太平之具，而务争地盘，致使失意之议员，反得挑拨武人之机，而武人政治之流弊，得此辈之推波助澜乃至今而有加未已也。

中国第四次制宪运动为民国八九年之国民大会制宪运动。国民大会运动之目的，其初本在解决南北政治问题，后忽一变而为制宪运动。其主张制宪之理由有二：一谓据《临时约法》，主权在国民，故国民可制宪；二谓国会制宪毫无希望，而国不可一日无宪法，且中国之内乱，其总原因，皆在无宪法，故国民应制宪。然此种理由，显与《约法》之规定，及《约法》存在之理由（因《约法》即是宪法之一种）相背，且亦与南北实力政府之主旨相反，故未能有美满的结果。

中国第五次制宪运动为十年之联省自治运动。此种运动之目的，表面上虽似在制省宪，而理论上实应包含国宪在内，故不能不以之为国宪制定运动之一种。联省自治运动之目标有二：一在打破中央集权式的武力统治，故对于中央与地方之关系主张联邦制；一在打破各地方之武人政治，故对于各邦（省）之政治，主张人民自治。联省自治运动者，一方面对于各地方之武人政治既无法使其一旦消灭，而他方面对于国会及中央政府，又无法遮饰其革命性，故联省自治说，亦尚未收甚大之效果，然其目的在根据事实行彻底的改造，则固有异乎其他制宪运动也。

中国第六次制宪运动，为十一年之旧国会制宪运动。此种运动家以制宪为南北统一之手段。其理由谓武力统一既非南北双方政府所能为所敢为，联省自治的统一，亦非事实上所可能，而长此浑沌又非今日人民所能忍受，无已，则恢复法统，使旧国会制宪，实为解决时局之最简便之方法，盖法统恢复，则南孙北徐皆将自然失其根据，而后以宪法之规定，承认各省相当之权力，则各省武人必乐就中央之范也。此种制宪运动，今尚在进行中，虽孙徐之台已拆，而武人之跋扈，则有加无已，其目的究竟能达至否，尚在未知之数也。

统观以上中国制宪运动之历史，可知各时代主要运动家对于制宪所持之意见，各有不同，若分为派别，持与各时代对照观之，可如下列：

（一）万能观——清末及民八九年

（二）粉饰观——民五六年

（三）一时手段观——民二三年及十一年

（四）共同生活改造方法观——民十年

以上所列，系就大体而言其特色，若详细察之，则事实上此数种意见固可同时并存，因此处系用统计的历史观察，而非用记载的历史观察也。此等制宪观之价值若何，虽不能一言而决，然依前述，其价值之批评判别，实为研究中国宪法问题者之起点，故聊述愚见于下：

（一）万能观　万能观视制宪为政治之唯一要义，以宪法法典为万应灵药，既不问其宪典之内容若何，更何暇问其内容与历史及社会之关系若何，故即舍此种万能观之过去的效果而不顾，而专言理论，亦殊无充足之理由。此种观察之存在，在清末法学未昌，宪法（《临时约法》）未生之时代，容或可以解说，乃不图在护法战争屡次发生后之民国八九年及现在，仍睹此种观察之存在，实足令人不解，而其多出于知识界名流及大政客，尤堪惊异。愚谓此种万能观有五谬：不明宪法内容与其效果之关系，而但谓制宪即足以致治，其谬一。不知《临时约法》为宪法之一种，而但言国无宪法何以为国，其谬二。不知中国之乱源，不在无宪法而在有宪法而不奉行，而但倡言无宪法为内乱之源泉，实等于且轻法且重法，自相矛盾，其谬三。不明法典之威信，系于其制定机关之正否及有瑕疵与否者甚大，而但卑辞祈求在纯法理上不能存在或合法之旧国会（无论六年或八年，说见后）之制宪，其谬四。不明《天坛宪法》与《临时约法》之精神，大体相同（纵加入分权的地方制度，亦难更正其不适于在中国运用之点，说见后），而谓应将二读会通过之草案，从速通过三读会，以期收《临时约法》所不能收之良果，其谬五。

（二）粉饰观　持粉饰观者视宪法为一种文明装饰物品，故视制宪为一种对外行为而不甚感其尊严及重要，凡谓共和国不可无宪法，或民国成立十年尚无宪法，实为国之大耻，或国无宪法，何以自侪于文明国际团体者，皆属之。持万能观者往往同时持粉饰观，故粉饰观往往与万能观同其谬。如不认《临时约法》为宪法，一也。不明宪法之见重在其内容而不在其名称，二也。此外，不知宪法与国民生活关系之密切，而但从对外关系立言，则为不懂法律；徒因文明国大抵皆有成文宪法而思模仿，则为盲从；凡此皆持粉饰观者特有之谬也。

（三）一时手段观　持此种观察者仅视制宪为一种政治上之一

时的手段，故所欲制之宪法之内容在理论上难免仅有一时对付的性质而无适合环境之永久性，且一方以制宪为手段，则他方必有以不制宪为手段者，其结果或反致制宪事业之顿挫，民二制宪之中止，其明征也。现今之旧国会制宪统一运动者，亦抱此种手段观，愚不但根据上述理由，深以为不宜，且以为单以完成《天坛宪法》为手段，亦万不能达统一之目的。何则？（甲）法典之能实行与否，系于其制定程序之合法无疵与否者甚大；而现今之旧国会，无论六年国会或八年国会，从纯法理言之，俱已越过任期，不能有存在之余地也。任期为一种公法上之期限，其目的在限制充当机关者之职责，而不在保护其利益，故任期当以历年计算而不当以充当机关者受益之期间计算，此证之通常充当有任期之机关者，被人代理时不扣除代理期间而计任期，及死亡时补充人仅以其所余任期期间为限之法理，实极明显。此事愚前于论黎元洪复位无法律的根据时（登北京《晨报》），已言之綦详，兹不赘及。任期之理论如是，推之于国会议员则其任期当然应以历年计算，而不应以会期计算，此不但各国通例皆然，且即就法律本身言之，若谓任期指会期，则何以解释临时会耶？故旧国会之参众两院议员，在法律上现今皆已无任期可任，故其所制定之宪法根本上不免发生瑕疵也。至于民六、民八之争，以愚观之，实已不成问题，但假设任期未满，则在纯粹法理上，民八国会议员之合法者，必较多于民六议员，盖一则民六议员，因丧失当选资格（例如当官吏及充第二国会议员）者必较多；二则民六议员之半数，皆合法地依《议院法》第七条之规定而被广州非常国会解其职也。此事或有依《国会组织法》第十五条两院非各有总议员过半数之出席不得开议之规定，将开会与开议混而为一，而曲为民六议员辩护者。然甚属不安，盖开会之为会期之开始日，而非议事开始日，证以《议院法》第一条、第二条之规定及外国宪法上规定常会开始日期同时又规定开议法定数之精神，甚为明显也。总而言之，在法理上旧国会已失其根据，故只能如某君所昌言为一种事实的国会，恰与各国革命后之事实的政府相似；事实的政府，由前政府观之，必为非法的，然果能于相当期间维持实力，压倒前政府之反抗，则其自身将变为法律的政府；事实的国会在法理上虽不合法，然在议会主权国中，更无人能判定其为不合法，则在其能维持实力，压迫反对者之范围内固不妨自己主张合法，然因此遂谓在法理上无事实的国会，则非矣。（乙）法之能见实行与否系于其内容能与其时之环境适合与否者甚大，而二读会通过之宪法，与《临时约法》大体精神相同，《临时约法》既不适于实行则《天坛宪法》岂能忽适，故愚以为欲实行此宪典，以达统一之目的殆属不可能也。二读通过案本身之理论，固较《约法》完全，然亦不免有多处不能透彻圆满，此与本论题无关，姑置不论。愚兹欲言者为二读案在现今中国之不适合性。从此观点言之，二读案较之《约法》不但未增有益之点，且恐难免改恶之讥。试举其最著者如下：

（A）单一制　以中国现今交通机关不发达之程度，各省民情地质物产之殊异，及近年武人割据及乡土主义之大势言之，单一制之不能实行，在理论上及事实上，已为国人所公认。然而二读案固规定中华民国永远为统一民主国，且加以国体不得为修正之提议者也。就此以言，已足使二读案根本上包含不能实行之种子矣。国会议员诸君知其然也，故于宪法审议会，决定于地方制度章下，规定各省得自制省宪，且中央之权限为列记的而地方之权限为概括的，欲因此以资补救。然以愚观之，如此规定，不但在理论上，与二读案第一条冲突，且在事实上亦未必足餍联邦制论者之要求，盖联邦制论者之真正目的，不在获得自制省宪之权而在获得极大限度之立法权、司法权、军政权及财政权也。

（B）国会选出之大总统与责任内阁并存　二读案关于此事盖仿法国制。法国制在理论上之不彻底，久已为公法家所指摘，兹姑弗谈纯理，而仅考究此制在中国之适应性如何。关于此点，二读案与《约法》同趣，而不当之程度则更过之，盖《约法》上大总统之权能，不及二读案上之大，而内阁负责之范围，二读案反较《约法》为小，大小相加，其不彻底及不适宜之程度乃不得不更甚也。此种制度之无适应性，可举四种理由明之：（1）中国受数千年来一尊式的政治教育之影响，若更戴一尊的总统，甚易将人治的帝王与法治的首长混而为一，其结果不但足阻法治精神之发达，而且足碍新的国民道德之发生。（2）全国之荣誉权力集于一人，易使人生觊觎之心，而尤以在无法治思想之旧官僚及武人为甚，其结果难免发生总统战争。（3）二读案上之总统，不负责任，而保有广大之权力，其害恐将甚于赘疣，盖黠而强之总统将不免弄法而专恣，使责任内阁失其实，愚而懦之总统将不免恃法而偷安，其结果必致国务之废弛也。（4）总统由国会选举而仍可解散国会，理之不通，姑不必论，而在法治精神缺乏之今日的中国，欲其不因以摧残政治道德而驯至发生内乱，难矣。以上四种理由，证以民国以来之往事，可知其非无据也。

（C）国民主权之不彻底　二读案第二条中华民国主权，属于国民全体之规定，系根据《约法》而来。在民主国中，此种规定之无意义，姑不必论，即就国民主权之精神言之，二读案之不备，全与《约法》同弊，此其结果，不但不能实行，且必将引起类似《约法》战争之宪法内乱。盖法治之所以优于人治者全在其对于一切政治，有法定的解决程序，若名为法治而无彻底的办法，则致治不足，招乱有余，甚不可也。中国近数年之内乱，若从形式上观之，实不能不谓由于解散国会之不合法，及补救之无术；而主张解散论者之理由，又在国民主权之规定，故虽谓近年乱源在《约法》上徒具国民主权之精神，而不规定彻底的实现国民主权之方法，致招国会专制之名而资野心家或不平党之口实，可也。今观二读案，虽规定解散权似可以救《约法》之弊，然必须经参议院之同意（由国会选出之大总统而有解散权之不当已见上）。而对于参议院不同意时之处置，则无规定，此其弊病正与《约法》同趣，即主权运用之方法，至国会而中止，而不能直达于国民，其结果恐亦必酿成宪法战争也。此外如国会不依法集会开会时之办法如何，及政府与国会多数党串通为违宪的行为时之处置如何等，皆无规定，此皆国民主权不彻底之例也。

（D）第三章全章　愚前言二读案较《约法》为坏者指此。此章各条中之依法律得……或非依法律不得……云云其条文本身在国会制的民主国中不成意义，姑且不论，即就其内容言之，亦殊不合于中国之国情。以愚所见，中国国家对于国民之关系，宜兼采绝对自由主义与社会联带主义。易词言之，中国国民正苦武人之压迫，故宜伸张身体、言论等基本自由权，使个人身心能得自由的发展，然一面对于大团体生活，又有缺乏团体的意识及团体的训练之弊，故又宜伸张团体权。更具体地言之，即对于思想及艺术生活，宜有绝对的自由权而对于经济生活及政治生活，则应受严格的法律统治也。今二读案一面取《约法》上之基本自由权而限制之，一面又置政治生活之必要的规定（如公民资格、服从义务及忠诚义务等）及经济生活之必要的规定（如劳动立法、公产公业之规定等）于不顾，其弊也，在现今的环境之下，一方面将因助长武人专恣阻碍文化进步，而使思想艺术界生不信仰现实宪法之心，他方面又将因政治及经济生活之无统驭、无条理而播社会革命之种子，其极皆非使宪法成为具文不止。如此者盖非所以谋法律的统一之道也。

由此观之，所谓一时手段观，可谓不当极矣，此外尚有以使第一届国会制宪为消灭第一届国会之手段者，此盖误解《约法》第五十四条，所谓国会为专指第一届国会，故有此说，其不当较通常之统一手段说更甚，自不待言。

（四）共同生活改造方法观　持此种观察者视制宪为一种共同生活方法之改造，视宪法为共同生活之形式，故所重者不在宪法之名称，而在其内容。而内容之良否，须依其时其地之环境而决，故持此种观察者，虽亦不轻视纯理的概念的研究，而最致力者，厥为现实的环境的研究。既认宪法为共同生活之形式，故虽甚希望因宪法而来之好果，而亦不轻视因宪法而生之恶果，以故不急急于宪法之速成而但冀有适应性之良宪之成立。其结果对于制宪之程序，主张以严正的法理为依归，以期保持宪典之尊严，而不主张以苟且的态度，附和一时的事实。更具体地言之：即第一，赞成依法定的程序制宪，第二，于无合法的方法时始赞成依事实的权力制宪；诚以由前一法，则因无宪法战争之虑，可使制定之宪法，平稳地发挥其固有之作用，而由后一法，则往往须用铁血以维持所制之宪法，其结果恒足引起环境之变迁，而其宪法亦将速失其适应性也。民国十年之联省自治运动，大体可谓为抱持此种观察者，而惜乎不纯，盖其中往往有利用此种运动以争夺地盘之人，且其先省宪而后国宪之主张，亦与上述持共同生活改造方法观者所持之制宪程序之理论相背驰也。

由此观之，可知各种制宪观之中，唯共同生活改造方法观为最合理而其他皆谬；进一步言之，即可知唯以共同生活改造方法观，解释中国制宪之意义，而后能获得有适应性及实行性之理想的宪法，而用其他观察解释之，则不能获得也。愚依此理由，抱持此种见解，以研究理想的中国宪法，自信不谬，故甚愿他人亦排斥万能观、粉饰观及一时手段观而采用共同生活改造方法观，不急于求宪法之速成，不属望于《天坛草案》之枝节的添补，更不必失望于民六、民八之争执，而但注全力于具有适应性及实行性之理想的宪法之研究，如是，则以多数人之心思脑力，庶几能发见一种决定的彻底的宪法拟案欤。

或谓此种理想的宪法拟案，未经发见以前，旧国会已通过《天坛宪法》，则何如？愚以为此不足虑，盖《天坛宪法》之无实行性，已如前述，假令通过，亦不过多发生一种宪法斗争而已，固不足以阻碍理想的宪法之存在也。凡研究法理者，当永远立于法理之侧而已，不当鉴于一时的威势而自馁也。故吾人对于旧国会制宪，从研究上起见，虽亦甚愿与国人批评讨论其内容，而对于其不合法性，仍应彻底的指摘，不少假借。苟旧国会能自认其全体已经满期而自己决定解散，定期改选后，再议宪法，上也。否则能以宪法内容之完善补国会本身之瑕疵，于三读会时将全案否决，另行草拟富于适应性及实行性之案，次也。若二俱不能，而但为枝节的修改，希冀其为统一之手段，则为最下策，其结果非更酿成数年间之宪法斗争，则促成革命的新法统之成立耳。

以上为关于中国制宪之意义，大抵已将一切谬见及愚所信以为是之真见陈明，兹请于第二段再述说根据此种真见而来之理想的中国宪法之基础。

二　理想的中国宪法研究上之观察点

中国制宪之意义如何及理想的中国宪法之性质如何，已如前述。次当考研者应为用如何的观察方法，始能获得理想的中国宪法之问题。从来谈中国制宪之人，对于问题，过于此轻视，往往不用科学的方法，从事推寻，而但持独断的态度，故其结论，最善者亦不过仅获一部分的真理，而其不善者乃近于滑稽。吾人恒睹负有时望者，动辄曰某国某学者主张如何，故中国亦不得不如何，或某国宪法如何如何，故中国宪法亦宜如何，此皆未明研究理想的中国宪法时，依据科学的方法，应有如何的观察点，及各种观察点之轻重先后所致也。以我之见，理想的宪法之观察点，应有五种，其轻重之序，应如下列：

（一）从哲学的理想上观察　兹所谓哲学，系指与政治相关之社会哲学、政治哲学及法律哲学而言，与所谓纯粹玄学无关。此种哲学的理想，与一切改造运动，相关极大，实可谓为一切改造运动之根本，盖改造运动而无哲理存乎其间，则不为盲动，必为一时的弥缝手段，断不足当"改造"二字，亦断不足以移易一世之心理，使其积极地赞同，或消极地不反对也。例如欧洲十八、十九世纪之立宪运动，表面上虽为反抗专制、限制暴政之运动，而其里面则有一种自由主义的社会哲学、个人本位的法律哲学及人民总意的政治哲学，故能风靡全世界，使一世人心无论国君之良不良、国政之善不善，皆欲立宪政治之实现；而从来专制君主惯用有效之蠲赋、减刑式的仁惠政策，至是乃不能依旧奏效矣。大凡人类无论贤愚，其有意的行动在相当的范围内，必以一定的理想为准标，易词言之，即必受理性之支配，故一切改造运动，必具有哲理的基础，以满足人类之理性，方能博得世人之信服，而使其改造方法发生适应性与可能性，否则难于实现，即能实现，亦必流为形式的及表面的；例如辛亥革命，其实际的哲理上之基础，不过仅有一民族主义，而欧洲民治运动中所含之个人本位的种种哲学，不但为当时社会上之重要阶级所不了解，而且为多数之革命实行家所未深悉，故革命运动之结果，仅足以推翻清廷，为一种形式的革新，而不足以言社会生活之真正的改造也。我主张中国制宪之主要的意义，在改造中国之社会的生活，故亦主张中国之理想的宪法之研究第一当以哲学的理想为观察之起点，凡宪法上之重要事项，皆应先加以哲学的考察，必在哲学的考察上，确能有充分的理由之后，始为其他方面的考察。非故为迂远之举，诚以不如是则不足以移易社会之心理，而使宪法发生适应性与可能性也。但所谓哲学的理想，应以其理想本身，在理论上能圆满无缺，使人信服者为归，而不当以国外学者或国内名人之所主张者为本，自不待论。

（二）从中国现状上观察　一切改造运动，必立脚于实际状况之上，始能免踏空悬想不切实用之弊，因改造之观念，本以旧物之存在为前提，若凭空想象，则思索上之创造而已，非改造也。近世社会科学上所谓实际的理想主义之发生，盖亦以此。故研究理想的中国宪法之际，第二应从中国现状上，考察关于宪法上重要事项之理想，对于中国现状，是否于积极的方面有适应性，于消极的方面无可能性。此亦非故为迂徐迟回之举。诚以一切理想，必须与事实相联接，始有社会生活改造之可能也。

所谓现状，涵义甚广。依通常统计学上之分类言之，应分为天然的环境与社会的环境二者。天然的环境之内，最重要者，为地理的事情及人口的状况。社会的环境之中，最重要者，为国内及国际的政治状况、经济状况、社会心理状况及文化状况等。各种最重要的状况之中，尚可细分，但在作通常的大体论之时，能从最重要的各种或数种状况，观察关于宪法上重要事项之理想足矣。

（三）从中国政治经济之趋势及将来的推测上观察　一切现状，非一成不变者，故欲了解现状之全体，非根据现在之情形，追索其过去的由来，以推测其将来不可。而现状全体之了解，从实际的理想主义言之，实甚重要，因若仅观现状而不顾其过去及将来，易词言之，即其趋势，则其关于现状之考察，或将因现状之一时的偶然性之故，而发生错误也。故于观察现状之外，尚应从现状之从前的趋势及将来的推测，观察关于宪法上重要事项之理想，以究其有无真正的适应性及可能性。惟现状之中，有变动之度甚小，在短期间中之观察，直可不必注意者，如地理的事情、人口的状况及文化状况等，即其适例，故应适用此种观察点者，我以为仅有政治及经济状况二者，盖二者之变动，俱甚迅速，欲了解其真相，非用统计的观察法不可也。

（四）从外国现例上观察　我在上段虽指摘完全以外国现例为中国宪法论根据者之不当，然外国现例之观察，不但非绝对不可有，而且有时亦不为无益。盖各国聚处，气息相通，而人类社会之富于模仿性，又本系天成，故一国之事例，往往足以影响他国之社会心理，而移易其适应上之环境。一国之事例，尚且如是，则多数国之事例之足以左右国际社会之状况，更可想知；故外国现例的观察，对于窥测国际现状之大势上，实为有意义之举也。惟如前所述，须注意以此为补充的观察点则可，以此为重要的或唯一的观察点则不可也。

（五）从外国前例上观察　外国之现例，足以窥知国际现状之大势，而外国之前例，则足以知其事例之效果，二者之功用不同，故宜分别言之。在社会科学上，事例之因果关系，非常复杂，不同的原因往往发生同一的结果，不同的结果，亦往往发生于同一的原因。对因果关系之研究，甚为困难，故欲依一国或数国之某种事例之实际的效果，断定其事例之真正的价值，本不大可凭信。然社会科学上，因此外更无他法，足资实验，故明知此法难于征信，而亦不得不用之，以为补助。宪法学为社会科学之一，故亦可用此种观察法，惟不可重视之耳。

从理想上言之，理想的中国宪法之研究，应作上述五种观察点，依次观察关于宪法上之重要事项，必每次俱能有满足的结论，然后其事项始得谓为有充分的存在理由。然此种具有充分的存在理由之事项，事实上不可多得，故吾人研究之时，只求其事项能在重要的观察点上，有满足的结论，即可以肯定之矣。

三　理想的中国宪法之基点

中国理想的宪法研究上之应有之观察点既明，次当根据此种观察点，进而研究理想的中国宪法之内容。宪法内容之研究，虽可依照普通宪法学上之顺序，然我平素即主张普通宪法学上之顺序及分类为失当，而且目前研究之问题，系包含省宪在内；从两方面言之，俱以不依照普通顺序为宜，故我将中国宪法上之重要事项，列举十二项，作为理想的中国宪法之基点而研究之。十二项之中，又可依其重要之程度，分为四类：第一至第三为关于国体等根本问题者，第四至第七为关于政体者，第八至第十为关于政治方针者，第十一至第十二为关于其他者。兹依次述之如下：

（一）中国应为联合的共和国。共和国系对君主国而言，联合的国系对单一的国而言。我因中国人最喜望文生义，故平素对于名词之使用，主张宁字繁而意明显，不字简而意暧昧。故"民国"二字，在将来之宪法上，应改为共和国，以示公共之意。联合的国与单一的国之分，在政治学及国法学上，异说甚多，我以为应以在其国内仅有一个在宪法上具有独立的决意权之公共团体者为单一的国，有二个以上之此种团体者为联合的国。联合的国，等于通常所谓联邦国，但因中国人有望文生义之弊，故宁用联合的国，以包含中国现有的普通省区（我认省在现行法上为行政区划）、特别区及藩属区于其中，而免发生邦与省是否同义等之争论。联合的国大体在实质上，亦即等于所谓联省自治国，然因"联省"与"自治"二字，在形式上，俱有与特别区及藩属区之性质冲突之弊，故不用彼而用此。

中国从哲理上观察何以应为联合的共和国？关于共和国，可以庶民主义（Democracy）之哲理，即"凡人类皆应自己作主为自己利益而管理自己之事务"之哲理解释之，不待深论。关于何以应为联合的国，异论甚多，但我则以为最衷于理者莫过于社会相互关系（Social Interdependence）或社会连带（Social Solidarity）说。人类社会生活，在物质上及精神上俱立于互相依赖之关系；欲望愈多，文化愈进，则此种互相依赖之范围亦愈广；故人类依其满欲求生之本能，从初民时代起，即互相团结而为种种联合的组织。各种联合的组织之大小，视其互相依赖之范围之大小而定，而各有一定的行动之界限。小联合的组织而希冀作大联合的组织应作之行动，在纯理上必苦力量不足，大联合的组织而侵及小联合的组织应作之行动范围，必致注意不周，其状恰与个人与团体间各有其本来的行动范围者相似，故联合组织，乃因社会连带关系而生之当然的哲理，无可置疑也。

联合的共和国由中国现状上观察之，是否可能？关于共和国一点已不成问题，姑置不论。关于联合的国，则由积极的方面言之，从地理的事情观察，可以救因道路辽远，不能运用庶民政治（例如国民投票）之弊；从人口观察，则足免以八百罗汉，代表四万万人之专擅不称之弊；从国内政治观察，则足除现在中央政治之麻木肿毒症，及地方武人横梗于中央政府与人民之中间，上不能奉令承命，下不对人民负责之弊（我所谓联合的国家中，如后述系以各地方的统治团体，对人民负责，而中央的统治团体，则对各地方的统治团体负责，故在理论上可救上述之弊）；从经济及财政观察，则可救现今的中央财政无法整理（因在联合的制度中，如后述，中央的支出，依缩小活动范围之结果，应非常减少），及各省武人因扩张武力，从经济上侵略近邻（因在联合的国家中，各地方的统治团体，依后述，应以经济的自给、政治的自治为原则）之弊。更由消极的方面言之，则除现今的国会及各省的太上督军为拥护其自己利益计，对于联合国必千方百计，设法阻挠外，其他实更无使联合的国家变为不可能之事由；而国会之威信，已因第二次恢复而益减少，太上督军之势力，证以从来实例，毕竟无深固的根基，由下推之，不难倾覆，殆亦不足虑也。

从中国现状言之，联合的国家，虽有适应性及可能性，然尚宜从政治上及经济上之趋势观察之。盖现在的状况，或系一时的变相，不足以资论断，亦未可知也。中国政治上之自治及经济上之自给，实为起自太平军兴以后继续至今之事实，此种趋势，依时代之进展，而日益显著，至今日而始成为法制上之问题。吾人往往震于名词之新奇，而目自给及自治为新发生之现象，实则清末各省任意设卡收厘，就地筹款，举办所谓新政等，即不外乎经济的自给；除重要官吏，由中央政府任命外，其他省政，中央殆不过问，亦不能过问；甚至中央与各国宣战而两江及闽广一带，可宣告中立等事实，即不外乎政治的自治也。故联合的国家，由中国政治及经济之趋势言之，亦应有适应性及可能性。

次从外国现例观之，共和一层，亦不成问题，至于联合的一层，则世界上现今之较大的联合国为英（英国在法律上虽号称单一国，实际上则为联合国）美德俄四国，今仅以四国计之，其土地实占全世界百分之四十，其人口亦占百分之四十余；且合大小的联合国，以数论之，亦属不少；其中尤多新由单一国改变而成者；故国际现状之大势上观察，可谓联合的制度为现世纪政治界之特色。

更从外国之前例观之，共和一点无论矣，即就联合的一点而言，如美如瑞如德，以联合的制度立国者甚久。吾人虽不能指其确有某种长处，然亦不能谓其有某种短处，故联合的制度，虽不能即谓为较良于单一的制度，然至少亦当与单一的制度，有同等的价值也。

以上从五种观察点言之，中国之为联合的国，俱宜加以肯定：从第一点言之，则中国应为联合国，从第二、第三点言之，则中国适于为联合的国且富有可能性，从第四点言之，则合于现世界之大势，从第五点言之，则联合的制度，与单一的制度，有同一的价值。故中国之为联合的共和国，实有充分的理由也。

（著者附识，著者本主张由五种观察点，观察宪法上之一切问题，然未免过于累赘，恐使读者生厌，故下述十一点，仅举重要的观察点，可以为肯定或否定之根据者言之，其他则从省略。）

（二）中国应为纯以特定的独立统治团体为直接的构成分子之联合国家。上段已说明中国应为联合的国家，然应为何种联合的国家之问题尚未解决，故作为第二基点而研究之。联合的国家之形式，以我所见从现今的实况言之，若从其直接的构成分子为标准可有三种，兹为避说明之烦，姑以图形示之如下：

（A）普通式即美瑞德等国所采，以个个人民及各特定的独立统治团体（通常说联邦制度时，谓之各邦，但事实上邦以外之团体如自由市亦可为联合国家之一分子，故各邦或各州，或各国等字俱不妥）为其直接的构成分子者。

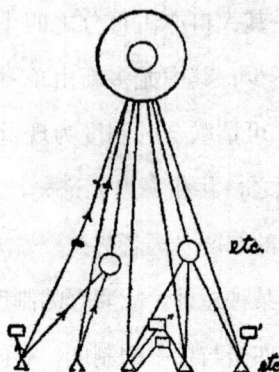

注：以△示个人，□示地方团体，○示各特定的独立统治团体，◎示联合的国家。

又在→首者示所构成，在箭尾者示构成分子。

又→即虚线之箭，表示构成分子与所构成者之关系，仅为事实的，尚未成法律的。

（B）俄式即仅以各特定的独立统治团体为联合国家之直接的构成分子者。但于此应特别注意者为苏维埃之性质及现今通常所谓地方团体之性质，因此二者实为现今的俄国式之组织，究竟为联合的或单一的之标准也。联合国家内各组织单位的国与此等国内之地方自治团体，应如何区别之，此实一极复杂的问题，从来各学者所说极不一致；我对于此问题，亦有一独特的见解，惟因其关系主权之学说，欲行说明，势必连篇累牍而不能已，兹故略而不述，而但举我之结论，则我主张在宪法或法律上，当决定其意思时，除依其自己之承诺外，不受在其领土外之其他人格者之命令强制者为国家（包含市国、公国、王国、共和国等），否则为地方团体。更以简单的语词表示之，则国家必具有（1）在法律的意义上独立地决定其意思，（2）在法律上所受命令强制亦必由于其自己之承诺之二条件，而地方团体则否。今持此标准以观苏维埃的联合组织，则所谓各级苏维埃者，实具有上述二条件而与普通的地方自治团体迥然不同；且即从苏维埃制度本来之理论言之，其理想原亦在由下而上之联合，而不在由上而下之统治，亦断不能视下级苏维埃为普通的地方自治团体也。世常有因俄中央政府权力甚大之故，而目现今的俄国为单一的国家者（例如陈仲甫先生因赞成俄式政治而反对联省自治说，殆即其一）。以我观之，盖一则误解各级苏维埃为普通地方自治团体，二则误以为联合的组织，必不能集权于中央，或中央集权，必不能为联合的组织者也。又俄国现行宪法第二条明言其为联合的国家，亦为俄国为联合国家之最良的证据，特因其构成分子为各级苏维埃而非国家，故仅能谓其为联合的国家而不能谓其为由国家联合而成之国家耳。

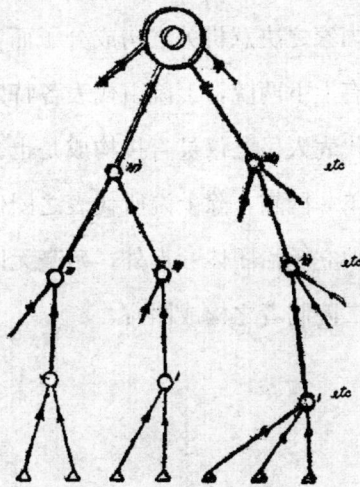

注：以 O′、O″、O‴ 表示各级苏维埃，其他如前。

（C）大英帝国式即法律上仅以联合王国为直接的构成分子，而事实上则以各特定的独立统治团体（如各自治殖民领地）为直接的构成分子者。

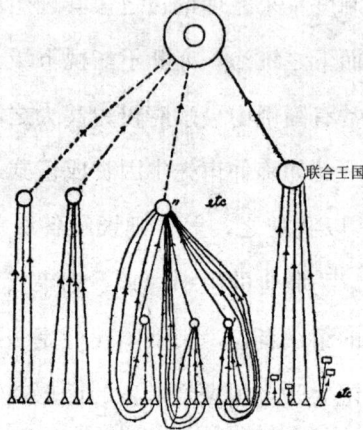

注：以 O′、O″ 表示大英帝国以下之各级独立统治团体，其他如前。

以上三式，殆可包含现今的一切联合组织。所谓为直接的构成分子者，系指联合国家之决意机关之构成分子而言，例如在普通式联合国家中，通常有上下两院，上院由代表各特定的统治团体之议员构成，下院系由代表人民之议员直接构成是也。然此等普通式的组织与有二院制之单一国较，除上院所代表之团体，一为地方自治团体，一为特定的独立统治团体一点外，殆毫无区别，观下列图形自明（单一国之行二院制者之构成图）：

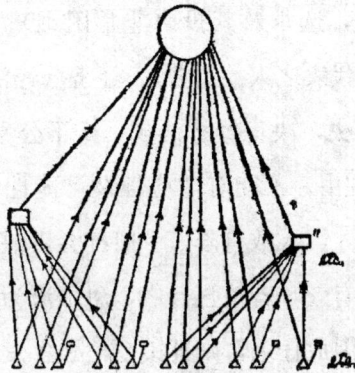

故若主张改中国现在的单一制为普通式的联合国家制，其事实甚细微，虽不能谓为毫无改造之可能性，然其效有限则可断言也。至应否或能否改为俄式或英式，则亦非一言可决，兹为节省篇幅计，姑置不论，而但言我之主张，则我以为中国应为纯以特定独立统治团体为直接的构成分子之联合国家，其图形应如下：

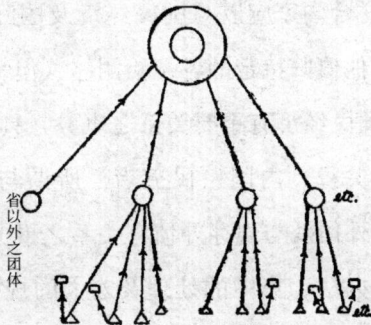

至于此种主张之理由，仍可用前述五种观察点说明之。由哲理上关于联合原则之理论观之，普通式联合组织中之下院，不但系二重代表，等于赘疣，具亦有以小主体侵大范围之嫌，远不如俄式之合理。然由第二、第三种观察点言之，则普通式固因中国地势（土

315

地广阔，交通不便，选举及其投票非常困难）、人口（人口过众，故下院议员一人所代表之人数过多）、经济（经济需要，各处悬绝，若必以下院之多数决，决定经济法规，实不公平、不适宜）、文化（理同上）等种种理由，不能有适应性及可能性，即俄式亦因现今中国新式的政治人才，人数有限，一般社会，缺乏新式自治之自觉及训练，难于实行有效，若勉强行之，恐不流为极端专制，必且完全变为一盘散沙（因放任之，则县镇乡村必各发挥其部落性及相斫性，若干涉之，则必非趋于极端不可）。故我以为联合国家之组织，可采用俄式之精神，以免普通式之弊，而联合国家以下之特定独立统治团体，则以人民为直接的构成单位，施行普通的民治，以救俄式之弊，庶几两得其当也（但关于特别区及藩属区得有例外）。次从第四、第五观察点言之，此种主张虽不能有充足的积极的理由，然亦不能发见否认的理由，故此种主张，可谓甚有根据。

（三）中国之联合国家应以与国民经济及国际政治有重要关系之事务为权限，其他概归特定的各统治团体（但特别区及藩属区得属例外）。所谓与国民经济有重要关系之事务，具体言之，为邮电、国路、币制、国境关税、内国殖民五者。所谓与国际政治有关系者，为普通外交、外债及与现存外债有关系之事务。此二种类之事务，皆以有统一的办法、集中的处理及宏大的规模为必要之条件，故宜作为联合国家之权限。此外如一般陆海军，如一般法律等，通常皆以为宜作联合国家之权限者，我则以为由现今的中国观之，至少在二十年内，无专归联合国家管理之要，故除去之（依后述我主张常修正宪法，故关于此点可如此主张。且不归联合国家专管，非联合国家完全不得管理之意，因联合国家在上述的权限范围内，固亦不妨自有法律及军队也）。我所谓国路，系包含铁路及将来必须建筑之国有马路而言。我所谓内国殖民，即指通常所谓蒙藏经营而言。我所谓以某某事务为权限，非谓其事绝对不受拘束，例如外交上和战或外债事务虽归联合国家管理，然其方法之要点，固可规定于国宪之中，使联合国家，不得不受各特定的统治团体之一定的控制也。

第三基点之理由甚为明显。由第一观察点言之，则此种主张，不过第一基点之应用，苟第一基点在哲学的眼光上，有充分的理由，则第三基点亦不能不有充分的理由，故不必赘论。由第二、第三观察点言之，因属于联合国家权限之事务，皆惟于联合国家为可能，而于各特定的独立统治团体则不可能，故不惟足以救现今中央徒拥广大的事权之虚名，滥设机关，虚糜人才，浪费金钱之弊，而且足使各特定的独立统治团体，一方面如其所愿以获扩张的权限，一方面又因权限之扩张，而在法律上负明白的责任，以塞现今徒知争权而不思负责之弊窦，故甚富于适应性及可能性。次由第四、第五观察点言之，亦不见有可否认之理由。总而观之，则第三基点，亦可谓具有充足的理由也。

（四）中国国宪及一般省宪，皆不应具有过度的刚性而尤以省宪为然。依上段所述，中国理想的宪法应采用团体单位的联合国家制，且联合国家之权限，又限于微少的范围，其他皆让与其下之单位团体，故理想的中国宪法之研究范围，当然必包含国宪及联合单位团体之宪法二者，始能充分。然依现在之情形要求观之，联合单位团体中，唯普通省区有制宪之需要及可能，故理想的宪法之研究，应限于国宪及省宪二者。此二者应具有刚性或柔性？实一重要之论题，兹作中国理想的宪法之第四基点而讨论之。宪法之应为刚性或为柔性，要当视其适用地方之民性以为定，民性富于保守者，虽柔性宪法无伤，而偏于躁急者，则非刚性宪法不可，此乃一定之理，无容置议。然刚柔之中，亦有程度之分，故仍不能无问题。中国议制国宪者已十余年，要求制省宪者亦已二三年，故中国之必需刚性宪法，断不容疑，盖制宪要求上之所谓宪法，若不指刚性宪法，则将失其意义也。然宪法性过于刚，则往往使法意与社会之进步不能相应，其弊也，不酿成舞文弄法之现象，必惹起宪法之战争，且在理论上亦往往与现代的种种公民投票制度之精神相矛盾，故我为以理想的中国宪法，应少带刚性，使宪法之改正，易于实现。而关于省宪，尤见其然，盖省政本不能如国政规模之远大，应少有长久不变的组织及纲领；而且依后段所述，我本主张至少为实地教育计，各省应实行各种公民投票的制度也。理想的宪法，既不宜有过度的刚性，故其规定之条款，亦宜简明不宜过于繁琐；刚柔与繁简，根本上虽系二事，然实有相依为用之性质，盖富于刚性者，或宜于繁，以免发生宪法无规定时之纷纠（例如现行《约法》之无解散国会规定与民国三年以来之法统问题），而富于柔性者，自宜于简，借以收随社会变迁而加修补之利益也。但简明与不完备，又系二事，因简明指条款之内容，不完备则旨条款之有无也。

第四基点之主张，可由第一观察点，以现代所谓社会目的法学派及自由法学派之法理哲学维持之，从第二及第三观察点言之，则可依中国现今在社会生活变动最烈之时代事实，正认之，从第四及第五观察点言之，则可依外国现行法多采用各种公民投票制及从前制定之成文宪法，渐多具文的规定之事实，赞成之。故第四基点，亦甚有存在理由。

（五）中国国宪及省宪中俱应采一院制并规定议员招回制，其他各种公民投票制亦规定于省宪。关于国宪方面，已于第二基点之下，详述联合国家应仅有一直接的构成分子之理由，易词言之，即应仅有一院之理由，兹无须更述。关于省宪方面，我亦主张用一院制，其理由固缘一院制在单一国中较合于纯理，亦缘我主张无论对于国会及省会俱行议员招回制，对于省宪且主张规定其他各种公民投票制，在理论上议员专制及轻率之弊，可以减少，故无须更设一院以相牵制也。所谓其他各种公民投票者，包括公民发议（Initiative Populaire）、公民否决（Veto Populaire）、公民咨询（Referendum）及公民探询（Plebigsite）等而言；关于此等之解释，兹苦不暇论述，请阅拙著《宪法学原理讲义》①第三篇第二章。但各省议会选举法，可依地方情形斟酌定之，不宜画一。

第五基点之主张，由第一观察点言之，可依代表人同时只能有一人，可委任代表即可撤回代表，及虽委代表，其本人意思依然存在等代表之法理说明之，由第二、第三点言之，则大可救民国以来国会及省会议员专恣轻率无法救济之积弊，而且富有可能性，从第四、第五观察言之，亦系合乎时代潮流，且经多数小国行之而见实效者，故第五基点，亦不为无理由也。

（六）国宪应采合权主义，省宪应采分权主义。兹所谓权之分合，系用三权分立之意，指各权之法律上的分立与否而言。依上

---

① 未见。——编者

述，联合国家权限甚狭，其权限内事务，又多带非统治的性质，在理论上，应少鱼肉人民之弊，且依后述，我主张用行政委员制，故无更使其权限分立（指法律上的分立，非指事务上的分立）之必要。若各省之权限，则不但范围甚广，而且多与人民有直接明显的利害关系，故宜采用所谓三权分立之精神，不但使有统治性质之立法、行政、司法三权机关分立，而且使无统治性质之决意权及业务权（业务权包含所谓公企业权及公营造物经营权）独立。我去年曾于《省自治法理新论》①（见去年二三月北京《晨报》）之中，痛论现今国家中各种公权不分之弊，兹节录其要点于下，以代第六基点之说明：

"今日各种公权混合之弊及其救济法。今日普通之学说为三权分立（关于公权之分配），其实多数公共团体，因行政党政治之结果，早已名不副实。假令三权真能分立，而其他各权（决意权、业务权等）之混合，亦恒足为近代立宪政治失败之原因。例如行政权之中，含有对外自主权（军事权），实为多数非国民的战争或内乱发生之根原。行政权之中，含有外交权，亦为多数卖国行为或利用外交权以获得国内政权之行为之根原。而行政权之中，含有业务权，尤为近世官僚或政党借公营私暨阻害学术自由的进步之主因，在我国司法及会计法规未能确行之处，弊乃益甚。试观中央及各省之现状，一为握有经济的支配权之行政大官，则私产或党产必骤增至数十百万元，此非必由于纳贿收掠，抑经济行政与经济业务权集

---

① 即本册所收《省自治组织法理新论并表解：附拟四川省自治组织法案》。——编者

于同一机关有以致之也。假令财政部与代理金库之银行，或交通部与经营业务之路局，全然分离，吾人必且见后此财政、交通当局之罪恶，较以前为小也。次如制法权与代议权相合，则公共团体之法律，终鲜改良进步之望，因不但当议员者多缺乏制法的技术及学识，且议会亦往往因预算案及其他对行政机关议决案、弹劾案等之故，费去全副精神，更无余力以详细讨论法律案也。更次如最高司法官或司法的行政官由行政首长任令，亦恒有不能确保司法权独立之虞，因行政首长大权在握，事实上固可设种种方法以侵害司法，虽有任期终身等法之保障，而终亦不免徒成具文也。欲除以上诸弊，惟有依公权之合理的分类，分散各种公权于各异之机关一法。"

（七）国宪中最高行政机关，应采由议会选举之委员制，省宪中之各机关，则应以人民直选的单独制为原则、以由议会选举之委员制为例外。联合国家之最高行政机关，采用由议会选举之委员制，从消极方面言之，可救前述总统制在中国之各弊及府院相争之诸弊；从积极的方面言之，可多容纳专门人才，以期收效率增加之利益，且外国现例及前例皆足证明其有大效而无大害，故此种主张，实具有充足的理由。然若就省宪言之，则省之权限本极复杂，欲求政务之易举，实以单独制为佳，且依前述，省应行各种公民投票制及分权制，故欲期一般的各高等机关位置之安固，应以由人民直接选举为佳，但关于特殊方面有非单独式及民选制所能奏效者，如制法、学术等最高机关，则固不妨用由议会选举之委员制也。

（八）国宪及省宪俱应采用集产主义的精神，准由公共团体集中生产手段以谋产业之发达而缓和私人的内外资本主义所生之弊害。公共团体经营大规模的生产事业，由社会连带说之哲理观之，殆属当然之事。即由中国现状言之，当此国外资本主义滔滔奔来之际，吾人若不谋所以抵御之方，则数十年后，吾人殆非变为纯粹的经济上之被朘削阶级不止。此非危言也，盖外国人投资及寻觅销场之心理固如是，而亦经济学上资本之法则则然也。我对于此点，平素常叹为病势已深，无可救药，唯有预测中国民族全数变为经济的奴隶之日期，依国际的劳动团结之手段，为未雨绸缪之计，以期在既踬之后，早日重起。但由尽人事以待天命之哲理言之，则鼓吹于宪法上规定由公共团体，集中生产手段，自行开发产业，以为抵抗，亦未始非无法中之一法也。

（九）省宪中应规定卫宪军之设立及组织，国宪中亦应规定关于抽调各省卫宪军，编练联合卫宪军之方法。现今国人皆痛恨军阀及土匪兵之祸国殃民，而竟主张裁兵，斯固有甚充足的理由，我亦表赞同之意。然处现今之世界实不可以有国而无兵，尤不可无能战之兵，而在经济上已无可救药之中国尤不可以无具有实力之兵。故我虽赞成裁无用的土匪兵，而从政治上观察，仍主张训练可与现世界上各国一般兵士对抗之兵，盖不但兵不可终弭，而且欲消除或改良国内现在的土匪兵，亦非有可称为兵之兵不可也。我以为从中国政治及经济之现况及将来的推测考察之，各省省宪应规定卫宪军之设立，其入队者应以高小以上毕业者为限，使受军事教育及中等职业教育，期能打破现今以兵为业之观念及事实，以为逐渐改良地步。此种军队，谓为省防军，则嫌义过于狭，谓为国防军，则又嫌过于宽泛，故宁谓为卫宪军，以期引起一般尊重宪法之念。国宪中亦应有抽调各省卫宪军，编制联合卫宪军之规定，以期消灭现今各省兵士间之不良的感情。此种军队目前自可与现今的武人所有之兵士并存，且不妨仿照从前绿营与新军之关系，使其各有所司，盖一则猛进的改革，往往发生阻碍，二则此种军队之目的，本在用于国际的劳动军战线成立之日，为期尚早，为数应多，现不必急急也。

（十）高等学术机关须由国费或省费支持，且须使其独立并应规定于国宪及省宪。此不但在学理上应如是，即从中国民族之将来言之，若不由学术上奋发有为，急起直追，则虽有极佳良而且多量的人力及经济力，恐亦将受他族的种种压迫而终于不能生存，故高等学术之奖励，我以为较初等教育之普及尤为重要。

（十一）基本的自由权应为绝对的，且应规定于国宪。基本的自由权之重要，在现今殆已为自明之理，无待深论。然返观民国以来之实际情形，则此种自由权，虽载在《约法》殆属有名无实，且《天坛宪法》草案，乃至在名义上亦欲加以限制，可谓不郑重之甚者矣。故今应仍使为绝对的，并规定于国宪之中，以大其效力，且表示与全联合国中之各区人民相共之意。

（十二）国宪及省宪上应以明文规定妇女与男子有同等的公民权。此点在哲理的观察点上，固为不待论之事，即在第二、第三、第四第五各观察点上，亦当然有充分的理由，国内贤达，已经公认，不须我赘言也。

以上十二点为理想的中国宪法之基点，以此为基础，而施以立法的技巧，则可得具体的宪法条文。

四、具体的国宪拟案（缺）
五、具体的省宪拟案（缺）

（著者附识）以上四五两段，在本文之构造上，为一种结论，似不可少，且我于拙著《宪法学原理讲义》上，本拟有理想的国宪及省宪之纲领各一通，后者作为《四川省自治组织法草案》曾于去年二三月登北京《晨报》，则录而公诸世人，似亦无碍。惟此次《东方杂志》系征文性质，诚恐冒旧货完新货之嫌，又以为其案实尚未达成熟确定之域，故从缺略。好在鄙人现在之主张与去年之主张，并无大差，望热心之读者取前者而观之，幸甚。

（著者又识）此文全稿未成而值我妻染受猩红热，我护病人人医院者月余，以致中途辍作，久未能续。我友周君鲠生，受《东方杂志》主任之托，频来催我续成之，故我不得不更事续作。然当初之意兴，已经消失，且已成部分之稿，又在上海，不能参照，故续稿中之气调、体例及详略等，难免不有与前稿相异之处，敬乞读者原谅。

中国改造和他底经济的背景[①]

一、改造和经济（一）——纯理的观察

从理论上说，我以为一切改造运动，要想获得相当的效果，似乎应具备二种基础：一是哲学的或理想的基础，一是经济的或事实的基础。

大凡一切诚实的改造运动底最后目的，总在使多数民众信服其主张，以期其能见实行。然而要想使多数民众信服其主张，必定先要运动人对于自己的主张，能够持之有理，言之成故；而要想持之有理，言之成故，又必定要有一种透彻的普遍的根本理想，换句话说，就是要一种哲学的理想。否则马耳东风，其主张难得多数人信从，其运动必定要归于无效的。所以我说一切改造运动，要有哲学的或理想的基础。

但是改造运动，根本上是以一种被改造的物体之存在为前提

① 署名陈启修，选自《国立北京大学社会科学季刊》1923 年 2 月 15 日第 1 卷第 2 号，第 273～285 页。收入朱毓魁编：《现代论文丛刊（第一册）》第三类"经济"，上海文明书局，1925 年 2 月，第 6～16 页。——编者

的；这种物体是一种事实，不是一种理想，所以改造运动虽应当有哲学的或理想的基础，却不能完全离开事实。因为若是离开事实，其主张便等于无病者之呻吟，纵然在理论上很精微整饬，也是难得多数人底同感和信服的；换句话说，改造运动，若是离开事实，其主张便不会发生适应性和可能性。这种事实固然有很多的细别，然而最重要而多数的，莫过于经济的事实——我以为社会上一切制度，大多数是以规定经济的关系为目的的——所以我说一切改造运动一方面又要有经济的或事实的基础。

关于第一种基础的讨论，在本题范围之外，在这里可置而不论。

第二种经济的基础，依我看来，虽很重要然而也有把他看得很轻的人。本来这个问题，性质上，是和人生哲学有关系的。在人生哲学上，人类到底是为生活而吃饭，还是为吃饭而生活？换句话说，人生到底是应注重精神的生活，还是应注重物质的生活？这本是从古到今，经无数思想家讨论思索而尚未能解决的问题。这个人生哲学上的根本问题，既不能解决，所以经济的基础是否应当注重之问题，也相随而难于解决了。但是（1）假如"天下攘攘皆为利往，天下熙熙皆为利来"这个古谚，果真是道破人生真相底半面的，（2）假如"衣食"和"仓廪"，果真是居于第一位，"礼节"和"荣辱"，果真是居于第二位的，（3）物质的生活果真是人类生活底主要方面，经济的生活又果真是物质生活底主要方面，那么，第二种经济的基础，在一切改造运动上，毕竟是不可轻视的，因为没有顾到经济的背景之改造方法，毕竟是不切实的，即使勉强实行，也难获得预期的效果。

二、改造和经济（二）——历史的观察

上面所说，我想确足表明一切改造运动，在道理上，应具备经济的基础。然而有种人往往说：社会的事象，不必尽合于理论；反转来说，就是合于理论者，未必能合于事实；所以关于社会事象的讨论，应以历史的观察为先，纯理的观察居后。这种说法，虽未免偏于一方，然而他主张关于社会事象的讨论，不宜轻视历史的观察，确也含有半面的真理，我想，我人不应该轻轻看过去的。不过社会事象，非常错综复杂；同一的原因，不必发生同一的结果，同一的结果，也不必由于同一的原因；所以历史的观察，也只能证明某种事理之概然，而不能证明其必然，换句话说，就是历史的观察，不能证明事理全体底真不真，仅能证明其部分的可能性罢了。所以拿历史的观察，作补助的方法，则可，拿他作主要的方法，则是不可的。

拿历史的观察，作补助的方法，来检验上段所说改造与经济的关系，我人可发见历史上许多改造运动，因为有经济的基础而告成功，同时又有许多改造运动因为没有经济的基础，而归于失败。

欧洲各国在十八、十九两纪的立宪运动，和十九世纪的民族统一运动，是成功方面的好例，十九世纪的国际社会运动，和二十世纪的国际和平运动，是失败方面的好例。立宪运动之根本的发生原因，在当时的经济已经发达到所谓都市经济时代，当时的平民的第三阶级即农工商阶级，已经握有经济的实力；立宪运动之根本的主

张，又在把政权由君主手里移到新握经济实力的资产阶级手里；所以立宪运动是有经济的基础的。民族统一运动之根本的发生原因，在欧洲经济已发达到国民经济时代，国民经济间之竞争，很为激烈；其根本的主张，又在把从来在民族内的经济之束缚和竞争移到国民经济与国民经济之间去；所以民族统一运动，也是有经济的基础的。国际社会运动之发生原因，虽亦在无产阶级之经济的困苦，然其"国际劳动者战线"之根本的主张，实过于轻视各国劳工生活程度之悬绝。国际和平运动（包含国际联盟在内）在发生原因方面，虽亦带有若干经济的性质（如缩小军备费以减轻人民之经济的负担等），然忘却现今各国尚处于国民经济时代，对于国民经济竞争之事实，太不注意。所以国际社会运动和国际和平运动，都可以说是没有经济的基础。前二者有经济的基础而告成功，后二者没有经济的基础而归于失败；其成功和失败底原因，虽然或许不止于经济的基础，然而至少作为补助的原因看，我想总还可以的。

再就中国的实例说，中国的改造运动，没有一个是可以说已告成功的；其不成功之原因，虽然或许有种种，然而没有经济的基础一件事总可以说各种原因中之一。譬如法治（立宪）运动，其根本的原因，在救国，在装饰门面，其根本办法，又在抄袭，在模仿（关于此点之详细说明，请参观《东方杂志》宪法号拙著《我理想中之中国宪法》①一文）；对于中国经济状况和中国宪政之关系，全未顾到；所以毕竟是不切实的，所以果然也至今还不成功。又如新文化运动，其根本的原因在启蒙，其根本的主张，带有唯心的性

---

① 即本册所收《我理想中之中国国宪及省宪》。——编者

质；所以虽文化运动之巨子，一碰到经济问题，就要把主张和人格，一齐打成碎粉；所以文化运动，不能收赞美文化运动者所期望结果之十分之一。中国各种改造运动中稍睹成效的，唯有白话文学运动；然而推其所以能够稍收成效，我想大半因其带有经济的基础——因为白话文易懂、易学、易读、易写，合于现今中国经济生活困难之实况。

如此看来，就从历史上观察，改造运动也是应当有经济的基础的了。

三、中国现今的经济状况

从纯理和历史上观察，若是一切改造运动，俱应具备经济的基础，那么，中国改造运动，当然也就不能不顾到中国现今的经济状况了。所以中国现今的经济状况如何，可以说是中国改造运动之根本问题，极其重要。然而这个重要的问题，不幸又极难加以说明。

在普通文明国中关于经济状况，皆有详备的公私统计，如物价统计、工资统计、农工商业统计、国富统计等，足资证明，所以其国经济状况，极易了解，也极易说明。我们中国如何呢？虽有农商统计，然而差不多完全是各下级行政官厅，奉承意旨，随意造报的。虽有物价统计，然而取材限于上海一隅，且又兴办不久，是不足以识物价增减大势的。此外对于国民经济上最重要的国富统计、劳动统计等，简直在形式上也没有这么一回事，何论其是否真确可据！所以要知道中国经济状况，想依赖统计，是绝对不行的。然则除此之外，还有什么比较稍可依据的办法？照统计学上说，凡在没有确实可信的统计的时候，也可取一般人公认为属于通常状况的事实，以代统计之用；因为通常的认识，虽不十分精确，然而往往可以表示事实底通常状况。我们对于中国现今经济状况，既不能依赖统计，似乎也可以用这个办法，不过什么经济的事实，是一般人认为在通常状况的，又是一件很难决定的事。我现在姑且提出几个经济的事实，我个人疑其是属于通常状况的，以供讨论：

（一）现在的中国人，无论属于那一界，其一般的生活程度，不是比二十年前至少高了两三倍吗？从前中产阶级的人，尚以制钱为花钱底单位，现在不是连无产阶级的人，都渐渐地将要完全以铜元为单位了吗？抽香烟，穿细布，点洋油，在从前认为属于奢侈之列者，到现在不是已经通行于上下各阶级了吗？

（二）中国人一般的日常用品，比较从前，不是本地货少得多，外省货和外国货多得多了吗？穿的布，点的油，吃的食品，动用的杂货，乃至服的药，喝的酒，那一件不是本地货少，来路货多？

（三）中国人无论在那一界生活，只要他是从事于正当的职业的，不是所挣的钱，不能像从前那样，能够赡养多数家族亲戚了吗？"人情浇薄，不念亲戚故旧"，不是现今的老年人一般的叹声吗？

（四）这二三十年间，不是到处都感觉谋生比从前困难吗？除少数暴发户外，不是大家眼见得亲朋中从前小有资产的人，大半都不能像从前那样，能够长久维持他底资产了吗？

这四样事情，固然是我个人疑为是属于现今通常状况的，然而假如我这种怀疑，竟不是我个人的怀疑，而是一般人的怀疑——我所知的范围内，差不多一般人都有这种怀疑——那么，这四种经济事情，或者竟可以代统计之用。假如可以代确实的统计之用，我们应当怎么样解释他呢？依我个人意思，我以为第一件事足以证明中国人底经济欲望，已经进化，由低级而到了较高级；其结果，依经济学上凡欲望皆带反覆性，生活程度一进即不能复退之法则，中国人是再不能低减现在的生活程度，而守旧来的朴素主义的了。第二件事，足以证明中国经济在不知不觉之间，已达到国民经济时代；其结果，依经济学上之原理，对国内，应排除一切经济交通之障碍，使各地方能够自由地尽量地发挥地方的分业之作用，对国外，应在可能的范围内，励行保护的政策，始能自存于国民经济竞争之场。第三件事，足以证明中国经济上之生计单位，已由大家族，而转为小家族；其结果，依经济学及经济史之说明，中国人亦将自然地脱离大家族生产的经济阶级了。第四件事，足以证明资本集中底倾向，已经在中国开始发生；其结果，依经济学上的原理，大工场工业（无论其为中国人所有的或外国人所有的）必将日盛，纯无产的阶级也快要随之增加了。

四、中国各种怪现状之经济的解释

上述四种解释，我想只要前提不大差错，其结论也应当没有大差的。假如中国政治家有深远的见识，对于这各种事实就应施行相当的政策，以期防止社会的弊病之发生。然而事实上可惜中国本无这种政治家，所以中国人一方面只管增高生活程度，一方面在国民经济上却未受奖励保护之利益，致中国人生产能力，不能尽量发挥，或反有退减；又中国人一方面受资本集中之压迫日感谋生之难，一方面复受旧日大家族思想之影响，有生产能力者尚无自己独立生活或使人独立生活之自觉，致人己皆受重大的损失。大凡在经济发生大变动之时，必有无数牺牲者即失业或落伍之人；此种人因为生活所迫，往往会做平常不肯做的事，所以会发生种种不良的怪现状；要想消除此种怪现状，全仗有识见的政治家之事前预防或事后救正。然而中国本没有这样的政治家，所以不能不有下列种种怪现状之发生：

（一）道德观念之颓坏　现今一般人比起从前，较为诈伪无耻，敢于实行人格的破产，愤世家往往痛叹不已。其实照前面所说，"礼节"和"荣辱"，本来是居于第二位的，现今既为经济变动的时代，则道德观念之衰颓，乃是当然的事；我们若不在经济上讲究应付之策，无论如何痛叹，恐怕也是无益的。

（二）某种阶级的妇女贞操之丧失　中国现今各都会上某种阶级之妇女，往往多数操不正当的营业，这也是愤世家所痛叹不已的。然而依我所知，在经济生活发生大变动的时代，这种情形，实在是各国都不能免的。我常听人嘲笑东邻某国妇女毫无贞操，或中国某商埠附近地方妇女贞操特别不好，其实从经济上看来，是因某国及某地感受经济革命底影响特早，所以特觉刺目；我们若能放开眼光，观察近年中国各都会的事实，我想假如我们不从应付经济革命的方法上着想，我恐怕中国到处都是可危惧的。

（三）青年志趣之不坚　中国现今的青年，渐呈志趣不坚定的倾向，是无可讳言的，这固由于各方面想造成将来的势力的，在那里极力诱惑，然而谋生不易，求学艰难，也实在是一种受人羁绊之主要的原因，我们应当特别注意此点，力谋减轻青年求学的负担。

（四）贪污官吏之增加　此种事近年特别增加，当亦与经济变动有极大的关系。

（五）议员之腐败　多数国会及省会议员之要钱不要脸的倾向，断非舆论之制裁所能制止；要想根绝这种恶弊，非从经济上着想不可，因为荣辱毕竟是要让衣食一步的。英国在十六七世纪中产业革命时代，议员底道德，也非常不好，我们应当取鉴他山，行彻底澄清的改造才是。

五、各种改造中国的提案之合理的批评

上段所述各种不良的现状，要图改革，应当从经济上研究其发生的原因，并从经济上筹画对付的方法，换句话说，要谋改造，非注意于经济的背景不可。中国应当改造的事象，本不限于上述各种不良现状，上面所说，不过举例；其他种种现状，皆可类推。总之中国之改造，最应注重的，可以说就是经济的基础。

然而就各种改造中国的提案，考察考察，我觉得他们都没有注重到这一点。假如依上段所述，认注重经济的基础为合理的方法，那么，我对于各种重要的改造提案，想根据前述论旨，各加以简单的指摘：

（一）专想模仿外国宪法形式之法律改造说　此说最为不妥，因为一切法律本都是以规定经济生活为目的的，所以随经济生活底

不同，法律底内容也当不同；若是只顾模仿，必定发生法律与事实之冲突，其结果不因以法律就事实，而使法律成具文，必因以事实就法律，而生法律的斗争之弊，二者俱不是改造底本意，所以应当力避。

（二）不顾经济的背景之人心改造说　此说可包含一切教育改造、思想改造、习惯改造的提案而言，其带唯心的性质，依前段所述，根本上已经含有一半谬误，所以断不会有预期的效果。

（三）不顾国民经济状况之极端的联省自治说　各种联省自治说底内容，极不一定，从广义说，我也是主张联省自治的；但是有种人主张把关于国民经济的事项，也画归各省自办，这却是我最反对的，因为我想依上段所述，中国已达于国民经济的时代，若对内不撤去一切经济交通的障碍，对外不尽量地施行奖励保护政策，中国就会不能够立脚于国民经济竞争场上的；而此说若行，则对内对外，在国民经济上都要发生障害，所以不妥。

（四）期望好议员、好政府乃至好人出现，以行改造之诸说　我相信个人是有好的，但是不相信好的个人，当了阁员或议员之后，仍然是好人的；因为一则充当国家机关，是公的资格，单靠私的资格上所谓好是不够用的，二则此种机关之行动，根本上便不是个人可以随意左右的行动，三则机关必与权利和金钱相伴，纵然是好人，也难随人类底通性，对于二者，发生爱恋关系，其结果便变成不好的人。提倡此类提案的人，把改造和经济的关系，未免过于看轻了。

六、我的提议

据以上各段所述，我以为中国改造，必定要立脚于经济的基础上面，才能够收得相当的效果。但是要立脚于经济的基础上面，必定先要确知中国现今的经济状况才行。现在我们关于中国经济状况，所知道的都是用不得已的统计补助法得来的，所以不能说尽可凭信；我们于此外，应当努力搜集或创造统计的材料，以为解决中国改造问题之基础。这件事希望政府或其他任何机关去办，是难望的，所以我愿意向有志于改造中国的学者和青年，提议如下：

（一）结合赞成注重经济背景的改造家同志为一团体。

（二）共同研究中国现今的经济状况。

（三）根据所得经济的材料，确实地决定中国改造方法。

《日本宪法》（第一卷）书评①

《日本宪法》第一卷，美浓部达吉博士著，日本东京神田区一桥通有斐阁书店发行，价日金五元五十钱，一九二二年四月再版。

美浓部博士是日本东京帝国大学行政法讲座教授，素为日本行政法学界之有权威的大家。他在七八年前，曾代表当时的日本新思想家，和他同僚之代表天皇神圣说派的上杉慎吉博士，打了一年多的笔墨官司，争论天皇是日本国底机关，不是日本国底主体；笔战底最后结果，却是他得了胜利，所以美浓部博士之名，也渐渐地变成日本宪法学大家底代名词了。然而美浓部博士，除开十余年前，曾著了《日本国法学》和《宪法讲话》两部不完全的书外，关于宪法学全体许久并无整个的著作，一直到一九二〇年，他才公表这本《日本宪法》第一卷。据他底自序，全书共分六编，第一编宪法学之基础概念，第二编日本宪法总论，第三编天皇，第四编帝国议会，第五编法令条约及预算，第六编行政、司法及军队；每编各为一卷，第一编就是第一卷。其他各编，尚未公表。

---

① 署名陈启修，选自《国立北京大学社会科学季刊》1923 年 2 月 15 日第 1 卷第 2 号"学术书籍之绍介与批评"，第 367～372 页。题目为编者所加。——编者

这第一卷是专说宪法学之基础概念的全卷，可以独立地成一本书，所以我不妨单把他提出来介绍介绍。第一卷共分六章，其内容大略如下：

第一章说法。第一节说法之本质，主张法是关于行社会生活的人类相互间之意思交涉的、不可破的规律，其目的在满足人类之价值、感情，即一切有形无形的利益，其存立根据在社会心意即社会对于法之意识；并主张法是可以先于国家而成立的，所以法有国际法、国法和国家内小社会之法三种。总之，大体上是主张社会目的法说的。第二节说法学之任务及研究方法，谓法学有二种相异的任务：一为法之发现，一为法之说明；任务不同，所以研究方法，亦不能相同；在第一种任务之时，应不拘拘于条文，而行自由的解释，在第二种任务之时，不应过重观念而陷于观念法学之弊。第三节说法学上种种基本观念如意思、团体意思、代表、利益、权利、义务及人格者等。

第二章说国家。第一节说国家之本质，主张国家是一种团体。第二节说国家之起源，在事实上的实力之支配及法律上的国民心理之认识。第三节说国家之目的，谓现代国家之目的有四：（一）自存之目的；（二）治安之目的；（三）法政（法律关系之维持保护）之目的；（四）文化之目的。第四节说法律观念上之国家。第五节说国家之国际的结合。

第三章说国权、统治权及主权，关于三者之区别、性质及从来各学者之争论，论得很详。

第四章说国家之组织，详细讨论国体，或政体之种类。

第五章说立宪政体，在本书中，最为出色。第一节说立宪政体之发达。第二节说立宪政体之基本思潮（一）国民自治，讨论代议制度、直接制度及折衷制度之由来及特色。第三节说立宪政体之基本思潮（二）自由主义，详说自由平等说之由来，政制上之自由平等，权力分立主义，乃自由思想之变迁等。第四节说立宪政体之各种样式，主张分为（一）直接民政主义之立宪政体，（二）权力分立主义之立宪政体，（三）议院主义之立宪政体，（四）官僚主义之立宪政体四者。此章材料之丰富，议论之持中，及见解之透彻等，不但现在的日本的宪法书中，没有可和他匹配的，就是叶思曼之《比较宪法学》前卷恐怕也要退让一步罢！

第六章说宪法。第一节说成文宪法主义，述说成文宪法之渊源，发达意义，及其制定修正等，第二节说宪法学。

以上是本书底组织和内容之大略，现在想进一步，批评全书底价值。依我个人的意见，以为本书有两种长处：（一）是原理的研究，（二）是及时的研究。

什么叫做原理的研究？这个问题本来不易说明，我去年曾在我底《宪法原理讲义》编著大意上，说及此事，现在姑且把他摘录于下，以代说明：

"……原理的研究者，针对注释的研究，历史的研究，应用的研究，及比较的研究等之部分的研究而言，盖综合此种特殊的部分的研究之全部而成一有统系的全体之研究之谓也。凡科学皆有原理的研究与部分的研究之分，前者必为后者之基础，亦为一般科学之通理，而于各种法学尤然。无论何种法学，大凡同一之对象，若分而研究之至少必可分为四种研究：（一）为一定立法例之注释的研究，（二）为同时异地各种立法例之比较的研究，（三）为异时异地或同地各种立法例之历史的研究，（四）为其对象在法律现象中乃至一切现象中之地位及其本质若何之哲学的研究。欲了解同一对象之真相，必非偏恃四种研究中之一种而可满足，亦犹欲窥立体物之真相，非可仅以其平面的观察为已足也，故必综合此四种研究之全部而为全体的原理的研究而后可……"

照上述意思，来观察各国学者关于宪法之著作，在我个人的浅识范围内，似乎只有四部书，够得上是原理的研究：（一）是叶思曼底《比较宪法学》（A. Esmein, *Eléments de Droit Constitutionnel Français et Comparé*），（二）是叶里混克底《近代国法学》第一卷《一般国家学》（G. Jellinek, *Das Recht des modernen Staates. Band I. Allgemeine Staatslehre*），（三）是狄骥底《宪法学》（L. Duguit, *Traité de Droit Constitutionnel*），（四）就是本书。这四部书，虽然各有许多特色，然而在大体上看来，都是注重原理的研究的，所以比较地能将宪法学之真相，发露无遗。

上面四部书，虽然都有原理的研究之长处，然而在及时的（up-to-date）一点，却不能不让美浓部独步；狄骥虽亦在战后将他底书二册改为三册，于一九二一年发行第一册，然而究竟是改订的，不比美浓部底书是全部新做的。因为此书是及时的，所以关于新近发生的宪法事实，如苏俄一九一八年之人权宣言、一九一九年德国宪法上关于社会生活的主义之宣言、各国公民投票制及国际联盟等，俱有相当的解释和批评。

但是依我看来，本书似乎也有两种缺憾：（一）是许多地方过于简略，尤其是关于述说他人学说之处为然。本来此书依他序言说，是供宪法学界之参考的，所以往往有只顾述说自己的独特主张之倾向，在著者方面，或许以为凡是通常的学说，就不载入本书，也是可以的，然而在读者方面，却不能不有美中不足之感。（二）是有一些主张，似乎有过于偏颇之嫌，譬如主张联邦国内之分国不是国家，或主张政体就是国体，等等，我总觉得还不能完全同感。不过凡人都是有独特的个性的，其著作当然也各有特性，例如叶思曼之主张国民主权说，狄骥之主张事实国家说，在多数人看来，仿佛很不妥当，然而他两人却持之甚坚，便是一个证据，所以本书虽有上述两种缺憾，然而并不因此失其为宪法参考书中之良书之一。

论国权之种类及其法律的性质①

著者在二年前，曾作一文，讨论国权之合理的分类，主张分国权为主权、统治权及国体权三者；② 而论者不察，徒执三者之细别相绳，并引孙中山之五权宪法说，以为此附，竟谓愚主张八权宪法说。③ 愚对于此事，久思特作一文，以明愚在宪法论上各种主张之根本的立脚点。

欧美近顷政治哲学者中有主张政治的多元权力说者，此在政治论上，自亦系一种良好的理想。然自经我国学者介绍入国之后，竟由政治论一变而为法律论，乃有主张国权在法律上可以为多元的，而用以拥护所谓联省自治论者；亦有因误从误，谓联省自治之组织为多元的，而指摘其有害于国权之统一者。以愚观之，其弊盖在误会政治的国权多元说为法律的多元说，亦久思特作一文以明之。

---

① 署名陈启修，选自邓毓怡主编：《宪法论丛》第一卷，宪法学会刊行，1924 年，第 1～36 页。1923 年 3 月稿。宪法学会 1922 年夏成立，陈豹隐为该会创始人之一，他曾和众议院议员邓毓怡、吕复君起草《宪法学会简章》。——编者

② 指本册所收《省自治组织法理新论并表解：附拟四川省自治组织法案》。——编者

③ 指高元《九权宪法论》，《学林》1921 年 9 月 5 日第 1 卷第 1 期，第 1～20 页。节录本收入《东方杂志》1921 年 8 月 25 日第 18 卷第 16 号，第 111～114 页。——编者

顾虽有作文之心，而苦无执笔之暇，颇以为憾。近在学校授宪法学原理，关于国权一段，新作讲稿约万余字，其内容系直述愚见，而关于上述论者之误会，未能质辩，故从大体言之，与愚久思特作之文，距离尚远。然愚对于国权之种类及其法律的性质之主张，固可依此略见一斑，故姑先发表之，其关于质辩之部分，则他日当更题而补足之。

一、概说；二、国权之意义及实质；三、国权在法律上之地位及性质；四、主权之法律的性质；五、统治权之法律的性质；六、团体权之法律的性质。

一

国家为一种强制组织的团体，故由社会现象上观之，任何国家，俱不能不以一种强制的权力为其构成之要素，此一般国家学上之定论，而不容讨究者也。惟此种强制的权力，在法律上，究占如何地位，及其法律的性质如何之问题，则由现今国法学观之，尚无定论。关于名称，有称为主权者，有称为统治权者，有合二者而称之曰国权者，更有称为公共的权力者。关于性质，有谓其为权利者，有谓其为实力者，有谓其为合二者而成之权力者。此外关于其内容及其对于国家之关系，议论亦极纷歧，往往使研究此等问题者，心乱识迷，莫知何从。然若弃而不论，则又因其在国法学上，为一种极重要的根本概念，此而不明，则一切研究皆将有不能进行之虑，亦觉不妥。故学者苦之。愚对于此问题，思索数载，意见三变，自以为今愈于昔，特人患不自知，究竟愚见是否较佳，亦不敢自断也。愚意从来学者对于此问题不能有一致的见解，盖有四因：

A　关于要素之意义之不定　所谓要素，本有二义：一为特定的成立要素，一为一般的构成要素。成立要素者，谓当甲物对于乙物之成立有必要的关系时之甲物也，例如水之于鱼是也。构成要素者，谓当甲物与乙物有部分对全体的关系之甲物也，例如鱼鳞及鱼眼之于鱼是也。国法学上之要素，若依第一义，则唯主权及统治权为要素，若依第二义则团体权亦要素也。顾学者所谓要素，或依第一义，或依第二义，乃至或否认权力之为国家要素，故国法学上关于国家权力之问题，不能不纷纠复杂。

B　各时各地之情形各有不同　对于国法之学说，往往依其时其地之需要而发生变迁，故承中世纪封建制之后而有波丹之主权说，承近代君主专制之弊而有卢梭之国民主权说，因德意志联邦组织之结果而有统治权说。

C　权力之性质之不定　关于权力之本质如何，议论纷歧，有谓为实力者，有谓为权利者，有谓为实力而兼有权利之性质者。其根本的意见，既不相同，故各有其不同之结论；如法之狄骥，谓权力为实力，故否认国民主权之存在，即其显著之例也。

D　政治的见解与法律的见解之不分　政治的研究重实际的目的，法律的研究重形式的理论；前者之主要目的，在法规之运用的手段，后者之主要目的，在法规之原理的解释；二者本各有其应有的范围，而学者往往合而为一，故有论旨不清之弊。如“主权”二字，本为法律的用语，而或分之为法律的主权与政治的主权，即其著例也。

依愚所见，以为此问题之研究，为免除上述四种纷乱原因计，应注意下列三事：

A　应立脚于事实，而不宜涉于玄想，或蔑视事实　盖必如是始得为法律的研究。彼国民主权说之全出于凭空的想像，固属不可，而否认主权说及所谓多元主权说之蔑视现有之事实，从法律的眼光观之，亦不能谓其有价值也。

B　应为包涵一切之原理的研究而不宜为个个之特殊的部分的说明　盖不如是则与法律科学之本旨相违背也。例如以联邦国之存在为理由，而否认主权之单一性，以地方自治团体亦行统治权为理由，而否认统治权之法律的最高性，皆仅为部分的说明，而不免违背法律科学之研究原理也。

C　应为纯法律的研究而不宜加入政治论及道德论　法规之运用的研究及价值的研究，在进步的国法学上虽甚紧要，然在此处即研究权力之法律的意义之时，则不宜加入。盖彼此各为一问题，在此处本不相关联也。彼因主权往往为少数人所把持滥用，而从法律上根本地否认之，或因主权之行使在事实上不能不斟酌国民之舆论，而主张所谓政治的主权之存在者，皆误之甚者也。

愚根据上述主张要素宜从广义，包含成立要素及构成要素二者，又主张权力为一种实力而兼有权利之性质者，故于国权之下，包含主权、统治权及团体权三者。主权之中又分为对外的主权及对内的主权，以为国家与地方团体之区别。统治权之中又分一般的统治权及特殊的统治权，以为领土的公共团体与非领土的公共团体之区别。团体之中又分对外的团体权即对等行为权，及对内的团体权即命令惩戒权，以为团体与个人之区别。而统治权与命令惩戒权之分，又为公共团体与共同团体之区别之标准焉。图示如下：

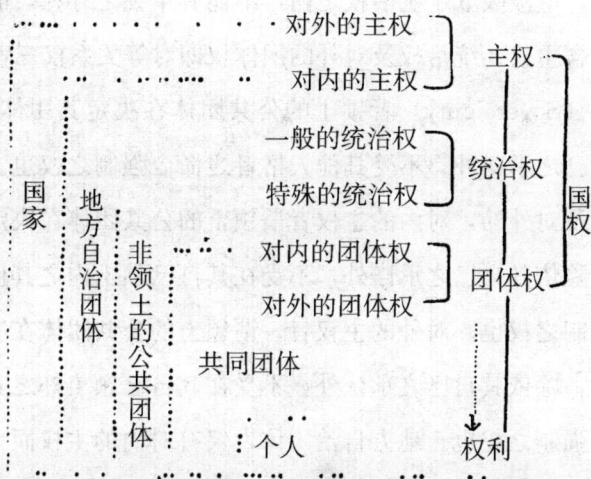

```
              ·········· 对外的主权 ┐
      ········ ····· 对内的主权 ┘  主权 ┐
                                        │
              一般的统治权 ┐              │
              特殊的统治权 ┘  统治权     │  国
  国  地  非                              │  权
  家  方  领  ····  对内的团体权 ┐        │
      自  土       对外的团体权 ┘ 团体权 │
      治  的                              │
      团  公                              ↓
      体  共      共同团体                权利
          团
          体
              ····· 个人 ·····      权利
```

以上为愚之创说之纲领，自以为较诸家之说，为衷于理，请于以下各段详述之。

二

国权者在社会的现象上为国家要素之权力在法律上之总称也。要素一语，若作为唯在国家为必要的，而在国家以外之团体则否之物解释，易词言之，即作为特色解释，则国权之内应仅包含对外的主权。然若作为一般团体所必要者解释，而不限于公共团体或公共团体中之国家，则国权之内应包含主权、统治权及团体权而言。愚以为国法学之研究目的不在阐明国家之特色，而在说明其一般组织及作用之法律的关系，故要素之解释应从广义，故国权之研究亦应包含主权、统治权及团体权三者。然因在国家内，团体权中之对内的团体权，应被吸取于统治权之内，不能有单独之存在，故国权之研究仅包含主权、统治权及对外的团体权即对等关系权三者。

主权（Sovereignty）者领土的公共团体在决定其团体意思时，除依其自己之承诺外，不受其他人格者之命令强制之权也。主权复分对内的及对外的，对内的主权者谓领土的公共团体在决定其团体意思时，除依其自己之承诺外，不受在其自己领土内之其他人格者之命令强制之权也。对外的主权者，谓领土的公共团体在决定其团体意思时，除依其自己之承认外，不受在其自己领土外之其他人格者之命令强制之权也。地方自治团体，仅有对内的主权而无对外的主权，国家兼有对内的主权及对外的主权，而其外之一切公共团体及共同团体，则皆并二者而无之。盖因唯国家及地方自治团体有领土的统治权即一般的统治权，而领土的统治权有积极地施行绝对的命令强制之内容，与不受其他人格者命令强制之主权，立于相因相辅之关系，必在其领土内有一般的统治权，然后能容其自己主权之存在，故国家及地方自治团体以外之一切公共团体及共同团体，在法理上皆显然不能有主权也。由此义观之，可谓凡主权皆有消极的性质。然此不过由其属性言之耳，若由其内容言之，固有积极地决定团体意思之内容，亦犹普通国民自由权，在属性上虽为消极的，然从其内容观之，则国民固可依自由权之结果而得行积极的行为也。故主权一语可谓由二部分组成：

主权＝（决定其自己之团体意思）＋（不受其他人格者之命令强制）

而国家及地方自治团体以外之一切团体，皆仅有第一部分而缺少第二部分，故皆无主权而仅有所谓决意权也。无主权的团体之决意权，应作为对内的团体权之一部分而研究之。

统治权（Herrschergewit）者公共团体对于其团员得施行绝对的命令强制而不问其团员意思如何之权力也。统治权复依其命令强制之范围之广狭，分为一般的或领土的统治权及特殊的或非领土的统治权。一般的统治权者谓公共团体对于其领土内之人格者，除法律别有规定者外，得依据法定之程序，关于一般事项，施行绝对的命令强制之权力也。特殊的统治权者，谓公共团体或仅对其团员或仅关于特殊事项，得依据法定之程序施行命令以强制之权力也。前者之效力及于其领土内之一般人格者及一般事务，故可谓为一般的统治权，后者之效力，仅及于一定地域中之特定人格者（即其团员）及特定事务，故可谓为特殊的统治权。前者唯国家及一般地主自治团体有之。国家及一般地方自治团体以外之一切公共团体，如公共组合、公营造物法人及特别地方自治团体等，则仅有后者。至于一切共同团体则并二者而无之也。统治权为一种绝对的命令强制权，不善用之，往往流于专制之弊，故政治哲学者之中，间有非认之者。然统治权本为国法学上之概念，实与政治哲学不相干涉，且现今国家及地方团体在事实上皆有此权，在现行法亦皆承认此权，吾人似不能否认之，盖若不承认此权，则国法学之研究根本上将不能成立也。又国法学者中有不承认统治权，而将统治权之内容置于主权之下，作为对内的主权，以与对外的主权相对峙，而研究之者。然主权之性质为消极的，统治权之性质为积极的，二者性质不同，似不能置于同一之部类而行研究；且依上段所述，对内的主权更可有别种意义，从用语之精确言之，亦似不妥。故愚以为此种研究法，除对于近世主权论历史之沿袭外，殆无正当理由之可言，然吾人研究学问，固当以纯理为主，而不当盲从旧来之惯习也。

团体权（Uerbandsgewalt）者团体对于团体内之人格者（即团员）及团体外之人格者，在法律上得主张其自己之团体人格之权也。此复可依其主张所欲达之目的如何而分为对内的团体权或相对的命令惩戒权及对外的团体权，即对等行为权，二者。对内的团体权者谓团体对于其团员施行相对的命令惩戒时，在法律上得主张其自己之团体人格之权也。相对的命令惩戒权之意义，已有定论，兹不赘及。对外的团体权者，谓团体或对于团体外之人格者，或虽系团体内之人格者，然作为团体外之人格者而对之施行对等的行为时，在法律上得主张其自己之团体人格之权也。对外的团体权为一切团体所恒有，盖无此权则团体将不能表示其存在以行种种之团体的活动，而个人的行为与团体的行为，亦将毫无区别也。对内的团体权为共同团体之特色，而公共团体则因有效力较对内的团体权尤强之统治权，当然无须此权，见上述。从来研究国法学者，对于团体权，皆不注意，以故凡关于团体权之事项，如外交及经济等皆杂见于统治权事项或主权事项之下，不但纷然杂陈，无一贯之条理，且内是之故，致关于团体权应有之组织及运用之理论，亦无从发见，驯至于酿成种种弊端；愚甚以为不可，故将关于团体权之事项，作为独立的问题而研究之。

国权之意义及其应有之种类，依上所述，大体已明，而公权、国权之意义及范围之差异，亦可概见。盖前者应包含国民享有之权而言，而后者则专就国家享有之权而言也。此外与各种国权之作用，甚有关系，而学者之议论又尚不一致者，则为国权之本质若何之问题。欲明此问题，当先研究实力与权利之区别。实力（Force）

者在事实上可以发生物理的变化之自然力也。此种自然力，从广义言之固不限于人类所有之自然力，然从社会科学之地位观之，在辨明权利及权力之时，所谓实力自以人类自身所有之自然力为限，故此际之实力，亦可谓为体力、腕力、武力或势力。权利之本质如何，异论甚多，兹不能详述之，若依愚见，则以为最善者，莫如谓权利为一种在法律上可得主张特定的法律利益之状态。故权利之本质中，含有二种元素：一为在法律上之可能状态，即法律上的能力（Legal Capacity），一为法律上特定的法律利益之主张，即享受权利人之意思力或心理力（Mental Force）。仅有前者则不过仅有权利取得之地位或资格（Capacity or Qualification），而不能积极地主张一定的法律利益，故不得为权利。例如国籍仅为取得国民权之条件，及一定国家之高等文官考试及格为仅取得充当其国荐任官之权利之资格，有不能即谓为权利是也。若仅有后者，则不过仅有一种意思之表示（Declaration of Intention），而不能使其主张当然地发生取得特定的法律利益之效力，故亦不得为权利。例如通常之意思表示，仅得为取得某种权利之法律行为之要素，而不能谓为权利，是也。关于上述，若以算式，简单地表示之，则：

$$实力＝武力$$
$$权利＝法的能力＋心理力$$

由是可知实力为事实问题，与法律无必然相联的关系，而权利则为法律问题，与法律观念不可须臾离也。据此，则国权之本质，必不为实力，较然明甚；盖近代国家，以法治为原则，国家不复在法之上，而实在法之内，与国民同为权利义务之主权，若国权之本质为实力，则不应发生权利义务之关系也。然以愚所知，关于国权本质问题，共有三说，其中竟有以国权之本质为实力者，易词言之，即否认国权者。

A　实力说　谓所谓团体意思，根本上原无其物，通常所谓国家意思，实为少数强者之意思；通常所谓国家，实不过一种强者以武力强制弱者之事实，特强者欲掩饰此种事实，而故从玄想上谓其有特殊的存在耳。既无国家及其意思之存在，则当然无国家权利之可言，亦当然无公共权力即主权或统治权之可言，所谓主权或统治权者，亦实不过一种实力，特强者为保持实力计及为实力已衰时之统治计，故意造出一种抽象的权力以自利耳。实则主权或统治权之有无与所谓国家之存立无关系；与所谓国家之存立，有必不可缺的关系者，唯有实力（Force Materielle）。盖个人若有超过他人之优越的实力，其处即发生强者统治弱者之事实，易词言之，即发生所谓国家。而弱者亦唯在强者能行公共的役务（Services Publics），即担任防御外敌，维持治安，执行五义，及其他种种责任，在增进社会的效用之范围内，承认强者之实力，故强者虽有实力，然非能为无限制的行使。彼疑持实力说则对于所谓国家，不能有充分的正认理由者，盖属过虑也。

此说为持国家事实说者所主张，通常持国家事实说者，大抵不满意于现存之国家，故极力否认现存国家之权力，然从法律的眼光观之，则此说实有混哲学论或事实论与法律论之弊，殊不正当，盖吾人当欲明法律论之目的及价值之时，虽不能不采用哲学的及社会学的概念，而在研究纯粹的科学之时，则不当参杂本质论及价值论也。在法律科学上，所谓团体人格及团体意思，本为一种法律上之拟制，吾人不能因其为拟制而加以否认；果因其为拟制而否认之，则法律上个人以外之一切人格者及其意思，皆将不能存在，而一切团体活动在法律上皆将失其效力，此不与社会的生活之本来的目的，及近代团体的活动之范围日益扩张之趋势大相违背耶？且假使国家之权力，为一种实力，则国家对于其他人格者之法律的关系必将随实力之消长存灭而时时变动，此与社会生活上需要法律的安定性之原则亦相冲突；充其理论，不但将否认国家之存在，抑且将否认社会之存在；正认实力而否认社会，反不如否认实力而正认社会之无治主义说之为完全矣。此与持此说者正认社会效用之本意，距离甚远，依此亦可知此说之矫枉过正也。又持此说者虽认国权为实力，然同时又谓强者阶级有施行公共役务之责任，此亦不免自相抵触，盖责任已为超出实力之法律的概念，仅有实力之存在，必无责任，苟有责任则必不能不有实力以外之法律的可能状态之存在也。

B　权利说　谓国权者，国家在法律上可得行种种行为以与国民或其他人格者对抗之状态也。此与一般权利之性质，毫无差异，故国权有权利之性质。盖国权若无权利之性质，而仅为一种实力，则不但将有上述实力说之诸弊，且权利在法律上为与义务对待之词，无权利则亦无义务；若谓国权无权利之性质，则所谓国民之权利，亦将不能存在，未免与近代立宪运动之历史及现存之事实相反也。对于此说，持反对论者，则谓权利虽为与义务相对待之名词，然权利及义务之根据，必在于法，而法为国家所制定而强行之者，故国家可依主权之作用，随时变更之，故国家与国民之间，无权利义务的关系之存在，故不但所谓国民之权利，非真正之权利，即所谓国权，亦非有权利的性质之物。此种反对论系以国先于法说为根据，认法为国家之命令，根本上已不免错误，且即令其根本无误，然其依国家可随时变更法律之理由而否认国家与国民间之权利义务关系之存在，亦不免有混同政治论与法律论之弊，盖可否随时变更，乃政治上之立法问题，而在未变更以前，权利义务存在与否，则为法律上之解释问题，二者不能发生理由与结论之关系，不宜混为一也。

此说虽含有部分的真理，然其竟谓国权为通常权利之一，与个人间之权利相等，则亦未免失当。盖个人所享有之权利，在义务人不履行时，个人应请求第三者之国家或其机关，助其执行权利，而不得自己执行，故有依赖他力之性质；而国家所享受之权利，在义务人不履行时，国家得以自己之实力，自己执行权利，故其权利，带有自力执行的性质，易词言之，即个人之权利与国家之权利，其效力有强弱之别也。故仅谓国权为权利，亦似不妥。

C　权力说　谓国权既非单独的实力，亦非单独的权利，而实为合实力及权利而成之权力。以式表之，则：

$$权力＝实力＋法律的能力＋意思力＝国权$$

盖国权由其在法律上之性质言之，则为一种法律上之可能状况，似可谓为权利，而由其执行之方法言之，则权利人格者可用自己之实力以执行之，又似可谓为实力，合而言之，实可谓为权力。权力（Legal Power）者即附带实力之权利也。此说理论，较以上二说圆满，又不与现存事实冲突，故愚从此说。

三

国权之本质既为一种权力，则其在法律上不能更为权利之主体，或权利之客体，自不待言，故国权在法律上之地位，仅有国权为国家之要素，抑为国家权利之目的物之问题。依前段所述，"要素"二字本有二义，一谓必要不可缺之元素或特定要素，无此元素则其物将失其特色而不能存在；依此义言之，则国权中之主权，及统治权皆为国家存在上必要而不可少之特色，无此二者，则国家将不成其为国家，而变为共同团体也。一谓构成上之元素或一般要素，无此元素则其物之构成虽将不完全，然决不因此而失其存在；依此义言之，则国权中之团体权，亦将与主权及统治权相并而为国家之要素，因无团体权，则国家之生活将不能完备也。故国权是否为国家之要素，当视国权之种类及要素之意义如何而异其答解。次国权是否能为其他权利之目的物？此为国国性质之问题，应依国权之种类，分而言之；盖各种国权之意义，既不相同，则其能否作为权利之目的物而被移转授受于国家与国家或其他团体之间，亦应不同也。通常因事实上有主权之合并，统治权之让与或给付，及团体权之让与等，而主张国权可为权利之目的物者，固有其人；然因主权及统治权为国家之成立要素，而主张绝对地不能为权利之目的物者，亦未尝无之。此盖因关于主权及统治权之意义及范围，各人之主张根本上各不相同，故其结论亦睹差异，故吾人当就各种国权分别讨论之。

四

主权为国法学上及政治学上争论最多之点，异说纷纷，自极端的赞成论，以迄根本的否认论，中间包含无数主张，各是其所是而非其所非，几至不可究诘。故吾人欲讨论主权在法律上之地位及性质，应先考察关于主权之意义、种类、性质及所在等，所有一切的重要议论，评其是非；盖必如是而后吾人之主张始得明显也。

A　主权之意义　以愚所知，关于主权之意义，约有八说，依其变迁之先后言之：

（1）较高权　吾人所谓主权本用以指法语中之 Souverainete，而此原语则由拉丁语 Superanus 而来，本有 Superior 即较高者之意，故在中世纪时，此语不但用以称国王，而且兼以称诸侯，故十三世纪以前，法语中所谓主权，实仅有相对的较高权之意，而非有绝对的最高权之意。

（2）最高独立权　当中世纪时，欧洲之较高权力者，最高有罗马法王及神圣罗马皇帝，以次而下则有各国之国王，各封建诸侯，及自由都市。此等较高权力者，在名义上虽相隶属，而实际上则各自为政，不相为谋；其结果徒有纷争而无宁日。当是时，居于中级之国王，乃一面利用社会厌乱之心理，一面乘各诸侯受十字军东征之打击，以阴柔手段，笼络新兴的工商阶级，以武力吞并弱小的诸侯。其结果，权力日增，渐成坐大，使国王在国内无复有力的对抗人。而国外较高权力者之罗马神圣帝国皇帝之权力，既已有名无实，罗马法皇亦受宗教革命之影响而与多数国王断绝关系，故国王对外亦渐获得无所拘束之地位。事实之变迁既达到不能不产生学说之地步，故法学家始乘罗马法学复兴之机，取罗马法上之统一的权力思想，应用于新兴王国之权力之解释。于是原有之相对的较高权，始变而为绝对的最高权。最初为最高权之主张，博得决定的胜利者，实为于一五七六年著 *Six livres de la Repuqlique* 之波丹 (Jean Bobin)，故波丹亦称为主权论之建设人。波丹谓主权为高出于公民及臣民之上，而不受法律限制之权力，故其所谓主权，实带有消极的内容，观其以不受制限、不可分、不可让与、不受时效等，释主权之性质，可知其意之所在也。

（3）最高物主权或最高地位　最高独立权，确立于欧洲各国王之后，国王之专恣，逐渐增加，人民之自由，亦逐日减少，于是世人对于国王之主权，始渐怀疑虑。当此之时，所谓启蒙哲学，已盛行于世，故主权之观念，与民权自由之观念，合而为一，而成所谓国民主权说；谓最高独立权，虽为国王所行使，然其所有权则在国民。而一方面拥护国王者，则谓王权应归王有。故此时所谓主权已由最高独立之意义，变而有国家物主权，或意欲权之意义，易词言之，即渐由消极的而变为积极的矣。

（4）最高权兼统治权　欧洲十七八世纪间，以大势言之，可谓民权思想战胜君权，其结果人民不但获得消极的自由权，而且获得积极的参政权，故人民不但被视为主权之所有者，而且视为当然的主权行使者，故此时之主权，不但含有不受国内外权力限制之消极的性质，而且有含有统治国内人民等作用之积极的性质。《民约论》著者之卢梭及其后英美法各国之民权论者，殆皆抱有此种主张者也。

（5）统治权　此说为英国学者所唱道，而最能为明确的解说者，则为奥思丁（Austin）所著之 *Lectureson Jurisprudence*。此书出版于一八三二年，当是时英国之近世的内阁政治自 Sir Robert Walpole 以来，建设期间，将近百年；国王之徒拥虚名，已属既定的事实，而人民之要求，亦可依议院之立法，而见诸实行；故关于政治论上主权何在及其如何行使等，已不成大问题，而最要者则在从法律上将此种新的政治，加以确切的解释。奥思丁乘此思潮，著书倡言法律上之主权为统治的权力，而统治之内容为命令及强制，故法律上能行命令强制之人，即为主权者。然当时之英国唯国王及上下两院能行命令强制，故国王及上下两院，即为主权者。主权之意义，至乃纯然变成积极的矣。

（6）组织权或权限权　此说多为德国学者所主张，谓主权与统治权有别：统治权为命令强制之权，而主权则为自定根本组织之权。此说亦为实际政治之反映，盖德意志联邦帝国成立以后，各邦从继续施行统治方面观之，虽仍不失为一种权力者，然从在一定范围内，当受中央国家拘束方面观之，则殊与国家要素之主权之原理相悖，故学者于此，乃不能不有种种新解释：或谓统治权为国家要素，而主权非要素，或谓主权非最高独立权，而为自定组织权或权限权。要之期能使在一方面中央联邦与各邦俱不失为国家而在他方面各邦与各邦内之自治体又有区别而已。

（7）实力　此说谓所谓主权，不过为一种实力，故主权之内容，应随实力之消长而为转移，不能一定。凡持国家事实说者，大抵皆主张之。然此说实不啻否认主权及其他权力之存在，其不当自明。

（8）混合说　综观前述各说，对于主权之意义，不外乎三种不同的解释，或此各种解释之混合。所谓三种不同的解释者，即（a）决意权（Pouvoir de Vouloir）、（b）命令强制权（Pouvoir de Commander）及（c）独立最高权（Pouvoir de Commander Independant）是也。因是近日法国学者如叶思曼及莫落乃将三种解释混合，而谓主权为包含决意权、命令强制权及独立最高权三者之权力。

以上为关于主权意义之沿革及学说，从法律论的眼光观之，大体可谓日趋完善。虽近日政治学家如拉司基等所论，颇有复古，即趋于第一之较高权说之倾向，然究不过大潮中之小浪，殆未足颠转法律的主权论之主流也。以愚观之，唯第八说比较良善，然尚未臻完美，盖此说应用于联合国家时，仍苦不能在法律上说明国家与地方团体之区别也。欲救其弊，须将主权细分为决意权、命令强制权及独立最高权，然如此，则在用语上又与主权之通常含意相左。故愚以为最好莫如依愚之主张，将第八说所指之主权，称为国权，而以主权称最高独立权及决意权，以统治权称命令强制权，以团体权称统治行为以外之行为即对等行为权，实较为便利而又合乎纯理也。

　　B　主权之所有人或主权所在之地位　依上段所述，主权之意义，曾经数次变迁，其内容极不一定，故在研究主权于何人所有或主权之地位何在之问题之时，不能不感内容不定及论旨不明之困难。兹为说明上之便利计，姑不采纯理的区分，而但集合关于所谓主权地位论之诸说而考察之，以明其变迁之大势。盖国家主权论，在法律学上自团体人格观念成立以来，已成定论，不须更作无益的争论也。关于此问题，有九说：

（1）物主主权说　"物主主说"四字，为愚试造之词，欲以指在绝对的主权论发生以前，关于较高的主权之地位，盖在欧洲专制君主国发生以前，除共和国外，其他国家，无论其为财产国家或家长国家，皆视国家为私人之所有物，则国家之主权当然属于其所有主，故可称为物主主权说也。此说不分公私，其不当自明。

（2）君主主权说　谓一国之主权属于君主。此即波丹及其他唱导最高权的主权者之所主张也。君主享有主权之理由，虽事以神授说或契约说说明之者，然在波丹著书时，似尚未置重此点；盖当时之要求者，在以法律的统一观念，尊崇君主之权力，以救扰攘之弊，而不暇计及君主主权之由来，亦未预计君主主权之流弊也。

（3）国民主权说　谓一国之主权，属于国民全体主权者国民全体之总意。而国家则国民全体之法律的人格化（Personification）也，此说自卢梭以来，盛行迄今，犹有相当的势力。我国《临时约法》成于二十世纪，而乃仿十八世纪之宪法，于第二条规定中华民国之主权，属于国民全体，则此说之势力可谓伟大矣。此说之发生，在救上述君主权说及十七八世纪君主之极端的专制之流弊。盖君主主权说之结果，使君主在法律上得为所欲为，荼毒人民，故自由思想家乃进一步而从政治学理上研究此种法律的主权发生之理由，以明法律的君主主权其初原为人民全体所托付，人民为主而君主为宾，故人民得行革命的行为，以推翻君主之权力也。主张国民主权说者甚众，故其所持以正认国民主权之理由，亦甚纷歧，依愚所知，共有五种：

（a）社会契约说　谓各个人本有天赋的自由权及不可让与的意思力，后根据此种自由权及意思力，缔结社会契约，以成国民总意，而国家与主权乃克成立。现实的君主之行使主权不过受国民之委托而已，非作为其所有物而行使之也。故当君主多行不义之时，国民可依意思不可让与之理由，随时取回所委托行使之主权，而另使他人行使之。

（b）全体利益说　谓公共权力存在之理由，唯在为个人之全体谋利益，故各个人对于所有利益之规定，应行参加。且从公共权力维持其存在之方法言之，除非常之时，须法武力外，平素皆有赖于公共意见，而表示公共意见之最显最确的方法，又莫过于使各个人皆得参加公共权力，故国民主权乃公共权力之存在及维持上当然而且必要之理也。

（c）神授说　谓神以主权授诸国民，国民复以授诸国王，使其行使，故国民与国王虽皆非主权者，然后者对于前者应负责任。

（d）时效说　谓自不可记忆之时代起，已有主权及公共权力之存在，而国民全体依发表公共意见之方法，实足以左右主权及公共权力之行使，故主权属于国民。

（e）自然说　谓国民全体之结合及国家之成立，乃系自然的而且必然的现象，故国家之构成，非出于现在的少数的把持政权者之力，而实由于全体国民意识，在长期间中之潜移默化，故国家之主权，不应属于少数的个人，而应属于国民全体。

以上五种正认国民主权之学说，在历史上虽皆尝有相当的价值，然由今日法律学之眼光观之，皆不能谓为正确。盖（a）说不合事实，（b）说误视国民的利益与各个人之利益总计为一，而蔑视主者之冲突性，（c）说缥缈无凭，（d）说以法律的方便手段之时效为根据，理由不大充足，（e）说一面谓国家为自然的产物，一面又谓主权宜归于创造人之国民全体，实不免矛盾也。

（4）神主主权说　谓国家主权属于上帝，国王之权力为神所托付，故国王惟对神负责，而对人民则否。此说全为对于国民主权之反动学说，例如法国之波雪等皆或因主张国民主权说者漠视宗教过甚或因特权阶级之利益横被牺牲，故欲利用此说，以挽君权或教威于既倒也。

（5）理性正义及理法主权（Soverainete de fa Raison，de la Justice，du Droit）说　谓主权不在君、不在神、不在民，而唯理性正义及理法是归，盖主权本无定所，而其行使则必合乎理性正义及理法，始可是认之也。此说亦为一种反动的学说，然与第四说异。因第四说带有复古的性质，而此说则仅欲以理性正义及理法，救正十九世纪上半法国国民主权说之流弊，使当时视为万能之国民主权稍受限制也。

（6）强君主权或君民共主说　谓主权在纯法律论上，应属于能施行命令强制之人，而此种人在一国中必为事实上之强者，故可谓主权属于为强者。然在十八九世纪之立宪制度下，一国之强者大抵为君主与民选之国会，故又称为君民共主主权说。此说为前述奥思丁等之主权说之当然的结果，且为调和君主主权论与国民主权论或名分的主权与事实的主权论之最良的方法，故君主立宪国中之学者往往乐从之。

（7）国家王权说　谓一国之王权不在君不在民，而在抽象的国家人格。盖国家之意思及行动，在事实上完全与其他法人相似，带有一种团体的及永久的性质，初不因其分子即君主或国民之新陈代谢，而发生动摇，故国家亦应视为法律上之人格者：其结果国家自身应为法律上权利义务之主体，即亦应为主权之主体也。国家主权说之发生，固由于法学家及政治学家，欲借以调和国民主权说及君主主权说之争执，然亦未尝不由于法理学上团体观念之进步，确认团体在法律上之意思及人格，故此说在法律学上具有坚稳的根据。

（8）个人主权或原子主权说　谓主权不在君主，不在国民全体，不在国家，而在法律上有行使主权之权限之个人，易词言之，即在充当国家最高直接机关之人，此说视主权属于个个之人，而不属于各个人之总体，重视各个原子（Atom）而不重视其集合或组织，故亦谓之原子说。此说系对于国民主权说及国家主权说之反动的学说，盖国民主权说及国家主权说，徒有虚名而无实益，故宁弃此美名，而立脚于事实以行法律的解释也。近代主张普通选举及公民投票之学说，充其理论，皆不能不谓其属于此说。

（9）阶级或团体（Group）主权说　谓从历史上言之，政治之内容不外乎治者阶级对于被治阶级之统治；从事实言之，政治上之势力亦不过代表特定的团体，如政党及其他商工团体之利益；且从纯理言之，凡人不能孤立于世，必加入种种团体而行团体的生活，始行满其经济的及其他的欲望，故政治上亦应先有团体的利益，而后能发生个人的利益。有此三因，故谓不但现实的主权属于特定的阶级或团体，而且在将来的理想国家中，亦不过将属于一阶级或一团体之主权，分属于各阶级或各团体而已。此说为各种社会主义家所主张，如职业选举说、产业自治说及苏菲埃代表说等，充其理论，殆皆属于此者也。

　　以上九说，惟最后三说在今日尚有讨论之余地，其他各说之不当，已无容疑。第八说、第九说同有揭发政治真相之益，而前者重视个人，后者重视团体，若从实际观之，后者似优于前者也。然若以法律的眼光观之，则二说皆不免失当，而尤以第九说为甚，盖国家本为法人，则国家为国权之主体即享有人，乃系法律的概念上当然的事实，更不容置辩；此在不承认团体意思之第八说，或可谓团体本系假想的，而因以自辩，而在承认团体之第九说，则其结果为仅承认较小的团体得为主权之主体，而不承认较大的团体之国家，亦得为主权之主体，实不免自相矛盾之嫌也。

　　愚谓法律的概念与政治的概念，最当分别清楚，主权本为法律学上之问题，故主权所在之问题，亦当纯以法律的眼光解释之，而主张第七说。至于此说有无流弊及救弊之方法如何，则当另为问题，不能因此而否认国家在法律上之主权；亦犹私法人之团体权，不能因其有或种流弊，而谓其不属于私法人，而属于其各社员或社员之一部分也。故愚仍主张国家主权说，同时对于因国家主权说之误解而生之流弊，则主张用改良国家机关组织之方法，如普通选举制、比例代表制及职业选举制等以救之。

　　C　主权之种类　政治学者往往依种种标准而行主权之分类，例如加纳在其著书中，即尝列举主权之分类，有虚名主权与实际主权，法律主权与政治主权，事实主权与合法主权，及对内主权与对外主权等。然依前所述，主权之意义本甚纷淆，在或种解释上，此种分类往往有不可通者；且从法律学之见地言之，除对内及对外之区别外，亦实无分类之要，故兹仅就对内主权及对外主权略加讨论。

通常学者多谓主权可分为对内的及对外的二种；前者系在对内的关系上超出一切个人及团体意思之权力，后者为在对外的关系上，不受其他意思强制之权力；前者为国内公法之对象，后者为国际公法之对象；故国法学上所研究者应为前者。此种说法，最易使人误主权及统治权而为一，其结果将不足以明国家与地方团体之区别，故愚主张对内主权为领土的公共团体在决定其团体意思时，除依其自己之承诺，不受在其自己领土内之其他人格者之命令强制之权，对外主权为不受在自己领土外之其他人格者之命令强制之权。

D　主权之法律的性质　以上已略述关于主权之种种讨论，兹进而论主权在法律上之性质。国家若无对外的主权，则将变为其他国家之地方团体，若无对内的主权，则将变为地方团体以外之公共团体或共同团体，故主权在法律上为国家主要素。凡权力或权利皆可为其他权利之目的物，主权为权力之一种，故在理论上亦当然可为其他国权之目的物；且从实际上观之，主权之授受恒见于国家兴亡、合并、联合、保护之际，若主权非国权目的物，则法律上将无从说明，故主权之得为国权目的物实不容疑也。

主权由为国家要素之点观之，似有不可让与性，然由为国权目的物之一点言之，当然不能有不可让与性。既可让与，则当然亦无所谓主权之永久性之存在。主张权利为意思力者每因意思之不可分而主张主权之不可分性，然权利本为一种可能状态，其可分与否与意思之性质无关；且法律上一切权利皆可分割，事实上联合国中之中央国家与各邦之间，或加保护国与被保护国之间，亦明明有分割之事实，故主权非有不可分的性质者。但可分与否系就主权为国权目的物之点而言，若从主权为国家要素之点言之，则无论分割之前，与分割之后，主权已身在国家构成之关系上，固仍不失为统一的也。主权之无限制的性质，依吾人所采之主权定义言之，自属当然。

统治权之意义之纷歧，观上段关于主权意义之论述可以推知。愚主张以统治权专指对于团体员之绝对的命令强制权，亦已见前。

统治权之种类可依种种标准分之：

（1）依其施行范围之广狭则可分为一般的及特殊的或领土的及非领土的说，已见前。

（2）依其施行时之目的物之种类则可分为领土高权、组织高权及对人高权三者，兹不赘述。

（3）依其施行方向之不同则可分为立法权、司法权及行政权三者，兹亦不赘及。

统治权之为国家要素，由国家之定义观之，即已甚明，不待多言。统治权之可为国权行使之目的物，亦可于国际统治权之割让、租借、委记，联邦国之中央国与各邦间统治权之分配，及国内对于地方团体之统治权之授与等觇之。统治权既可为国权之目的物，且有上述让与、分配及授与等事实，则统治权之有可分的性质，自不待论。其谓统治权有不可分的性质者，盖亦误认统治权为国家要素之点，及其为国权目的之点为一之所致也。但统治权在国权目的物论上，强属可分，而在国家要素论则不能不有统一的性质，此乃国家法人论之当然的结果，其理甚明。若执三权分立或各机关独立之事实，以证明统治权之可分性，则尤误之甚者矣。统治权依其定义当然对于团体员在法律上有最高性，即绝对地统驭一切之性质。但最高性与普遍性或无限性异；在现代国家中，统治权仅能于法定的范围内，发挥其作用，非能冲决法纲，蔑视中央国家或各邦各地方自治体及各个人自由权，而行无所不能的活动也。

五

团体权为团体对于团体内外人格者得主张其自己之团体人格之权，故若谓要素为构成元素之意，则团体权亦得为国家之要素。团体权为一种权力，当然得为其他权利之目的物，此不但依私法上团体权合并或买收之例，可以证明，且即公共团体间亦尝睹同样之例，如海湾渔猎权、矿山采掘权之让与等，皆是也。

国民权之种类其存在理由及其等次[①]

一

本题之要旨，在述说国民权之意义、种类、存在理由，以明各种国民权在庶民政治上之重要程度若何。

此种题旨，本极平凡，通常宪法学著书中，殆无不述及之者，今特标而论之，似有失当之嫌；加以我所说者，虽有独出己见之处，然从大体言之，则述者多而作者少，尤足令人起冗赘之感。然我犹不避嫌厌，不揣固陋，而毅然作此篇者，盖亦有故。

智识阶级之人，往往好高骛远，竞求新奇，而于眼前平常之事理，反不甚明；此虽为一般智识阶级之通弊，而于我国今日之智识阶级似尤为显大。牛登力学之未明，而竞谈相对论；不悉资本主义的经济社会之组织、运行及利弊，而主张社会主义的经济社会之建设；不明宗教之本义，不经精神的忧患生活之体验，而倡言非宗

---

① 署名陈启修，选自《国立北京大学社会科学季刊》1923 年 5 月第 1 卷第 3 号，第 461～489 页。——编者

366

教；凡如此者比比皆是。假使其弊仅中乎智识阶级本身而不能影响于一般社会生活者，我人或且可淡漠视之。无如有时其弊之大实足使一般社会皆受不良的影响，则指摘之责，端在我辈，固未可恐其为平凡无奇之言而遂自已也。

今试考察现今中国智识阶级关于国民权之此种弊端则何如？其在讨论学理方面者，大抵过于重视正式宪法其物之制定，即偶有言其内容者亦往往仅说联省自治、多元主权，而于国家强制权力对于国民权之界限，一似若以宪法草案之规定为已充分者然；即偶有主张，亦多偏于所谓经济的要求权方面，而似忘却要求权为有补救的及附属的性质者然。

其关于实际运动方面者，则大抵似仅以关于自由权之消极的抗辩为已足，而忘却自由权之保障，在于参政权之行使者然；其有稍从事于积极的运动者，则又多倾向于急进的破坏运动，而一似忘却革命为不得已的牺牲，其成功须经一定的步骤，必在社会心理发生异状之时者然。夫宪法的政治必以国民权之存在为基础，国民权中之自由权，必以要求权之存在为前提始有意义，要求权又必以参政权之存在为前提始有意义；此乃老生常说，以我智识阶级之英彦，宁有不知之者？知之而视之若遗者，毋亦前述好高骛远而反昧于平常之事理之通弊使然耶？循此以往，我恐不但真正的宪法的政治之实现，将非旦夕所可期待，而且鱼目混珠，徒使国人益深新的欧式法制，不足救弊之谬念，因以影响中国社会生活之改造，而使现在一般国民之困顿生活，益将延长其存在之时期，亦未可知也。曩者民国新建之时，一般智识阶级，初皆深悉共和国中惟法制为最要之常理，尚能从事新的法制之建树及研究，假如当时能继进不已，则十年后之民国或非今日之民国。然不幸民国二三年间，有拥戴袁世凯之能人政治说，民国六七年间有推尊段祺瑞之贤人政治说，民国十及十一年间有主张性善之好人政治说，其结果皆足使真正的宪法的政治之实现，发生蹉跎；事实具在，可资借鉴。人莫踬于山，而踬于垤，我恐上述竞尚高远之弊，更使中国之宪法的政治，更多一次蹉跎，故不惮述说关于国民权之常谈，而作此篇。

惟本题范围甚宽，篇中虽仅述其本身之要旨然已觉篇幅甚长，似不能更加延长，故对于仅与本题之讨论有关系，而不直接属于本题范围内之问题，例如权利及机关之意义，及国民在法律上之地位等问题，皆作既决的问题，置而不论。

二

欲说国民权，应先说国民之意义。国民者法律上对于组织国家之人类中之被治者之总名也。凡国家皆为以人类为构成分子之团体，且系强制的组织，故凡国家中，俱有治者阶级与被治阶级之分；前者为造成国家之意思，执行国家之行为者，我人在今日的法学上，称之曰机关；后者为被统治者，对于国家之意思及行为，俱立于受动的地位，我人称之曰国民。机关与国民，在古代国家中，虽系截然分离之两阶级，然因政治日益进步，治者阶级之范围日益扩张，讫乎近代，则在普通共和国中，不但治者之数，在法律上超过纯粹被治者之数，且因政治的庶民主义发达之结果，从前所谓治者阶级，亦不能不与被治阶级，平等地立于共通法律之下；故一切治者阶级，虽一方面有充当国家机关，即治者之特权，然一方面又不能完全脱离被治阶级之范围，而不能不为国家之国民；因此之故，充当纯粹的国民之人类，在今日虽尚存在，而充当纯粹的机关之人类则在今日殆将绝迹矣。

从大体言之，现代的国家中，国民中之一部分，有时可充当机关而不必为纯粹的国民，故此种半机关半国民之人类，在法律上具有两种资格：一为充当国家机关之资格，一为充当被治者之资格。依其资格之不同，而在法律上之权利义务有异，故通常称在前一资格之国民曰公民，称在后一资格之国民曰臣民，以示区别。为公民者皆属臣民，而为臣民者不必皆属公民，故臣民之范围，在普通国家中，皆大于公民之范围。

国民权者国民以国民之资格，对于国家，所有之权利也，亦称为民权；此种权利与国民对于国家中其他国民之权利异其性质，故又称为国民公权，而与对于其他国民之国民私权对峙。国民对于国家，是否能有权利？此在昔时，尝成问题，然居今日，则因国家之根本的观念，较前明显，已无疑问之余地，故兹不赘论。

国民之中，既有公民兼臣民者，与仅为臣民者之分，两权利之内容复有差异，故国民权可依二种标准，分为参政权、要求权及自由权三种：参政权者国民对于国家意思之构成及行为之执行，得加参预之权利也，普通惟公民有之，故亦称为公民权。要求权者国民对于国家，要求其积极地为种种行为或给付之权利也。自由权者国民对于国家在法律上或绝对地不使其侵犯或不使其非法地侵犯其自己之人类的基本自由之权利也。此三种权利之内容广狭不同，其存在之理由亦各相异，请于以下各段分别述之。

三

自由权可依种种标准而为类别。

若以不受国家侵之程度为标准，则可分为相对的自由权及绝对的自由权二者：

相对的自由虽是以不使国家侵犯其基本的自由为内容，然其不受侵犯之程度，唯在非法的侵犯之范围以内，苟依法律，则可受侵犯，故此种自由有相对的性质，主要目的在限定国民自由权受国权侵害时之方法。此类自由权系由古代及中世思想，沿袭而来。古代及中世政治上所谓自由，乃指在政治上有无若干自主的行动而言，质言之，即指参政能力之有无而言，例如当时所谓自由民，系对于无政治权之奴隶及国外人而指有若干参政能力之平民而言，即其明证。此种自由，在欧洲中世纪封建制度之下，虽渐次为专制君主之势力及君主国家之学说所掩蔽，然事实上不但久经惯行之例，未能遽改，而且因经济生活及生产方法之变迁，致君主权力必然地衰颓，而此等自由反有死灰复燃之势。故在条顿人的国家中，君主之名义上的权力，虽可勉强维持，而其统治方法则自中世纪之末以来即已渐次地不能不加改变；凡从前可由君主任意自由地施行之某种重要国政，至此则非经国民所组织之国会之同意，则不得施行，又从前可任意自由地改变之法规，至此亦非经国会之同意，则不得变更，或停止。如英国大宪章，权利请愿及权利法典等所谓国王不得停止国会同意之法律，不得设特别裁判所，不经国会之同意不得征收租税，及不经国会之同意不得设常备军等条文，即其著明之例也。故英国宪政发生及发展时代所谓自由，实指国民参政状况上之自由而言，易词言之，即当时所谓自由系以限制国王统治之实际的方法为目的，而非以设定国家权力行使对于人类之理想的界限为目的，盖不经国会同意，不得如何如何云者，其反面即含有苟经国会同意，则无论何事，不问其对于人类之基本的自由有何关系，皆可施行之意也。此种自由思想，即在今之英国犹尚存在，英国虽称自由国而乃有所谓国会制定之法律除变女为男外，皆属可能之谚语，盖即所以代表此种以法律万能为内容之自由权者也。

绝对的自由权之内容，在无论依何形式绝对地不受国家之侵犯，其主要的目的，在规定国家权力行使对于人类基本的自由之界限。此种自由权，系由中世纪之宗教改革运动，及十六七世纪之启蒙运动传衍而来者，故其中心思想，实为天赋人权之思想。最足证明此事者，厥为一七七六年北美十三州殖民地之《独立宣言》，及一七八九年法国革命时之《人权及民权宣言》：试取观之，当知非诬。

以上二类自由权之目的及来历虽不相同，而其为一种以不受国家侵害其某种自由为内容之消极的权利则一，故自比利时宪法以来，近代成文宪法中关于自由权，皆合二者而规定之。然因二者之目的不同，故其规定之形式及其意义之范围皆不得不异。相对的自由权之规定，既以限制统治方法为目的，故往往取（一）"非依法律则不得……"（二）"依法律或于法定范围内得……"（三）"以不与……相妨害为限得……"之形式。非依法律则不得……者，谓不依法律则不得侵害某种自由，苟依法律则虽宪法上之自由权，亦得侵害之也。依法律或在法定范围内得……者，谓其事虽为自由权，然其行使须依法定之程序，不依法律则不得行使之也。以不与某某事相妨害为限得……者，谓其事虽为自由权，但须以某某事为条件始得行使之也。故三种形式之效力各有不同。至绝对的自由权之规定，则因其精神在保障人权，故仅有"有……之自由"或"某国人民有……之自由"之形式，盖以表示其自由权为绝对的，虽依法律亦不得限制之，且其行使不必依法定之程序也。

其次，若以不受侵犯之基本的自由之性质的类似为标准则可分为两大类：

（一）关于身分之自由权　身分自由权者即所谓民事的平等权也；易词言之，即凡国民皆得要求平等的权利能力及平等的义务分担之状态之谓也。身分自由权复可分为四种：

（a）在法律之前一切平等之权　谓凡法律对于无论何人皆同样适用，不得有例外，易词言之，即谓一国之中，不得设特别适用于特种阶级之法律。从正面言之，指不受特别的法律之支配之权，从反面言之，则不许特权阶级之存在也。

（b）裁判所前之平等权　即无论何人皆得平等地同受法定的裁判所之裁判，而不受非法定的裁判所之裁判之权也。法定的裁判所者，谓法律上所指定之专行司法的事项之国家机关也。故偶行司法的事项之行政机关，例如施行违警罪即决处分或租税规则违背时之罚金处分之行政机关，及施行领事裁判之外交官皆非法定的裁判所也。裁判者与当事人以参加口头辩论之权利，而行事件之审理之谓也。故行政机关之行政处分及司法机关之略式命令，纵有判决事件之实，亦不得称为裁判。

（c）担任公职公务之平等权　谓无论何人皆平等地得担任国家中之公职公务，而不容国家之剥夺或法律之限制之权利也。此种权利与后述之参政权相为表里，故有谓其与参政权全然相同者；实则此种权利，以消极地不受限制为内容，而参政权则以积极地得为某种行为为内容，二者固自有别也。

（d）负担租税之平等权　谓无论何人对于国家所课之租税，皆须平等地依其能力以行负担，而不容受国家之强制，离却应能负担之标准，比较他人多所负担之权利也。

（二）关于人格之自由权　谓不依公的身分关系而不受不当的限制，而依人格关系而不受不当的限制之权利也。因其与个人人格有关，故通常谓之个人自由权。个人之人格由物质与精神二者相合而成，故此类自由权又可分为关于物质的与关于精神的二者。此类自由权通常谓其包含下列各种自由权：

（a）身体自由权　谓无论何人，非依法律之形式，则不受逮捕、监禁、审理及处罚之权利也。此种权利系对于国家之权利，故所谓逮捕者，系指以引赴国家机关之目的，依腕力而拘束个人身体之自由而言；所谓监禁者系指国家机关束缚个人身体自由于一定地点而言；所谓审理者系指国家机关对于有犯法嫌疑人之审讯而言；所谓处罚者系指国家机关对于不法行为所加之制裁即刑罚及警察罚而言。故匪盗之掳掠人身，父对于子之惩戒，国家对于特定人格者之惩戒罚及行政执行罚等，虽在法律上亦各有相当的规定，然非此种权利所指的逮捕、监禁、审理及处罚也。

（b）居住及来往之自由权　谓关于国内及国外居住之来往不受国家限制之权利也。所谓限制，应包含直接的及间接的二者而言。

直接的限制者谓以法令明白地禁止也。间接的限制者谓对于居住一定地点之人，特加义务之负担或对于往住或来住之人特课租税也。

（c）关于所有权或财产权之自由权　谓无论何人关于其所有权或财产权不受国家限制之权利也。在各国现行法上往往有以所有权指物权或物权中之一种，而以财产权指物权及债权二者者，故关于此种自由权之内容发生异议。然从宪法史上观之，似宜从广义解释财产权为支配财富之权，即使用收益及处分之权。

（d）住所不可侵之自由权　谓无论何人之住所，除依法定的条件及其自己许可外不受国家侵害之权利也。此种权利中所谓住所系指个人所住之一切非公开的地点而言，故舟车客栈中之一室亦当包含在内。

（e）关于劳动、经商及经营产业之自由权　谓关于劳动、经商及经营产业不受国家限制之权利也。易词言之，即关于营业，完全自由，不受若何束缚之权利也。

（f）信仰及礼拜之自由权　谓无论何人关于其所信仰之宗教及其礼拜之仪式，不受国家之直接的或间接的限制之自由权也。亦称为信教自由权。

（g）思想言论及著作之自由权　谓无论何人皆可自由地为政治的、哲学的及科学的思想，发之为言论，写之成著作而不受国家之限制之权利也。

（h）出版之自由权　谓无论何人皆得用木刻、石印活字版及其他机械的或化学的方法，记录其意思，制为书籍、小册子、定期刊行物、传单揭示等而传播之，而不受国家之不当限制之自由权也。

（i）集会之自由权　谓无论何人，皆得集合多数人于一定地点，为一时的会合，以发表、讨议或决定关于一特定事项之意见，而不受国家之非法的干涉限制之自由权也。

（j）结社自由权　谓无论何人，皆得依社员之合意结合有永久性质的会社，以达共同之目的，而不受国家之非法的限制之权也。

（k）教授学习之自由权　谓无论何人，俱得自由地教授其所知者于人，亦俱得自由地由他人学习其所未知者，而不受国家限制之自由权也。

（l）信书秘密之自由权　谓无论何人皆得保持其思想交通之秘密，而不受国家之不当的侵害之自由权也。

（m）请愿之自由权　谓无论何人皆得因个人的目的，或公共的目的，对于国家各种机关，单独地或联合多人共同地，陈述意见，恳愿国家机关之采纳，而不受国家机关之侵害之自由权也。

以上 a 至 e 为关于物质的人格或其延长之自由权，f 至 m 为关于精神的人格或其延长之自由权；各条下所述皆系大意，欲知其详，请参观陈启修编《宪法学原理讲义》第二编第五章。

关于自由权存在之理由，议论亦有多种，有主张自由权无存在之理由者，有主张其有存在之理由者。主张无存在之理由者，复分三说：

（1）法治主义说　谓在法治国之下，一切统治皆须以法律为根据，乃属论理上当然之事，今特举某特定事项曰不依法律则不得限制，或依法律则得行为，而称为自由权，实属无意义之举。盖在法治国中，此种在宪法上有规定之事项，与宪法上无规定之事项，其在法律上之性质，既无以异，则自由权云云实等于无。若谓此等为自由权，则法治国中之事项，将无不成自由权者矣。此说对于绝对

的自由权不能适用不言自明，盖绝对的自由权之规定，本有列举的
性质也。即对于自由权亦无充足之理由，盖从历史观之，法治主义
非获得此类自由权之原因，实为此类自由权之结果，在法治主义未
普遍施行以前，此类自由权对于国权之统治，实有重大之意义，即
在法治主义彻底施行之今日，为例示及置重计，在宪法上亦非无意
义也。至法治国之事项将无不成自由权者之说，适足以证自由权之
存在，盖法治国本属承认人民自由权之国之别名也。

（2）内容空虚说 谓既为自由权则应有一定之内容，今一面谓
为自由权，一面复可依法律限制之或须依法律行使之，则可知其内
容之不确定而可依法律以为伸缩。既可依法律以为伸缩，则极其所
至，不难使一定自由权之内容，等于虚无，故所谓自由权事实上并
不存在。此说对于绝对的自由权不能适用，自不待言；即对于相对
的自由权亦属误解，盖自由权本为形式的权利，以国权行使方法之
限制为内容，而非以一定之实质的行为为内容也。

（3）无意义说 谓自由与限制，本为不能两立之观念，今一面
谓为自由权，一面又谓可依法律加以限制，岂非毫无意义。且自由
为事实的观念，权利为法律的观念，二者在理论上亦不能相联，盖
普通所谓绝对的自由，如思想之自由、信仰之自由等，实不过一种
事实，与普通宪法上无规定之饮食之自由、睡眠之自由等同为人类
所自然地能为之者，不得谓为权利也。诚以权利之内容必为法律的
行为而不得为事实的行为也。故即所谓不得依法律而加限制之自由
权亦非真正的权利。此说之根本谬误，在误解自由之意义，盖自由
本有二义：一为积极的自由，即指积极地为所欲为而言，一为消极
的自由，即指消极地不受他人之不当的侵害而言，若以消极的自由

解释自由权所指之自由，固未见其不可通也。至于此种消极的自由是否为一种权利，则视"权利"二字之解释如何而决，我以为权利为一种在法律上可得主张某种要求之状态，故对于此种消极的自由当然主张其为一种权利，盖因其为一种可得要求之状态也。至若法律的行为与事实的行为云云，全因误认自由权为积极的自由而来，其不当自明，不待多言。

主张自由权有存在之理由者，关于自由权存在之基础，约有四说：

（1）君民约定说　谓人民依统治契约而立君主，各牺牲其一部分之自由以保其所余全部之自由，故君主不能侵害人民之各种自由权，乃系统治契约之当然的结果，而对于人民自由权之限制，必须得人民所组织之议会之同意，则又人民不受他人之不当的限制之消极的自由权之当然的结果也。

此说之前提，所谓统治契约，在学问上，实不能成立，且假令其前提不误，亦恐难适用于现代之共和国家，盖共和国家中既无君民之可言，而对于无公民权者之自由权之基础，亦不能说明也。

（2）天赋人权说　谓人类生而平等自由，享有种种除依其自己之意思外不受他人侵害之天赋的权利，法律上所谓自由权者，即根据此种天赋的权利而来，易词言之，即受国法承认及保障之天赋的权利也。

此说纯出于人道的理想，在政治史上虽有甚大的效果，然作为自由权基础之学理的解释，则似不妥。盖权利本为法律之概念，所谓天赋人权根本上在法律上实无意义，吾人既已难求天赋人权与自由权必相联结之理由，而自由权中之多数，皆可依法律以限制之，尤非主张自由权之基础在天赋人权之此说之所能说明也。其有依国民主权说以为说明者，亦必陷于第三说之弊也。

（3）国民公意说　谓国家之主权属于国民全体，国家之宪法及法律为国民之明白的或暗默的意思表示。自由权之保障由于国法，故自由权之基础在国民之公意，易词言之，即自由权者依国民之公意而存在者也。

此说之基础为国民主权说，然国民主权说在今日已难维持，故此说之根本亦因之动摇而难于维持。

（4）社会效用说　谓一切人类社会皆为个人所组成，故从社会之成立维持及进步观之，一方面虽因社会连带关系而有束缚个人之社会的组织，一方面又因个人身心必须自由发展之关系，而有承认个人之消极的自由权之要。易词言之，即自由权之基础与国家存立之基础相同，在其对于社会上之效用之大；盖社会之活动，毕竟为各个人之活动，欲谋社会之存立及进步，无论在何时何地，俱不能不有待于个人身心之自由的发展也。

此说对于上述二类自由权，俱能解释，且无论对于君主国及共和国俱可适用，故似最为稳妥。

四

要求权为积极地请求国家为种种行为及给付之权利，故亦称为积极保护权。要求权可依其所要求之内容，分为四种：

（1）诉讼权　谓对于国家之司法机关，得请求其适用法规，以期裁决争执，停除危害，及恢复损失之一般的权利也。亦谓为请求法律保护之权。近代所谓司法独立、自由权及法治主义等，若不与国民之一般的诉讼权相伴，则将失其重要之意义，故此种权利之重要不言可知。现代各立宪国家皆承认国民有此种权利，然在近世以前，则法庭往往仅为国家对于国民之一种设备，一般国民无主动地提起诉讼之权，或虽有之而仅限于某种人或某类事。此种权利之一般的确立，盖出于长期的对抗运动之结果也。

（2）请求行政行为权　谓国民得对于国家之行政机关依据法律，要求其为一定的行为之权利也。此种权利，所包含之范围甚广，凡请求警察行政之许可及保护，请求农商工行政之特许，请求内务行政上之公证登记，请求外务行政上对于他国势力之干涉保护，及对于一般行政官厅之诉愿等皆属于此种权利。此种权利虽因其目的不在裁决既存之争执，似不及诉讼权之重要，然因其范围甚广，与国民日常生活关系密切，故其重要之程度，实不能谓为亚于诉讼权。顾从各国现在实况言之，则属于此权之大部分，皆仅规定于普通行政法规，国民对之仅可享受反射的利益，其小部分虽作为国家之义务的规定，例如以法律规定国家应从某年起，实行义务教育，然国家违背其义务时，唯法定人格者得依法请求之，而一般有就学利益之个人，固不得而请求其实行也。至于作为国民权利之规定者乃属有极小部分，例如诉愿是也。故关于此种权利依现状观之，理想上与事实上之间隔犹甚悬远。

（3）给付或利用请求权　谓国民对于国家依据法令，得请求国家为金钱之给付，或开放公物以供利用之权利也。金钱给付请求权之例，如官吏请求薪俸及一般国民请求对于土地公用征收之偿金等是。公物利用请求之例，如请求利用国有博物馆、图书馆及国立大学之大讲堂等是。此种权利与下述之经济的请求权同为上述请求行政行为权之一种。然因其目的之性质稍有不同，其重要之程度亦有等差，故分述之。给付或利用请求权比诸其他各种要求权，较不重要，各国现行法上似亦尚无以作为国民权利之一般的规定者。惟从纯理言之似当与其他各种并论也。

（4）经济的请求权　谓无论何人，对于国家，为维持生活起见，得为关于经济生活之请求之权利也。此种权利依其请求之目的或程度之不同，复可分为生存权、劳动全收权、相当分配权、求助权及劳动权数种。生存权者谓无论何人对于国家，得依其生活上之需要，请求相当的经济生活之资料之权利也。易词言之，即所谓应需分配之权利也。劳动全收权者谓无论何人对于国家，得请求收用其劳动所生之结果全部之权利也。易词言之，即所谓应劳分配之权利也。相当分配权者谓佣工无论何人对于国家，得要求其保障佣工对于劳动结果获得相当的分配之权。易词言之，即得要求国家保障其对于一定劳动时间获得正当的最低限的工资之权利也。救助权者谓无论何人当其无力自活，例如贫病老弱之时，对于国家皆得请求最低限之生活资产之权利也。劳动权者谓凡失业之佣工得对于国家请求其给与有工资的工作之权利也（此权宜注意不可与前述之劳动自由权相混）。自十八世纪以来，天赋人权、自由平等之说，既已深入于人心，而因产业革命之结果，生产方法大有变动，失业破产者一时骤多，且因营业及劳动自由权确立之故，财富渐次集中于少数人之手，无产及有产阶级亦渐成对峙之势。当此之时，理想上为自由平等、和平幸福，而事实上则为穷乏竞争、饥饿束缚，故此等经济的要求权乃不能不为十八世纪后之人所讨论所正认。然因现今各国政权皆为有产阶级所把持，故在各国现行法上，除关于后二种少有义务的规定外，其他权利则几于毫无规定也。

关于要求权之基础除仅谓其为对于自由权之附属权之通说外尚有三说：

（1）统治契约或社会契约说　谓政府或国家存在之根本在统治契约或社会契约，而此处契约之内容在牺牲各人之自由及财产之一部，以图其全部之安稳，故国民对于国家当然有请求其为积极的行动之权利。

（2）报酬说　谓国民对于国家有服从、纳税等种种义务，故国家对于国民，依报酬之观念，给与种种积极的权利。盖若纯在被动的方面负担义务，而不能主动地享受权利，则统治关系必不能长久维持；且苟无最低限度之要求权，例如各种诉权则近世所谓法治主义亦势将不能实行也。

（3）社会联带说或社会效用说　谓国家存在之真正的理由，在其对于社会联带关系，有一定的社会效用，而个人身心之发展对于社会联带关系之进展，又有不可离之关系。故国民不但应有自由权，而且应有要求权，国家不但应有消极地承认自由权之义务，而且应有积极地完成要求权之义务。盖不如是而仅使一切国家行为皆由国家自己发动，则个人之身心将不能保持或发展，而国家存立之理由亦将相与俱去也。

以上三说中，第一说前提不当，第二说为一种便宜说，过于敷衍，第三说最为公允，且必如是解说始能与参政权及自由权之基础相调和也。

五

　　参政权之内容若何尚为宪法学上之未定问题，以我所知有主张包含选举权、被选举权、一般投票权、充当官吏之权及充当陪审员之权（即参加立法之权、参加行政之权及参加司法之权）者，有主张指选举权及被选举权者，有主张仅指选举权者，甚至有根本上否认此等权利者，为说不一。以愚观之似以采用最广义说，包含选举权、被选举权、一般投票权、充当官吏之权及充当陪审员之权等于参政权之中，较为稳当。盖此等权利在理论上皆系有参加国政之性质者，且事实上在现今多数国家中，又皆系国民中之一部分人所独有，若以此等权利为标准，则颇便于行公民与非公民之区别也。惟"参政"二字，犹有偏于客视之嫌，为名实相副计，似以称为公民权为适当。

　　关于参政权之基础通常有七说：

　　（1）报酬说　谓国民对于国家负纳税、服从种种义务，牺牲其自己之利益于国家，故对于此等牺牲，应与国民以报酬而使其有参政权。

　　此说系根据宪政发生由于国王向贵族及地主阶级求征收租税之同意之史实立论，亦颇有见地，故近代主张以财产资格即纳税之有无多寡为选举权有无多寡之标准者，往往采用此说。然以愚观之，英国昔时之贤人会议及大会议，与其谓为献纳租税之结果，无宁谓为征收租税之原因，不能以为报酬说之根据，且一国之中，无论何人，对于国家，皆不能谓其毫无贡献，若采用报酬说，则无论何人皆应有参政权，然各国宪政史上之事实固非如此也。又报酬之思想亦嫌与现代人民自己为政之精神不合，故此说在法理上实不足取，然因其明白易晓，现代政论家往往取以为鼓吹之具。

（2）监督说　谓参政权之基础，在使国民得监督政府之机会，盖国民虽本为巩固关于生命财产及自由之一般的权利计，各牺牲其一部分之权利而组织国家及政府，授以权力，使其为国民之一般的公共利益而行使之，然权力之为物，恒有被掌有者滥用之虞，若仅授权而无以监督之，则恐不能达本来之目的，故不得不使授权者即国民，享有参政权，选举议员，组织国会以监督之。

此说以英国自由主义派之统治契约说为前提，对于当时英国之政治实况或有若干特殊的价值。然若作为参政权之一般的解释，则有未妥，盖统治契约说究非事实，监督说已失其理论上之根据，且其理论本身偏于君主立宪政治，而对于现代的民主政治，根本上亦似有不能说明之处也。

（3）天赋人权说　谓人类生而平等自由，无论何人皆无当然统治他人之权利，亦无当然受他人统治之义务。人类之统治他人或受他人之统治，全由于自己之同意。合多数人之同意而成国民总意，由国民总意而发生国家及政府，故个人之有参政权，乃天赋人权之理论上之当然的结果也。

此说作为一种理想，诚属高尚，若作为参政权之学理的解释则恐未当，盖不但依历史家所考证，人类决非生而平等自由，而忽依国民总意之结合以成国家，且近代参政权之发生，从事实上观之，亦实立脚于权力竞争之利益的观念上而非立脚于天赋人权之人道的观念之上也。

（4）统治手段说　谓国家本为强制的组织，其统治行为当然不能尽满多数被治阶级之意。此在被治阶级智识幼稚之时或不易招反抗，而居近代被治阶级逐渐觉悟之时，则往往因不满已经觉悟者之意，而使统治关系发生阻碍，故治者阶级为达统治之目的，特扩张治者之范围，使被治阶级中之已觉悟者，依获得参政权之形式，加入治者阶级之中。据此言之，参政权者不过治者阶级欲谋其统治关系之巩固之一种统治手段而已。

此说若以历史的眼光观之，则证以参政权之限制逐渐缩小，其范围逐渐扩张之事实，亦不无半面之真理。然若以现代多数国家实行普通选举制及女子参政制之事实观之，则未免有时代错误之嫌。盖在此等制度之下，与其谓参政权为治者阶级之统治手段，宁谓为被治阶级之反对统治的手段，反为得当也。

（5）国民意思表明说　谓法理上近代国家之主权，应在一般的抽象的国民全体，惟此抽象的国民全体之意思，苦于无法发表；盖若以各个具体的国民之意思之总和为抽象的国民全体之意思，则苦于具体的国民意思种类纷歧难于决定，若以一二有力之人之意思为抽象的国民全体之意思，又恐流于专恣，不足以压众望也。于是不得已取以少数代表多数之意，用选良之法，使具体的多数国民，行使参政权，选举少数国民为议员，使此少数议员，代抽象的国民全体，发表其意思，代表其利益。如是则参政权之行使既不在代表有权者之个人的利益，又不在代表一阶级一地方之特殊的利益，故有权者对于所选之议员，唯于选举之瞬间，发生关系，选举一过即毫无关系。故其谓有权人与被选人之关系为代理关系，于选举之后有权人尚有指挥或招回被选人之权利者误也。

此说以国民主权说为前提，而国民主权说实为近代调和抽象的国家人格，与具体的各个国民间之利害冲突之有力的折衷说，风靡国法学界者甚久，故此说亦为多数学者所主张，在历史上不能谓无相当的价值。然抽象的国民全体，不过为国家之代名词，极其流弊，必将假国民之名而行国家主义之实，此与最近社会思潮已不相合。加以对于事实上，明由有权人指挥之议员，而谓其在法律上系代表国民全体，湮没事实以求议会万能之解释，亦属有百弊而无一利，且对于最近渐有势力之公民投票制度，亦有不能说明之忧，故此说虽盛，实不可采用。

（6）团体必要说　谓国家本非自然人，而为由自然人组织而成之团体，而团体不能不有机关以造成其意思，执行其行为，则与其仅使少数特定人充当机关，宁使其构成分子皆有充当机关之机会。盖少数人往往为一己私利所左右而不为团体谋公益，且群策群力，直接以谋公益，间接以谋私益，证以自家事自家做及自家痛痒自家知之理，又为团体员当然应作之事也。

此说根据庶民主义之精神立论，其理想不可谓不高。然作为现在参政权之基础则有未当，盖此说之当然的推论，应为一般成年男女之普通参政，而现在各国并无如斯之事实，此说已犯凭空解释之弊。且从参政权发达之历史行使之现状观之，实以利益之代表为基础，而非以团体员之意识为基础也。

（7）强者利益拥护说　谓国家为强制的组织，其事实的目的在为治者阶级谋利益，故强者欲拥护自己利益，不能不有参政权。从反面言之，无参政权之弱者，在强制组织的国家中，当然无从拥护其利益。参政权者，拥护强者利益之具也，故参政权之基础唯在利益之拥护。一国之弱者因智识之进步及经济状况之变迁，有逐渐变为强者之趋势，故有参政权者之范围亦有逐渐扩大之势。

此说不仅在历史上有极固之根据，与政治由少数而趋多数之势相合，且亦与一般行使参政权时之意识最相吻合，故诸说之中以此说为最平稳。

六

以上三种国民权，在现代的国家中，殆几为一切国家法律上所确认，特其确认之程度，则因时因地而各有不同而已。大抵自由权被国家确认之程度比较最高，要求权次之，而参政权又次之，盖自由权之确受保障，在多数国中，已成过去的事实，要求权之大部分与自由权之实现有不可离的关系，故其被确认之程度亦随自由权之确立而增加，而参政权之给与国民中约居半数之女子，则为比较新近之事实，且尚为比较少数国家所公认也。

七

关于上述三种国民权之重要程度，通常皆以自由权居首而次以参政权，或要求权，本文第一段所述好高骛远之理论家及实际家，大抵皆亦共有此意见者也。因是之故，通常学者亦有称自由权为基本的民权者。假令基本的民权系用以指一切国民权内容之构成的基础，则我亦不反对。然若解释基础的为与最重要的同意，则我不敢赞同，盖从政治的眼光观之，仅有自由权，而无充分的要求权或参政权，或仅有自由权及轻度的要求权而无参政权，则其自由权及自由权与要求权，必将失其价值，亦犹仅有良善的实体法，而无适当的附属法，则其良法美意必将不能实现也。我以为自由权仅有消极的性质，要求权虽有积极的性质，而惜乎为被动的，惟参政权始兼有积极的及主动的性质，故要求权虽足为实现自由权之工具，而参政权更足为实现兼保障自由权及要求权之利器，故我以为三者之中惟参政权为最重要也。

顾或有因三者在历史上发生之状况，似有由自由权而要求权而参政权之趋势，因据以断定自由权为最重要者。欲祛其惑当先明主张此种趋势者之不当。耶里涅克主张此种趋势之存在，谓古昔国家皆超然独立于法之上，人民全然被压于法之下，唯国家或国王有自由，而人民则皆为奴隶，其人格未为国家所承认。故此时人民之状态，系奴隶的臣属状态，国家与各人之间全属实力的关系，而无法的关系。阙后国家依种种原因，感觉法的统治之要，于是始制定法规以为统治之准则，一方面依其自定之法律，以限制其自己之行为，一方面承认人民在法律上为人格者，在一定之范围内，有国家所不能侵犯之自由。故此时之人民状态，始由奴隶的状态，一变而为不可侵的消极状态而享有自由权。然法的统治关系一旦成立，一般人民被承认为与国家相对待之人格者之后，人民必不能以消极的权利自甘。盖若仅在不侵犯自由权之范围内，一任国家自由地统治，而人民无积极地请求国家施行种种行为之权，则法的统治之实，恐不能举，而人民自由权恐上不能长保也。故依种种原因，国家复与个人以积极地要求国家行种种行为之权利，而人民之状态乃由消极的状态，变而为积极的状态。阙后更因政治及经济状况之变迁，国家观念渐次变动，一般人民不仅在国法上以受动的人格者自满，而更欲主动地决定国家之意思，与国家之行动。于是人民状态始达于主动状态或参政状态而得参政权。

此说由理论观之，似甚合理，然考各国国民权利发达之事实，则殊与此说不符，盖依我所见，当各国宪政运动发生之，往往同时包有三种权利之要求，虽其要求之程度，依权利之种类如何而有不同，然固不能谓为徒有其一，或独无其一也。且参政权与自由权应有不可离之关系，近代宪政以前之法的统治关系，是否如此说所主张，能发生人民自由权，亦似尚有讨论之余地也。故据此说而主张自由权之重要，甚于参政权者，殆不足信也。

参政权既为实现国民权及保障国民权之利器，则舍参政权而言自由权或要求权，无乃近于缘木求鱼？然以我所知，则现今之制宪机关自重开会议以来乃尚无片语道及扩张参政权一事，而对于地方制度及其他对于中国现状之需要，毫无关系且必成具文之劳动权、生计权等，则惟恐模仿之不足，而观制宪机关以外之人其所主张亦在五十步与百步之间，其殆皆务求高深而昧于眼前事理之所致耶？愿欢迎宪法速成者及主张民权之扩张者，致意于此，勿更走迂回曲折的傍道也。

陈启修附识：政治学系课程沿革说明书①

　　政治系学生周君杰人草拟《政治系课程修改意见书》，欲登《日刊》，《日刊》编辑人来函以原书见寄并询问是否有登载之必要。启修接读周君《意见书》一遍，觉周君对于本系课程及前途之热心，流溢行间，甚为佩服。惟周君对于政治学系课程之沿革似不了了，故误谓"政治学系课程编订已久，近年来俱沿旧制"，且因此致其所拟修改者，在大体上，并非新革，实系复旧。然新者未必佳，旧者未必恶，周君所抱意见，自亦必有可供参考之处。日内政治学系教授会方将订定十二年至十三年度课程，届时启修当以周君《意见书》，提供教授会为参考资料也。政治学系课程，自民国六年以来，数经改变，关于其间之沿革，知之者甚少，故兹根据历年课程表及我所知悉之事实，作一《课程沿革说明书》，录下，一以祛周君及抱持与周君相同之意见者之疑（指沿袭旧制，未加变更之疑），二以作本系课程之有统系的记录，三以作教授会修改来年度课程时之参考。

---

　　① 选自《北京大学日刊》1923 年 6 月 16 日第 1267 号第二、三、四版。周杰人《修改政治系课程意见书》，参见《北京大学日刊》1923 年 6 月 16 日第 1267 号第一、二版。——编者

政治学系课程沿革说明书

（一）六年至七年度法科政治门课程表

第一年

政治学　四　　宪法　　　　四

政治史　三　　东洋史　　　三

民法　　四　　刑法　　　　四

经济学　四　　第二外国语　三

共计　　二九

随意科目

日文　三

第二年

政治学　　　　四　　政治史　　　四

政党论　　　　三　　财政学　　　三

民法　　　　　八　　平时国际法　二

保险统计算学　三　　第二外国语　三

共计　　　　　三〇

随意科目

经济学　三　日文　三

第三年

政治学史　　　三　　财政学　　　三

行政法　　　三　　　商法　　　四

战时国际公法　二　　　农业政策　二

工业政策　　　二　　　商业政策　二

统计学　　　　三　　　外交史　　二

社会学　　　　三

共计　　　　　二九

随意科目

中国法制史　四　中国通商史　二

第二外国语　三

第四年（第一、第二学期）

行政法　　　二　　　商法　　　　二

社会政策　　三　　　殖民政策　　三

林业政策　　三

共计　　　　一三

特别研究　全学年

（二）七年至八年课程表

本年课程除将第三年随意科目中之中国法制史及第四年之特别研究改为译书译名外，完全与上年同。

（三）八年至九年课程表

本年课程除将保险统计算术除去，及将第二年之经济学改为必修科外，别无变动。

（四）九年至十年课程表

第一年

政治学原理（国语）　三　政治学或国家学（一）（外语）　二

民法总则　　四　刑法总论　　三

宪法　　　　四　经济学原理　四

第二外国语　四

以上必修科共计二四

人类学及人种学　三　日本近世史　二

日文　　　　　三

以上选修

第二年

政治学或国家学（二）　二　政治史　　　　三

民法债权　　　　　三　民法物权　　二

行政法总论　　　　三　财政学（一）　三

第二外国语　　　　四

以上必修科共二〇

刑法各论　三　经济学理论　三

货币论　三　日文　　　三

演习　　二

第三年

政治学史　三　外交史　　　三

社会学 二 统计学 二

行政法各论 二 国际公法 四

商法（一） 四 财政学（二） 三

以上必修科共二三

农业政策 一 商业政策 二

银行论 三 演习 二

第四年

现代政治 三 工业政策及社会政策 二

市政论 二

以上必修科共六

本国法制史 三 法律哲学 二

商法（二） 四 国际私法 二

演习 二

本年课程系经本校第丑组各系教授会开联席会议讨论四次而后决定者，较从前之课程大有改革，其要点如下：

（1）实行单位制，以在本科四年间至少能习八十单位者为卒业。

（2）兼用年级制及选科制，即必修科必须按照年级学习，而选修科则可不拘。

（3）减去若干无谓的政策学，增加史学系科目之选修。

（4）政治学分为国语讲演及外国语译读二种。

（5）新设现代政治及演习。

（五）十年至十一年课程

本年度课程除单位外在大体上，全与十一年至十二年度课程即现今课程相同。此已见前周君《意见书》中，兹不赘。本年度课程变更之要点唯有一点，即将上年原有必修科中之一切不属于本系者，即宪法、行政法、民刑商法及经济学原理、财政学等皆改为必修科。此次变动课程之原因，系在政治系各年级学生对于课程之建议，其建议所持之理由有四：

（1）学校既认选科制为良好的制度，则应彻底办去，今照上年课程计，必修科单位共七十三，实占卒业单位八十之十分之九以上，殊不能发挥选科制之精神。

（2）入政治系者，其志多不在考试作官，故高等文官考试必要之科目，不可强令人人俱习。

（3）入政治系者其志或在研究高深的政治学理，或在为社会服务，故不必强令其学习漠不相关之学科例如商法、民刑法及经济原理、财政学等，以耗费其可以不必耗费的宝贵光阴。

（4）虽将此等关于法律及经济之根本科学改为选修，亦并与学生之学业无害，因政治系选修科目之范围本有一定，且其中多数科目俱与此等基本科学有关，故学生欲求卒业，在势必不能不选修此等基本学科，故不妨将此等改为选修科。

（六）十一年至十二年度课程

本年课程，除将政治史及外交史合而为一，及将西文政治学单位增加外，别无变动。其详见周君《意见书》中所引。但于此应声明者，本学年正式课程虽未变更，而教授会会议一政治系变更案如下：

十一年至十二年课程变更案：

甲　必修科目

a　理论的

政治学（一）国语讲演　三

　　　　（二）西文（a）　三

　　　　　　　（b）　三

社会学　　　四

经济学原理　四

b　历史的

政治学史（分二年）　　　四

政治及外交史（分二年）　六

c　关于现行组织的

宪法（比较的）　四

国际公法　　　四

行政法　　　　五

财政学总论　　三

财政学各论　　三

共计　　　　　四三

乙　选修科目

统计学　二

社会立法（Social Legis Lation）　二

市政论　二

民法总则　四

刑法总论　四

商业政策　二

农业政策　一

法律哲学　二

心理学　三

现代政治　二

第二外国语（一、二年）　六

日本近世史　二

日文　　　六

演习　二

共计　　　四〇

以上选修三分之二

此案虽经教授会议决，然因（一）若每星期一时间之授课作为一单位，则此种课程将与本校本科八十单位之根本制度相背，（二）在大体上仍为恢复九年至十年之旧制，（三）假如授课时间减少而图书馆设备完全或各种学科讲授之内容，能较现今充实，则亦或不妨试行，然在现今的状况之下，此二层恐俱难办到，则假若实行此种议决，本系学生将较他系（至少较法律、经济二系）学生为闲散，未必能满其求知之欲。依此三种理由，故此案虽由启修提交胡教务长，然竟未经教务会议决，故终未实行也。

陈惺农先生在政治系欢送会上的演说辞[①]

我在北大当了六年教授[②]，将全力用在事务和学术两方面。事务方面，今且不论。我在学术方面所担任的是宪法、统计学、财政学、现代政治、演习等，自问没有甚么贡献，诸位不加责备，而反开会欢送，真是惊悚莫名！本欲在《北大日刊》登启事谢绝，后又接一信，期望甚深，不敢辞却。我与诸位皆是朋友，平素苦无机会面谈；今既有此机会，很是欢喜，故决意赴会和诸位谈谈。刚才主席所说之第一层，希望我注意健康，我甚感谢盛意！至第二层所希望的通信，不消说是要办到的，因为我这次赴欧的目的，就是要将俄德的情形调查出来。

关于俄情之调查和报告，皆甚稀少，即或有点，也是关于共产方面的。能用客观方面的观察者更是稀少。若中国与俄无关系，尚可慢慢待他的情形明了；但是照中国情形看来，实在要早天了解才好。现在列强之帝国主义很得势，中俄两国皆系被压迫者。俄目前

---

① 余旭笔记，选自《北京大学日刊》1923 年 10 月 11 日第 1311 号第三版。本文是陈豹隐 1923 年 9 月 23 日在北京大学第二院教员休息室参加政治系的送别茶话会上所作的讲演。——编者

② 陈豹隐 1917 年年底进入北京大学，并担任政治门研究所主任（参见《北京大学日刊》1917 年 12 月 8 日第 20 号第二版、12 月 25 日第 32 号第三版）。——编者

尚可支持，以后就非联合中国反抗帝国资本主义不可。这个理由，恐谁也不能否认。所以我们对于俄国情形，有早天了解之必要。我出去的意思，就是要把他的真情记载出来。设无意外的变故，此事定能作到的。

我上面所说的话，已经不少，兹再将重要的说一说。我所教授的，虽多系经济方面的东西，然实皆包括在广义的政治学范围内。诸君既在研究政治，想必能了解它。政治是活动的，法律是死的，经济虽活动，但也要受经济法则之支配。政治几乎没有公认的道理，各是其是，各非其非。广义的政治学，一方面内容很复杂，一方面又带有应用的性质，故非多数人合力研究不为功。政治既是变动不拘，所以昨日之是，今日或以为非。如专制政治之组织，和自由思想之学说，到了现在社会主义发达之时期，都已不适用了。政治的变动即如是之大，故单靠研究书本上的东西，是无多大用处的，必于研究之外，又加以实际上的活动，以顺应变动不拘的政治，而供应社会之需要。于是团体的组织，和团体的活动，就万不可少。至小限度，也要北大政治系联合研究中国政治现况，再进而研究外国政治的各方面，再进而组织政团，为个人和国家起见，团体组织是决不可少的。要是没有这种组织，中国的情形，恐怕不会变好。中国向来谈政治的，多是教育家或法律家；研究政治者，就我所知，反绝少谈政治的。以政治之常常变动，而研究之者尚不敢发议论；那些非专门研究政治的人所发议论之不合宜，不中用，不言可知。将来要是没有团结，仍然不敢发言，只是跟着人脚跟走，实非研究政治者所应取的态度。所以组织一个团体，是很重要的事。严格的组织，自难办到，宽放的也比没有强，无论怎样，总要有一个才好。

　　我们为什么要学政治？政治是一种权力，支配带有危险性的。要想吃安逸饭，而不想努力的人，决不会入政治系。凡已入的人，大约小则想当首领，中则想组织大政党，大则想改良中国的政治，再大则想做世界的政治家，皆系有志进取之人。为保持此志起见，对于进行上，应该组织团体，共同研究，才是正当的办法。就我的朋友说，往往学政治的人，为一种错误观念所囿，都说中国的政治太坏，不愿同流合污，而委身于教育界；有的又为经济状况所左右，本不愿作的事，也要去作，而安于小就了。这些人都是先有志气，而终为旧势力所屈服，讲起来实在可叹得很！所以依我的意思，若光图吃饭，就不必学政治，学旁的东西，很可以找饭吃。既学政治的人，就应该保持不求安逸的态度，努力向前活跃。其进行的方面：（一）组织团体，对于中国的政治要了解，要负责任。如有人于政治上发不正确的议论，应该加以修正，中国将来的现象，或可好一些。（二）就是要继续不断的研究和考究，譬如我们这次到俄国去如果我想贪安逸，在北京也能每月找到二三百块钱，本可以满足了，但学广义政治的人决不能如此过去。有许多人以为他们手上有一点财产，就算一生的成功，其实是失败。我希望学广义政治的人不要像这样。（三）怎样的研究？我所研究的财政学，比较要有把握，要有心得一点。但是把它研究起来，与经济学、政治学都有很深的关系。不只财政方面的东西才是材料，就是土地、劳力、资本，和一切相关的东西都是材料，都应加以研究。因为它的范围是很宽广的。又如研究德国社会经济学原理，也要附带研究社会学、政治学等等，门路甚复杂，颇不容易走。再若学政治的人，对于中国究竟可否施行议会政治的问题，应该负解答的责任，但是这个问题很复杂，非把它的各方面加以细密的研究，不容易解决，这就是学政治者不敢轻谈时务的缘故。所［以］研究广义政治学要从它的历史上着手。如研究经济学，了解相关的粗浅名词以后，就得从社会经济史上研究，然后再进一步研究理论。譬若既有英国的自由经济学派，为什么又有德国的社会经济学派？这不是偶然的变迁，实在有变迁的理由。将来或竟丢开个人的立足地，发生一种社会经济，也未可知。要是不明白一种科学的历史，研究起来，就没有根据。所以现在凡百科学，都变成历史化的科学了，我希望诸位就性之所近，去分门别类的研究政治学，但总不要忽略它的历史。中国有清一代，没有一部好历史书，民国有了十二年，也没有一本有统系的纪录。我们若要看国会第二次召集的经过，还须得去翻阅旧报纸，有些地方连旧报纸都没有，就有了不见得合用。而英国和日本反有几部纪载中国情形的历史书，真是中国人的耻辱！学广义政治学的人，如能充分负责，把以后各期的政治状况记述出来，后之学者要省许多麻烦，要下判断也很容易。读外国替中国做的历史书，固然可以。但总不如读本国人做的亲切得多。这种著书的责任，也是本国人不能避免的。望大家努力！

以外我还要附带说几句话，就是五四以后，各地学潮常常不绝，学生于学业上所受之影响实在不小。今年北京各国立学校所招收的新生，他们入学考试的成绩很坏，大有一年不如一年之感，这是由于各地中等教育办得不良，学生平时都在闹风潮，没有在学业上用工夫的缘故。像这样的学风，如老不设法挽救，中国教育前途，就会不堪设想。如现在要说这类挽救的话，恐怕要被人误解和反对，这一层，我也想到欧洲去，将他国的教育异同，和学校管理情形调查回来，作为挽救本国学风的根据，比较要有力量得多。至于调查俄德诸国的经济政治等状况，是我出国游历的主要目的，如有所得，自然是要随时报告诸位，作诸位研究的材料。但是诸位也得将国内的情形，常常通信报告我，免我有所隔阂。这是一种学问上的互助，想大家都很乐意，不至于推诿的。